OBJECTIF
QUALITÉ TOTALE
Un processus d'amélioration continue

Publications
TRANSCONTINENTAL inc.
Division des livres
465, rue Saint-Jean, 9ᵉ étage
Montréal (Québec)
H2Y 3S4
Tél. : (514) 284-0339

Traduit de l'américain par :
Christine Combet et Thérèse Le Chevalier

Photocomposition et mise en pages :
Ateliers de typographie Collette inc.

L'édition originale de cet ouvrage a été publiée en anglais sous
le titre THE IMPROVEMENT PROCESS : How America's Leading
Companies Improve Quality.

Dépôt légal – 1ᵉʳ trimestre 1992
Bibliothèque nationale du Québec
Bibliothèque nationale du Canada

ISBN 2-921030-34-9

OBJECTIF QUALITÉ TOTALE

H. JAMES HARRINGTON

Un processus
d'amélioration continue

**Publications
TRANSCONTINENTAL
inc.**

*Je dédie ce livre
à celle qui est ma meilleure amie
et conseillère, ma fidèle collaboratrice,
ma compagne de tous les instants,
celle enfin qui est toujours prête à m'écouter :
ma douce et tendre Marguerite.*

 **PUBLI-RELAIS**

Un groupe conseil en information et édition

Désireux de répondre aux besoins des entreprises en matière d'information, *Publi-Relais* dirige des collections de livres choisis dans le domaine du management, de la qualité totale, du service, de la productivité, de la gestion des ressources humaines et de l'économie en général.

Point de philosophie abstraite, ni de recettes préfabriquées dans les manuscrits retenus, mais de la matière concrète préparée par des auteurs triés sur le volet, le plus souvent praticiens dans leur domaine. Outils de référence également pour tout dirigeant d'entreprise qui veut enrichir sa réflexion et choisir une stratégie de croissance adaptée aux nouveaux défis du marché global.

De plus, *Publi-Relais* est un groupe qui conçoit et édite des publications pour les entreprises ou les associations professionnelles et qui réalise une gamme variée de documents d'information dans les domaines économique et social.

Les destinées de *Publi-Relais* reposent sur deux spécialistes de l'information socio-économique et managériale :

Pierrette Gagné, diplômée en journalisme et en sciences politiques, est depuis plus de dix-huit ans conseillère en communication et en édition auprès de plusieurs entreprises, associations et organismes publics et parapublics. Elle collabore régulièrement à diverses publications d'affaires.

Michel Lefèvre, diplômé en administration de l'École des hautes études commerciales de Montréal, œuvre depuis plus de vingt ans dans le domaine de l'information à titre de journaliste financier et de directeur de publications économiques. Il est actuellement rédacteur en chef adjoint au quotidien *Le Devoir*.

Remerciements

Les entrepreneurs américains sont passés par une période de découvertes. Ils ont pris conscience, dans les années 70, que leurs entreprises se laissaient distancer ; que dans bien d'autres pays, les taux de croissance, tant du point de vue qualité que productivité, dépassaient les leurs. C'est ce qui les a amenés à se consacrer de nouveau à l'amélioration de la qualité et de la productivité.

Ce livre est le fruit de cinq années de travail pendant lesquelles l'auteur a étudié les différentes mesures prises par plus de cinquante entreprises américaines pour améliorer la qualité de leurs produits ou de leurs services. Dans de nombreuses entreprises, qu'elles soient petites ou grandes, on a tenté de voir ce qui avait été essayé et ce qui était efficace.

Pour mettre en oeuvre leur processus d'amélioration, la plupart des entreprises citées dans cet ouvrage se sont inspirées des principes des consultants en qualité les plus connus. Ce sont par ordre alphabétique: Philip B. Crosby, W. Edwards Deming, Armand V. Feigenbaum, Kaoru Ishikawa et Joseph M. Juran. Bien que leurs principes diffèrent, ils présentent tous des points très intéressants qu'il faut inclure dans tout processus d'amélioration. Au fur et à mesure que ces principes étaient mis en pratique, les chefs d'entreprise ont eu tendance à les combiner et à les intégrer pour les adapter à leurs propres besoins. C'est ainsi que sont nés de nouveaux concepts et des techniques améliorées. Dans ce livre, on trouvera donc un panorama des différentes idées et méthodes qui sont, de l'avis de l'auteur, les plus avancées et les plus efficaces.

Je tiens donc à remercier tout particulièrement ces cinq grands maîtres de la qualité ainsi que les entreprises qui m'ont fourni toutes les données sur lesquelles se fonde ce livre.

Comme le disait Sir Isaac Newton : « Ce sont des géants qui m'ont inspiré. »

Préface

À la fin de chaque saison de football, on trouve dans les journaux toute une série d'articles prédisant que le champion de l'année a tout pour devenir celui de l'an prochain. Malheureusement, il arrive couramment que, la gloire lui montant à la tête, ce champion échoue lamentablement l'année suivante.

C'est un peu ce qui est arrivé à l'économie américaine. En effet, à partir de 1945, fin de la Seconde Guerre mondiale, les États-Unis ont dominé la scène économique pendant presque 30 ans. Puis ce fut la chute brutale.

Au début des années 70, les techniques de gestion des États-Unis étaient considérées par de nombreux experts comme leur meilleur atout au point de vue exportation. Or, aujourd'hui, nous en sommes à rechercher des solutions un peu à l'aveuglette. Toutes nos théories ont été soumises à un sérieux réexamen et nous avons dû en rejeter un grand nombre.

En fait, il est absolument indispensable que nous continuions à les réexaminer, car environ 70 pour cent de nos industries, des plus avancées sur le plan technique aux plus archaïques, ont à faire face à une concurrence qui peut menacer leur avenir. Et les défis et les concurrents sont de plus en plus nombreux. La Corée, le Brésil, l'Indonésie et la Chine sont en train de devenir des concurrents sérieux qui, un jour, pourront se comparer aux Japonais.

En l'absence de toute concurrence internationale, nous nous sommes endormis sur nos lauriers. Mais le problème est très sérieux. C'est tout le mécanisme de nos progrès économiques des 100 dernières années qu'il nous faut remettre en question.

Dans le passé, les Européens étaient les artisans, en particulier les Hollandais et les Allemands. Les Anglais, eux, étaient les inventeurs, remportant plus que leur part de prix scientifiques. Quant aux Américains, il y a cent ans, ils étaient, sous bien des aspects, les Japonais de l'époque, c'est-à-dire qu'ils se distinguaient dans l'imitation et l'amélioration de la fabrication en série. En fait, c'est à la production en série que nous devons nos succès pendant la guerre. En effet, à quelques exceptions près, dont Patton, si nous avons remporté des victoires c'est parce que nous avions plus de navires, plus d'avions, plus de tanks, plus de fusils et que nos moyens logistiques étaient les meilleurs.

Aujourd'hui encore, penser en termes de « série » demeure un élément déterminant, et parfois encombrant, dans le milieu d'affaires américain. Cette obsession de la capacité de rendement ou de la production à grande échelle domine encore l'industrie de l'acier, de l'automobile, de l'équipement de terrassement et des machines-outils. On la rencontrait même encore récemment dans le domaine des semi-conducteurs.

Nous continuons à penser en terme de quantité et de chiffres quand nous nous évaluons. Les chiffres donnés par *Fortune 500* demeurent la bible du monde des affaires. Même si cette liste présente toutes sortes de résultats, on ne se souvient que de ceux qui se rapportent à la quantité.

Récemment, après une grève à United Airlines, première compagnie d'aviation américaine, sa rivale American Airlines se réjouissait parce que la distance parcourue en un mois par ses passagers était supérieure à celle des passagers d'United. La nouvelle a fait la une des journaux. Et que se passe-t-il quand American fait un profit plus important que United (ce qui est fréquent) parce qu'elle fournit un service de meilleure qualité (son service arrive en première ou deuxième position au niveau de la satisfaction des clients, honneur qu'elle partage avec Delta) ? Ces indicateurs de succès sont beaucoup moins remarqués, que ce soit au sein de l'entreprise ou à l'extérieur.

Les temps ne sont pas immuables, en particulier pour l'économie américaine, et ils ont effectivement changé. Aujourd'hui, la voie du succès ne passe plus par la production à grande échelle mais par la qualité, soit la satisfaction de la clientèle. Des études récentes ont clairement montré que pour accroître à long terme sa part de marché, pour augmenter le chiffre d'affaires, le rendement des capitaux propres et du capital investi, il vaut beaucoup mieux essayer de modifier la perception du consommateur en matière de qualité que de baisser les prix.

C'est la qualité, et non pas la quantité, qui deviendra la priorité numéro 1 aux États-Unis, que ce soit dans le secteur de la fabrication, des services ou tout autre secteur. Si tel n'est pas le cas, nous devons nous préparer, d'une part, à perdre la maîtrise de notre destin, en perdant nos secteurs manufacturiers et notre technologie de base ; d'autre part, à subir une baisse durable de notre niveau de vie (de 1973 à 1983, les hommes de 25 à 34 ans ont déjà subi une baisse de 26 pour cent de leur salaire réel).

Le livre intelligent de Jim Harrington est le fruit de cette indispensable révolution de la qualité, qui ne fait que commencer à déferler sur l'Amérique. La qualité a fait son apparition dans les journaux et à la télévision, où l'on en parle tous les jours, et elle a engendré toute une kyrielle d'experts-conseils et de livres faits à la va-vite. Si je tiens à parler du phénomème de la diffusion, à une heure de grande écoute, de la énième histoire sur le Japon comme numéro un de l'économie, et de la parution de livres hâtivement rédigés, c'est que justement le livre de Jim Harrington en est l'antithèse. Il n'est ni racoleur, ni hâtif.

Bien au contraire, Jim y montre clairement que la seule façon d'aborder et d'obtenir la qualité est d'en faire LA manière de vivre de l'entreprise.

La réponse aux problèmes de qualité n'est ni dans les statistiques, les cercles, les suggestions des employés, les insignes et les médailles, les responsables Qualité ou les déclarations solennelles. Elle est un peu de tout cela, c'est vrai, mais elle est beaucoup, beaucoup plus.

Le livre de Harrington nous présente les côtés positifs de la qualité. Cachées ici ou là, il existe des statistiques pour nous révéler les promesses extraordinaires que peut offrir un engagement sérieux dans la recherche de la qualité. Dans un des chapitres, il estime que les coûts de « non qualité » peuvent représenter jusqu'à 25 pour cent des éléments d'actif et 25 pour cent des effectifs. Il nous fait connaître tous les résultats et les progrès obtenus par les grandes entreprises. Une des divisions de Tektronix a réussi par exemple à réduire ses stocks de 75 pour cent et donc la surface de ses magasins, qui est passée de 15 000 à 7000 pieds carrés. Elle a également réussi à diminuer les travaux en cours de 50 pour cent, à ramener la durée du cycle de travail de 30-40 jours à 12, enfin, à écourter de façon stupéfiante les délais de livraison, les ramenant de 14 ou 15 semaines qu'ils étaient à deux, soit 86 pour cent de gain! Le président de Motorola, William Weisz, a eu l'audace de proposer de multiplier par dix l'amélioration de la qualité en seulement cinq ans. Quant à John Young, président de Hewlett-Packard, il déclarait en 1979 qu'en dix ans son entreprise ramènerait les défauts de production à un dixième de ce qu'ils étaient à ce moment-là.

Les possibilités qu'offre la qualité sont donc considérables et les nombreux exemples de son efficacité dans les grandes entreprises nous montrent qu'elle est tout à fait réalisable.

Le livre de Jim Harrington nous fait vivre, étape par étape, le processus de la qualité, celle-ci étant conçue comme une vraie manière de vivre au sein de l'entreprise. On y trouve des listes de contrôle, l'essentiel de l'analyse statistique et des questionnaires destinés aussi bien à la haute direction qu'aux salariés.

Harrington recommande de commencer le processus par la formation d'un conseil Qualité réunissant les cadres supérieurs. Il donne un exemple de ce que pourraient être le discours d'ouverture du président à l'intention de ce groupe et la réunion d'une durée de trois jours, qui doit se dérouler à l'extérieur de l'entreprise. Il donne également un aperçu des questions à poser pour en arriver à une analyse exhaustive des besoins de l'entreprise en matière de qualité.

Dans d'autres chapitres, on trouve une évaluation sérieuse et perspicace des avantages et des inconvénients que présentent les différents et nombreux programmes à mettre en place (cercles de Qualité, groupes d'intervention, équipes Qualité au sein des services ou ateliers) ainsi que les différents systèmes de reconnaissance des mérites et de primes (système Scanlon, primes par équipe, systèmes de suggestions, programme participatif pour les employés).

J'ai trouvé particulièrement intéressants les chapitres où Jim Harrington va beaucoup plus loin que le discours habituel sur la qualité. Par exemple, quand il décrit les méthodes à utiliser pour obtenir l'engagement personnel de tous les cadres à la qualité, engagement qui est la condition sine qua non d'un profond changement d'attitude vis-à-vis de la qualité. Il montre par exemple que la qualité doit se refléter jusque dans les pages de votre agenda.

Maintenant, revenons en arrière et jetez un coup d'oeil à votre calendrier. Accordez-vous autant de temps à contrôler la qualité de la production de votre service qu'à surveiller les coûts et les calendriers d'exécution ? Si ce n'est pas le cas, il vous faut réviser vos priorités. Si vous n'avez pas le temps de vous consacrer à la qualité et si vous n'y accordez pas assez d'importance pour vous y intéresser, pourquoi voudriez-vous que vos employés le fassent ? Dans les usines, les directeurs tiennent des réunions de production pour revoir la qualité, les calendriers et les coûts. Habituellement, on s'occupe d'abord des calendriers, puis des coûts et enfin de la qualité, s'il reste assez de temps. La plupart du temps, s'il y a un problème de calendrier, il sera discuté pendant presque toute la réunion et la qualité sera oubliée. Si la qualité est une préoccupation essentielle, elle devrait se trouver à la première place dans l'ordre du jour. L'ordre du jour d'une réunion est toujours révélateur des priorités de la direction.

Jim Harrington attire également notre attention sur le nouveau rôle que doit assumer le personnel de maîtrise. Dans le cadre d'une gestion vraiment participative, le contremaître ou le chef d'atelier perd de son pouvoir (du moins dans son sens traditionnel) et il se retrouve encore plus coincé que jamais: il doit s'adapter à toute une série de nouvelles exigences et de nouvelles mesures, les dirigeants sont toujours sur son dos, et en plus, il lui semble perdre les pouvoirs qu'il détenait auparavant. Or, le personnel de maîtrise (contremaîtres, chefs d'équipe) est la clé du succès ; malheureusement on ne le dit pas assez dans les discussions ou les textes portant sur la qualité, à l'exception de Jim Harrington qui nous fournit ainsi une heureuse surprise.

L'exposé sur la participation est lui aussi très sérieux et très approfondi. J. Harrington nous en décrit tant les principes généraux que les aspects pratiques et souligne que « L'objectif zéro-défaut n'est pas une question de nouvelles méthodes statistiques ou de nouvelles techniques de résolution des problèmes. On ne peut l'atteindre que si chacun ou chacune a une connaissance approfondie de son travail et qu'il ou elle se sait capable de l'accomplir au mieux ». Il nous donne également des détails sur les programmes de formation et l'évaluation des performances.

Un des chapitres les plus intéressants du livre porte sur le rôle des fournisseurs, qu'on néglige souvent dans la plupart des discussions sur la qualité. On y parle en effet des séminaires à organiser avec les fournisseurs, des enquêtes à mener auprès d'eux, des méthodes pour les évaluer. Y est abordé également le problème de savoir s'il faut restreindre le nombre de ses fournisseurs et quel genre de partenariat authentique on peut leur proposer.

Mais là où Jim Harrington est le plus original, c'est quand il met l'accent sur l'amélioration des systèmes et procédés. Il existe une multitude de programmes destinés exclusivement aux employés (le personnel de maîtrise), les équipes de dix personnes (le cercle sous une forme ou sous une autre), les mesures d'incitation (les programmes de suggestions, par exemple). Jim Harrington soutient, avec raison à mon avis, que :

> Le seul moyen pour que la qualité fasse partie intégrante de l'entreprise et que ses avantages soient efficaces et permanents, c'est de changer les systèmes qui commandent les activités de l'entreprise. Ce ne sont pas les employés qui causent la majorité des erreurs ; ils ne sont que des pions qui travaillent dans un environnement souvent dépendant de systèmes d'exploitation obsolètes et lourds. Ce ne sont pas non plus les cadres qui sont responsables des erreurs ; leur seule faute, c'est de permettre à l'entreprise de fonctionner avec des systèmes qui ne sont pas adaptés aux besoins d'aujourd'hui. Quand on essaie d'éliminer les erreurs, ce n'est pas la peine de s'en prendre aux gens. Ce ne sont pas eux qui constituent le problème. Ce à quoi on doit s'attaquer, ce qu'on doit restructurer, ce sont les systèmes d'exploitation qui commandent et gouvernent la performance de l'entreprise.

L'expérience d'Harrington chez IBM se révèle concluante à cet égard. En effet, c'est en cherchant résolument à traquer tous les processus souvent invisibles ou négligés qui bloquent tant de comportements quotidiens, que cette compagnie a réussi à faire, en 5 ans, des progrès extraordinaires dans l'amélioration de la qualité. Les chapitres du livre qui portent sur les équipes d'analyse des systèmes et les équipes d'amélioration des procédés valent leur pesant d'or.

Toutefois, je m'inquiète ! La qualité ne doit pas devenir seulement une formule en l'air, un cliché des années 80. Il nous faut remanier toutes nos structures de gestion avec pour seul objectif la qualité, c'est une nécessité absolue.

Au cours de mes pérégrinations à travers le pays, je suis obligé d'élever le ton. Certains ont perdu de leur suffisance. C'est une bonne chose. La plupart en sont au stade de l'expérimentation. Bonne chose, aussi. Mais il y en a encore trop peu qui savent:

- comprendre les changements profonds et nova-teurs qu'il faut accomplir (avoir pour priorité la qualité et non plus la quantité) ;

- saisir l'envergure des objectifs à atteindre ;

- comprendre qu'il faut encore accélérer ces chan-gements même si on s'est déjà efforcé avec zèle d'améliorer les comportements à l'égard du chan-gement ;

- prendre conscience que la clé du succès ce sont les gens et les systèmes de gestion et non le capital (par exemple les robots ou l'automa-tisation).

J'espère que les lecteurs sauront apprécier le sérieux du livre et les mérites de son auteur. Mais surtout j'espère que ce livre leur permettra de mieux saisir la nature profonde du défi du changement que Jim Harrington y présente. Ce livre s'adresse aussi bien aux membres d'un conseil d'administration qu'au personnel de maîtrise. Et toutes nos tâches y sont abordées.

Thomas J. Peters

Table des matières

Avant-propos

Que diriez-vous d'améliorer vos bénéfices de 50 pour cent ?
de transformer les rebuts qui encombrent vos installations
de fabrication en produits que l'on peut expédier ?
d'augmenter le rendement de votre entreprise de 20 pour
cent sans avoir à construire de nouvelles installations ni à
acheter de nouvelles pièces d'équipement ? Que diriez-vous
d'accroître vos activités de recherche et de développement
de 20 pour cent sans engager de nouveaux ingénieurs ? de
faire passer le nombre d'heures supplémentaires de 30 à
2 pour cent ? de voir un sourire sur le visage de vos
employés tous les jours plutôt que seulement le vendredi
soir à 16 h 00 ?

Tout cela semble trop beau pour être vrai. Pourtant
de nombreuses entreprises à travers le monde ont réussi à
faire des profits énormes. Leur équipe de direction a fixé de
nouvelles normes de rendement et a consacré du temps et
des efforts pour former tous les employés de l'entreprise à
l'amélioration de la qualité. L'amélioration de la qualité est
devenue partie intégrante de la personnalité de l'entreprise.

En appliquant un processus d'amélioration de la
qualité, il se peut que votre entreprise n'obtienne pas tous
les résultats que je viens de citer ; mais il se peut aussi
qu'elle fasse encore mieux. D'après les résultats obtenus
par des entreprises comme IBM, Xerox, Memorex et 3M,
votre entreprise peut devenir plus productive, en fabriquant

des produits et en offrant des services qui dépassent toutes vos attentes. Et vous découvrirez alors que l'argent dépensé pour que l'amélioration de la qualité fasse partie intégrante de la personnalité de votre entreprise était l'un des meilleurs investissements que vous ayez jamais faits.

James E. Preston, président de Avon, rapportait par exemple : « L'année dernière, nous avons dépensé environ 300 000 $ pour la formation et la mise en place du PAQP (processus d'amélioration de la qualité et de la productivité), mais grâce à celui-ci, nous avons économisé plus de 10 millions. »

John A. Young, président de Hewlett-Packard, parlant du processus d'amélioration et de qualité mis en place dans son entreprise, décrit en ces termes des résultats obtenus : « Les efforts de Yokagawa/Hewlett-Packard ont été récompensés par le très convoité prix Deming en 1982. Durant les cinq années pendant lesquelles YHP s'est efforcée de remporter le prix, l'entreprise a réduit de 42 pour cent les coûts de fabrication de ses produits et diminué ses stocks de 64 pour cent. Les taux d'échec ont diminué de 60 pour cent et les phases de travail dans la recherche et le développement ont été réduites d'un tiers. Rien qu'aux États-Unis, nous avons aujourd'hui toute une liste de succès à notre actif. Notre taux d'échec a diminué de plus de 20 pour cent par an. En fait, la plupart de nos entreprises atteindront mon objectif, qui est de multiplier la qualité par 10, en moins de 10 ans. »

Quant à John Akers, président de IBM, il pense que l'amélioration de la qualité fera économiser des milliards de dollars à l'entreprise dans les années à venir.

Il existe une relation directe entre la qualité et la productivité, elles sont complémentaires et ne peuvent être dissociées. Si vous décidez d'instaurer un processus d'amélioration de la qualité dans votre entreprise, vous serez en mesure d'améliorer sa productivité, de réduire les coûts incorporables et d'augmenter sa part de marché.

Au début des années 1980, la plupart des chefs

d'entreprise se sont rendu compte que quelque chose n'allait pas, tant dans le système de gestion américain que dans l'enseignement donné dans les écoles de gestion à travers le pays. La récession, l'inflation, la concurrence étrangère, la réglementation gouvernementale et les impôts avaient imposé de sévères restrictions au monde des affaires. Les États-Unis étaient sur le point de devenir une puissance industrielle de second ordre. Les valeurs qui avaient fait de ce pays une grande puissance semblaient avoir changé. Les bénéfices à court terme devenaient plus importants que la rentabilité à long terme. L'optimisation des actifs passait avant les besoins du consommateur. Dans le domaine de la gestion, la théorie comptait plus que la pratique, et la fidélité à l'entreprise devenait chose du passé. Nous avions oublié que la gestion est un art et non pas une science. Les gestionnaires américains étaient à la recherche de formules toutes faites pour réussir à coup sûr dans les affaires. En fait, c'était le meilleur moyen pour en arriver à la faillite des entreprises. En effet, il n'existe pas de recette infaillible pour diriger une entreprise. S'il y en avait une, nous n'aurions pas besoin de dirigeants ; les ordinateurs pourraient s'en charger.

La seule chose dont nous soyons sûrs c'est que des changements vont se produire. En tant que chefs d'entreprise, nous devons nous y adapter et les accepter de bon gré. Nous devons aussi créer de nouveaux systèmes de gestion qui nous permettent d'entretenir les valeurs de l'entreprise, de prendre à coeur l'intérêt des employés et de nous souvenir que nous ne sommes pas seulement dans les affaires pour offrir un produit ou fournir des services mais surtout, et essentiellement, pour satisfaire les besoins des consommateurs actuels ou à venir. Le processus d'amélioration de la qualité n'est qu'un des multiples outils de gestion qui peut nous aider à remplir cet objectif. Même si la mise en place du processus est présentée ici étape par étape, elle peut être adaptée aux différents contextes des entreprises, qu'il s'agisse des clients, des employés ou de la personnalité propre de l'entreprise.

CHAPITRE 1

Pourquoi améliorer la Qualité ?

INTRODUCTION

À la fin de la Deuxième Guerre mondiale, l'Amérique se retrouva dans une situation privilégiée : elle possédait le seul système de fabrication important qui soit indemne. À travers le monde, la plupart des installations avaient été détruites par les bombardements ou étaient devenues désuètes. La demande de produits de consommation était forte pour combler la pénurie créée par ces années, pendant lesquelles la production mondiale était axée uniquement sur l'effort de guerre. Les entreprises américaines prospéraient donc sur le marché vendeur. Les Américains avaient l'illusion qu'il suffisait d'étiqueter un produit « Made in U.S.A » pour que celui-ci se vende n'importe où dans le monde.

Désirant répondre à la demande de cette nouvelle clientèle, les Américains étendirent leurs domaines de production, investirent dans de nouveaux équipements, dont ils firent tout pour tirer le maximum. Les pièces de rebut ne cessèrent de s'accumuler, mais les Américains le mirent sur le compte d'une technologie de plus en plus complexe, la diminution du rendement initial leur paraissant la conséquence normale de cette évolution. Pour compenser une partie de ces coûts, ils investirent énormément dans le développement, la mise en oeuvre et la gestion de procédés de réparation. Ils conçurent soigneusement le nouveau processus de fabrication, tout en aménageant des usines de réparation localisées stratégiquement, de manière à réduire les délais de retour du produit dans le cycle de fabrication. Ils y placèrent les meilleurs employés, car il est toujours plus difficile de reprendre un produit que de bien le faire la première fois. La réparation à court terme était préférable à la prévention à long terme.

Les produits défectueux firent partie du quotidien. On faisait même comprendre aux fournisseurs qu'on ne s'attendait pas à ce qu'ils livrent des pièces sans défaut, et qu'il était normal de livrer des pièces ayant un niveau de qualité acceptable de 1 pour cent ; autrement dit, l'acheteur acceptait 1 pour cent de pièces défectueuses. Par conséquent, certains fournisseurs ajoutaient volontairement des pièces imparfaites à leurs livraisons, qu'ils n'auraient pu écouler autrement. En 1984, les dépenses du gouvernement américain en produits et services s'élevaient à 785 milliards de dollars. Un niveau de qualité acceptable de 1 pour cent équivalait à accepter 7, 8 milliards de pertes et de rebuts.

Pourquoi accepter une telle situation? Pourquoi ne pas exiger des pièces satisfaisantes à 100 pour cent? Car après tout, nous ne payons pas nos fournisseurs avec 1 pour cent de fausse monnaie.

DES OBJECTIFS LIMITÉS

Pendant des années, le monde des affaires, étrangement peu disposé à voir plus loin que les besoins immédiats, s'est fixé des objectifs limités. Mais comment se fait-il que l'on fixe des objectifs de performance pour nous-mêmes et pour nos employés, et qu'une fois qu'ils sont atteints, on se dise « ça suffit » ? Nous tournons alors notre attention et nos efforts dans une nouvelle direction, nous contentant de maintenir les performances de notre produit ou de notre activité assez proches de l'objectif fixé à l'origine. Actuellement, sur l'arène des affaires internationales, le produit qui suffisait hier, survit à peine aujourd'hui et sera inadéquat demain. Nous devons continuer à améliorer si nous voulons rester en affaires. Il suffit de se demander pourquoi la qualité est devenue le thème publicitaire en vogue pour les produits fabriqués aux États-Unis, alors que, traditionnellement, la qualité allait de soi pour ces mêmes produits. Un numéro récent du magazine *Fortune* prévoyait que le tiers, voire la moitié, des 30 000 fournisseurs de pièces automobiles aux États-Unis, ne serait plus en affaires dans quelques années. Traditionnellement, les Américains ont affirmé « la qualité coûte de l'argent », alors que leurs concurrents étrangers soutenaient « la qualité rapporte de l'argent ». Et ils l'ont prouvé !

LES NORMES JAPONAISES DE QUALITÉ

Après la Deuxième Guerre mondiale, les industries japonaises ne se contentaient pas de leur niveau de qualité. Elles affirmaient qu'elles n'étaient pas assez bonnes et qu'elles pouvaient faire mieux. La haute direction s'engagea à trouver des moyens d'améliorer la productivité et la qualité. Le Japon envoya des équipes de gestionnaires à travers le monde pour rechercher la formule magique qui métamorphoserait son industrie, effacerait sa réputation de producteur de copies de mauvaise qualité des produits américains et lui permettrait de devenir concurrentiel sur les marchés américains et européens, tant sur le plan du prix que de la qualité ; car les Japonais n'étaient plus capables de rivaliser sur les marchés à main-d'oeuvre nombreuse et peu coûteuse. Ces gestionnaires filmèrent, interrogèrent et écoutèrent les chefs de file de l'industrie, tant aux États-Unis qu'en Europe. Rentrés au Japon, ils assimilèrent ce qu'ils avaient appris, le modifièrent et l'appliquèrent. Ils furent rapides à saisir des concepts tels que celui du contrôle statistique de qualité et du contrôle de la qualité totale. La direction japonaise prouva son engagement dans la qualité en offrant à ses employés la possibilité d'étudier ces nouvelles techniques pendant les heures de travail.

Selon moi, le secret découvert par les équipes de gestionnaires japonais lors de leur enquête mondiale c'est que les compagnies qui réussissaient le mieux étaient celles qui établissaient des normes extrêmement élevées pour leurs produits et pour leur personnel. C'étaient des compagnies qui n'étaient pas satisfaites de la performance de leurs produits et tentaient constamment d'offrir mieux et à meilleur prix à leurs clients. Elles leur fournissaient des produits qui, non seulement répondaient à leurs exigences, mais les dépassaient, fixant ainsi de nouvelles normes à leur industrie. Les gestionnaires japonais constatèrent que, dans de nombreux cas, la fabrication des produits de qualité inférieure coûtait cher et que les clients refusaient de les acheter, même à prix réduit. Ils comprirent que les compagnies qui fabriquaient des produits de haute qualité, de façon continue, en tiraient un triple profit :

- baisse des coûts de fabrication ;
- augmentation des marges de profit ;
- augmentation des parts du marché.

Une analyse détaillée prouve qu'il existe une relation directe entre le rendement des investissements et la qualité du produit. Le rendement des investissements est supérieur de 40 pour cent avec les produits de haute qualité.

La haute direction japonaise entreprit méthodiquement d'élever les normes de performance de ses employés. Dans le processus, les propres attentes des employés étaient plus élevées face aux produits et aux services qu'eux-mêmes achetaient. Au fur et à mesure que la performance du produit et les attentes des clients augmentaient, de moins en moins de compagnies non japonaises étaient capables de rivaliser efficacement sur le marché japonais. L'amélioration de la qualité entraînait l'augmentation de la demande de produits japonais dans le monde entier. Dans *Strategy and Structure of Japanese Enterprise*, Toyohiro Kono fait remarquer que la culture n'est pas le facteur-clé de la réussite des compagnies japonaises. Celles-ci offrent des traits communs en affaires: novatrices et compétitives, toutes combinent objectifs à long terme, centralisation de l'administration, respect de l'employé et contact étroit avec les clients. Aiguillonné par l'excellence des produits fabriqués au Japon, le monde comprit peu à peu que les produits les plus coûteux ne sont pas nécessairement les meilleurs et qu'en fin de ligne, les produits de qualité moindre ne sont pas ceux qui reviennent le moins cher.

Le graphique de la figure 1.1 montre la poussée de l'avant de la qualité japonaise et comment les États-Unis et l'Europe se relèvent. Il montre également la situation de la qualité chez les « Quatre Tigres » asiatiques (Hong kong, Singapour, la Corée du Sud et Taiwan). Bien que l'augmentation rapide de leur qualité ait été postérieure à celle du Japon, les « Quatre Tigres » fabriquent aujourd'hui de nombreux produits dont le niveau de qualité est égal ou supérieur aux mêmes produits fabriqués aux États-Unis, en Europe ou au Japon. De plus, la main-d'oeuvre des « Quatre Tigres » est beaucoup moins payée, ce qui rend la concurrence bien plus difficile pour les autres pays. Bien qu'on ne puisse prévoir l'avenir, une chose semble sûre : si les États-Unis et l'Europe ne modifient pas leur attitude face à la qualité, ils deviendront des puissances industrielles de second ordre et l'Asie dominera.

LA QUALITÉ : LE CHAMP DE BATAILLE DES ANNÉES À VENIR

La guerre des années à venir n'est pas une guerre militaire ; c'est une guerre industrielle, et les clients du monde entier en sont le butin. L'industrie américaine est attaquée, non seulement par le Japon mais par toute l'Asie et l'Europe. Ce ne sont plus les États-Unis qui fixent la norme d'excellence de nombreux produits.

Nous devons livrer bataille contre la paralysie qui gagne progressivement une grande partie du système de valeurs des États-Unis. Je l'appelle le « je-m'en-foutisme » ou « on devrait être content que ça soit bon ». Une attitude basée sur l'indifférence a pour résultat l'indifférence. Le cancer de l'indifférence envahit les États-Unis ; c'est l'épidémie que nous devons combattre pour offrir la qualité des produits et des services et oeuvrer pour rehausser les normes de concurrence de cette décennie.

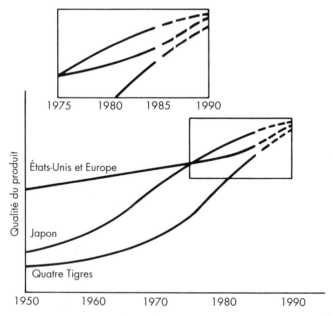

Figure 1.1 Niveaux de qualité des produits. (Les courbes des États-Unis, de l'Europe et du Japon ont été établies d'après l'étude du Dr J.M. Juran.)

Le président Reagan a demandé à John A. Young, président de Hewlett-Packard, de diriger un groupe d'étude destiné à trouver les moyens d'améliorer la compétitivité de l'industrie américaine, tant à l'intérieur du pays qu'à l'étranger. Dans son rapport au président et à son cabinet, Young déclarait : « La compétitivité de l'industrie américaine sur les marchés mondiaux s'est érodée au cours des vingt dernières années. Les déficits commerciaux, la diminution des parts du marché mondial dans le secteur des industries technologiques, la diminution du revenu dans le secteur de la fabrication, le ralentissement de la croissance, de la productivité et la stagnation des salaires attestent de son déclin. »

Fort heureusement, la situation évolue pour le monde des affaires américain. En 1985, *Business Week* fit une enquête auprès de 301 cadres supérieurs de grandes sociétés industrielles américaines faisant face à la concurrence japonaise ; l'enquête révéla qu'elles prenaient les mesures suivantes pour augmenter leur compétitivité :

- investissement dans des usines et de l'équipement plus efficaces (27 pour cent) ;
- amélioration de la qualité du service aux clients (23 pour cent) ;
- augmentation des investissements en recherche & développement (23 pour cent).

Le président Ronald Reagan soulignait l'évolution du monde des affaires américain lorsqu'il notait : « De plus en plus, les chefs de file du monde des affaires répondent aux attentes des consommateurs par une amélioration de la qualité, de la sécurité et de l'efficacité de leurs produits. »

Ces efforts d'amélioration contribuèrent à réinstaurer la confiance des consommateurs dans les produits américains. En octobre 1985 , la maison Gallup mena auprès des consommateurs une enquête destinée à l'American Society for Quality Control (ASQC). L'enquête révéla que seulement 27 pour cent des consommateurs n'attendaient aucune amélioration de la qualité des produits américains, soit une augmentation de 250 pour cent par rapport à une enquête menée en 1980 pour l'ASQC. Dans l'enquête de 1985, seulement 33 pour cent des consommateurs interrogés déclarèrent que les produits fabriqués à l'étranger étaient d'une qualité équivalente ou supérieure aux produits fabriqués aux États-Unis, soit une amélioration de plus de 227 pour cent.

Ces améliorations sont significatives mais ne suffisent pas. Ces données indiquent que les États-Unis pourraient perdre encore 33 pour cent de leur marché intérieur ; or, si nous sommes incapables de gagner chez nous, comment pourrions-nous gagner sur la scène internationale ?

Le client est devenu la victime des entreprises qui conçoivent des produits désuets et prévoient la réparation plutôt que la performance. « Caveat emptor » est le credo qui fait vivre ces compagnies : « que l'acheteur se méfie ».

LE CLIENT EST ROI

De nos jours, le client est roi sur le marché acheteur. Le client veut de la valeur, c'est le mot-clé qui signifie qualité et fiabilité à prix raisonnable. Dans un marché concurrentiel, il est primordial que chaque travailleur comprenne l'importance du client. Chez IBM Austin, une carte d'employé contenant les données suivantes fait ressortir cette notion.

Les clients

- sont les personnes les plus importantes de toute entreprise.

- ne dépendent pas de nous. Nous dépendons d'eux.

- ne nous dérangent pas dans notre travail. Ils en sont le but.

- nous font une faveur quand ils viennent nous voir. Nous ne leur faisons pas une faveur en les servant.

- font partie de l'entreprise, ce ne sont pas des étrangers.

- ne sont pas seulement des statistiques mais des êtres humains avec des sentiments et des émotions, comme nous.

- viennent vers nous, animés de besoins et de désirs. À nous d'y répondre.

- méritent le traitement le plus courtois et le plus attentif que l'on puisse leur donner.

- sont l'élément vital de cette entreprise comme de toute entreprise. Sans eux, elle devrait fermer.

Ne l'oublions jamais !

Pour reprendre la formulation de John A. Young, « notre seule raison d'être en affaires, c'est la satisfaction du client. » Les clients sont l'élément vital d'une entreprise, son actif le plus important. Pas de client, pas d'entreprise. Pas d'entreprise, pas d'emploi. Les clients des industries de services sont rebutés et choqués, non par les prix mais par l'indifférence, la négligence et l'impolitesse flagrante. Les clients se tournent vers les produits étrangers parce que nos gestionnaires et nos statisticiens acceptent les erreurs comme des nécessités dues au hasard et qu'il faut supporter. Nous trouvons des excuses plutôt que de progresser. De nos jours, nous ne pouvons plus nous contenter de l'« assez bon » ; si nous ne changeons pas cette attitude, on pourra lire en épitaphe sur les murs de nos usines : « Nous pensions que nous étions assez bons. »

« ASSEZ BON » NE SUFFIT PAS

Le moment est venu de changer nos normes. Nous ne pouvons continuer à vivre avec les taux de rejets que nous avons acceptés jusqu'ici. Il est nécessaire qu'à l'avenir nos entreprises fassent moins d'erreur. L'achat des matériaux et composants doit se faire en fonction des exigences du travail à accomplir. Il est absolument nécessaire de remédier à la formation insuffisante des employés, à leur mauvais encadrement et à la communication à sens unique. Le temps est venu de cesser d'accepter la performance médiocre et même de considérer parfois qu'elle « dépasse les attentes ». Thomas J. Watson, Sr., premier président d'IBM, affirmait : « Il vaut mieux viser la perfection et la manquer que de viser l'imperfection et y parvenir. » Le moment est venu de penser différemment et de s'attendre à ce que tout fonctionne bien. Vos employés tenteront de se montrer à la hauteur de vos attentes, si vous communiquez avec eux et leur donnez l'exemple. Car si vous acceptez un travail mal fait, vous obtiendrez un travail mal fait. Si vous ne fixez pas les normes, vos employés fixeront les leurs et celles-ci seront inférieures.

Notre retard dans certains secteurs ne signifie pas que nous devons renoncer ; au contraire, cette situation doit nous offrir de nouveaux défis. Notre nation n'est pas de celles qui sont vaincues avant la fin du 15e round. Notre participation à la Deuxième Guerre mondiale fut tardive, mais nous avons gagné la course aux armements. Lors du lancement de Spoutnik, nous étions en retard dans la course de l'espace, mais nous avons été les premiers à marcher sur la Lune. Rien ne nous empêche de remporter ce combat industriel. Il nous faut cesser d'accepter les erreurs comme si elles allaient de soi ; nous devons refuser de voir des milliards de dollars gaspillés dans nos industries de fabrication et de services parce que nous n'essayons pas de faire bien à chaque fois. Nous nous arrêtons en deçà de notre potentiel, en affirmant « c'est assez bien ». Nous ne devons plus nous contenter de « l'assez bien ».

Depuis 1970, le taux de croissance de la productivité américaine ne cesse de baisser, ce qui constitue un facteur primordial dans la détérioration de notre balance commerciale. Le 10 juin 1983, lors de la Conférence sur la productivité tenue à la Maison Blanche, le Président Reagan affirmait déjà :

L'amélioration de la productivité est la pierre angulaire de la reprise économique de notre pays. Cette question m'a profondément intéressé dès mon entrée en fonction, car une augmentation de croissance de la productivité est nécessaire pour réaliser des objectifs tels que le plein emploi et la stabilité des prix, et maintenir la croissance économique. Elle représente une part cruciale de nos efforts pour améliorer notre compétitivité sur les marchés internationaux et créer des emplois pour une main-d'oeuvre en pleine expansion ; de plus, l'amélioration de la productivité est essentielle si nous voulons augmenter les revenus et stabiliser les prix. L'augmentation de la productivité est également liée à une véritable croissance économique et à une amélioration du niveau de vie.

Pour améliorer la productivité, l'un des meilleurs moyens est d'améliorer l'excellence de notre production en éliminant, les pertes tout en offrant aux clients des produits et services compétitifs.

Dans de nombreux secteurs, nous fixons encore les normes mondiales d'excellence mais ceci ne devrait pas nous rendre trop confiants. Si nous cessons d'améliorer, un concurrent insatisfait de son produit l'améliorera et nous volera nos clients. N'oubliez pas que lorsque l'on cesse d'améliorer, on commence à perdre du terrain. Comme l'écrivait un illustre inconnu, c'est lorsque nous avons acquis de l'expérience et croyons ne plus rien avoir à apprendre que nous régressons.

Il n'y a plus aucun doute à ce sujet : nous ne sommes plus les premiers, non pas parce que nous avons perdu notre avance technologique, car ce sont les États-Unis qui ont réalisé la plupart, sinon toutes, les percées technologiques, mais parce que la haute direction américaine n'a pas suivi le progrès et n'a pas su utiliser les technologies mises au point par le pays même.

La haute direction américaine connaît l'importance de l'excellence, mais dans de nombreux cas elle s'abstient d'agir dans ce sens. Comme le formulait Tom Peters, coauteur de *In Search of Excellence* : « Tout le monde parle de qualité, mais la plupart du temps ce ne sont que des mots. Je ne suis guère optimiste sur la possibilité de voir les grandes entreprises introduire des changements vitaux dans leurs organisations. »

Comme tout le monde le sait, il vaut mieux gagner que perdre, faire de bons produits, et bien les faire. Alors qu'y a-t-il de nouveau ? Nous affirmons couramment que « personne ne fait d'erreur délibérement » et « personne n'est parfait » ou encore que « l'erreur est humaine, le pardon vient de Dieu » (si cette dernière affirmation est vraie, beaucoup de nos dirigeants sont des dieux !). Nous pouvons réussir des produits sans défaut. Mais pour combien de temps ? Il est facile de réussir des produits parfaits pendant 30 secondes ; c'est un peu plus difficile pendant une heure, et peut-être impossible pendant une semaine. Mais si nous essayons, nous pouvons y arriver. Il suffit de fixer des objectifs qui améliorent la durée de notre performance acceptable.

LE PROCESSUS D'AMÉLIORATION

Le voyage vers l'excellence suit une route sans fin. Certains, parce qu'ils ne voient pas de fin à cette route, n'entreprennent jamais la première étape. D'autres acceptent le défi et continuent leur route, en s'améliorant sans arrêt et en attendant avec impatience le défi suivant. Ils contribuent vraiment à l'avancement humain. Ils pensent : « Faire bien ne suffit pas. Je peux faire mieux. »

La direction a besoin d'une carte pour guider l'entreprise sur la route de la qualité et l'empêcher de déboucher dans des impasses. Cette carte n'est rien d'autre que « le processus d'amélioration ». Ce n'est pas un programme, car un programme n'est mis en place que pour une période de temps limitée. C'est un processus, un engagement suivi, continu. C'est une nouvelle manière de considérer toutes les activités d'une entreprise, que ce soit au sein de l'usine, dans la manière dont le président remplit ses fonctions ou celle dont le concierge balaie son bureau.

Le processus est conçu pour rendre l'entreprise plus productive. Il a été implanté par des centaines d'entreprises. Le processus d'amélioration décrit dans ce livre résulte d'une étude faite auprès de plusieurs grandes entreprises et d'après les processus d'amélioration enseignés par plusieurs conseillers en qualitique. L'étude a porté sur des compagnies comme IBM, Hewlett-Packard, 3M et Polaroid. Toutes avaient été fortement influencées pendant les années 80 par des qualiticiens tels que M. Philip B. Crosby, le Dr W. Edwards Deming, le Dr Armand V. Feigenbaum, le Dr Kaoru Ishikawa, et le Dr Joseph M. Juran. Dans les années 40, les héros de la guerre furent le modèle des États-Unis ; dans les années 60, ce furent les astronautes. Dans les années futures, ce devraient être les qualiticiens, tels ceux que je viens de citer, car leur contribution à l'avenir et à la prospérité du pays pourrait bien dépasser celle des modèles sociaux antérieurs.

Quand on demanda au président d'Avon, James E. Preston, pourquoi il avait implanté le processus d'amélioration, il répondit : « C'était une question d'argent et de bon sens. On dépensait de l'argent inutilement. Le manque de qualité nous coûtait de l'argent et des clients. Une analyse faite aux États-Unis nous a révélé que la non-conformité aux normes de qualité, tant au niveau des produits que des services, coûtait à la division Avon des dizaines de millions de dollars par an. »

Le processus d'amélioration est un moyen efficace d'apporter des modifications positives qui entraîneront une économie d'argent pour le client comme pour la compagnie. Oliver C. Boileau, président de General Dynamics Corporation, rapportait que grâce au processus d'amélioration, « la division de Forth Worth, par exemple, avait économisé 43,8 millions $ en 1983-1984. »

Dans un document de travail daté du 31 juillet 1985 et adressé aux dirigeants des services exécutifs et des agences gouvernementales, le président Ronald Reagan notait : « Je sais qu'une de vos priorités est de conclure la phase suivante de notre voyage dans l 'amélioration de la gestion : amélioration des services publics par une amélioration de leur qualité, amélioration des délais, et baisse des coûts pour les contribuables. » Le président fixait alors pour objectif d'améliorer de 20 pour cent la productivité gouvernementale, et en particulier la qualité des services, d'ici les six prochaines années.

2

Le processus d'amélioration

INTRODUCTION

Dès le moment où nous cessons de nous améliorer, nous commençons à régresser. Trop souvent, nous nous contentons du raisonnement suivant : « J'ai toujours fonctionné de cette façon et cela a donné des résultats, donc ce doit être suffisant. » Mais c'est encore moins vrai aujourd'hui qu'avant. Nous ne pouvons plus nous permettre de faire du surplace.

- Quantité d'entreprises à travers le monde se contentent de résultats passables au lieu d'essayer de progresser, l'encadrement et les employés considérant leur niveau de qualité comme satisfaisant. Malheureusement, quand le personnel est satisfait, il cesse de s'améliorer. Il n'y a pas de progrès sans un certain mécontentement à la base. Employés et cadres doivent avoir le sentiment qu'ils peuvent faire encore mieux.

Comment arriver à changer du tout au tout la mentalité de votre entreprise ? Certainement pas par la force ni en placardant des affiches, encore moins du jour au lendemain. Améliorer uniquement la productivité n'est pas non plus la solution. L'astuce consiste à intégrer le processus d'amélioration au fonctionnement de l'entreprise. Il doit s'exprimer dans notre façon de travailler, notre façon de penser et jusque dans notre comportement.

Comme l'exprime Thomas J. Watson Jr., ex-président de IBM, « tous les acteurs d'une organisation devraient remplir leur tâche en partant de l'idée qu'ils peuvent toujours mieux faire ».

Le processus d'amélioration consiste en un ensemble de démarches complémentaires et fournit un cadre propice à l'amélioration, aussi bien pour les employés que pour l'encadrement. Il met l'accent sur un aspect de la gestion de l'entreprise qu'on n'aborde habituellement qu'en cas de problème ou de mécontentement de la clientèle. Il nous aide à faire de l'innovation et de l'amélioration continue une règle de vie.

Ce processus fonctionne aussi bien pour des sociétés comme IBM, qui emploie 405 000 personnes et dont le revenu brut était de 50,1 milliards en 1985, que pour de petites entreprises comme Lewis Machining, avec seulement 5 employés et une recette brute de 1 million. Il s'applique aussi bien à l'Armée qu'au secteur privé, au secteur industriel qu'aux sociétés de service. Le processus d'amélioration est une stratégie de gestion qui, une fois adoptée, change radicalement le style de gestion de l'entreprise et son image.

LES DIX ÉTAPES INITIALES

Voici les dix étapes que toute entreprise devrait faire siennes, quelle que soit sa taille. Elles ont été établies à partir des résultats obtenus par des sociétés comme AT&T, Avon, Corning Glass, General Motors, Hewlett-Packard,

IBM, Polaroid et 3M après qu'elles aient implanté ce
processus.

Ce sont :

1. Obtenir l'engagement de la haute direction ;
2. Instaurer un conseil Qualité de l'amélioration ;
3. Obtenir la mobilisation de l'ensemble des cadres ;
4. Mettre au point une stratégie de groupes de travail ;
5. Obtenir la participation individuelle ;
6. Mettre sur pied des équipes d'amélioration (ou de maîtrise des processus) ;
7. Faire participer les fournisseurs ;
8. Mettre en place un système d'assurance Qualité ;
9. Élaborer et appliquer des programmes d'amélioration à court terme ainsi qu'une stratégie à long terme ;
10. Reconnaître les mérites.

Le processus d'amélioration vise à modifier la personnalité et non la culture de l'entreprise. La culture d'une société se fonde sur son héritage, ses antécédents et tout le contenu intellectuel et artistique qui lui confèrent son identité. Elle englobe aussi les convictions fondamentales et les valeurs sur lesquelles repose cette société. La personnalité, telle que la définit le dictionnaire, c'est « ce qui fait l'individualité d'une personne, d'un groupe ou d'une nation : ses choix, ses responsabilités et ses handicaps ». Pour modifier la personnalité d'une entreprise, ses dirigeants doivent être réceptifs au changement. Il s'agit pour la direction d'obtenir des gains à court terme pour la société et les employés et des profits à long terme.

1. *Engagement de la haute direction.* Toute entreprise reflète la personnalité de ses hauts responsables. Si

ces derniers ne sont pas intimement persuadés que la société peut faire mieux que par le passé, il ne sert à rien de commencer à implanter le processus d'amélioration. Ce processus naît de la mobilisation de la direction, progresse en fonction de l'intérêt qu'elle démontre pour le programme et cesse à partir du moment où il y a désengagement. Selon James E. Preston, président de Avon Products, « un effort suivi est nécessaire si l'on veut se surpasser et faire les choses " encore mieux " ».

2. *Conseil Qualité.* Composé de cadres supérieurs ou de leurs représentants et de responsables syndicaux, son rôle consiste à adapter la stratégie proposée à l'environnement de l'entreprise. Il n'existe pas de processus unique qui réponde aux besoins d'amélioration de toutes les entreprises. Des sociétés comme IBM, Hewlett-Packard et General Dynamics se sont rendu compte que les besoins et les caractéristiques variaient sensiblement d'une de leurs divisions à l'autre. Le conseil Qualité joue le rôle d'ingénieur d'études en préparant l'entreprise à adhérer au processus d'amélioration et en guidant sa mise en oeuvre.

3. *Mobilisation de l'ensemble des cadres.* C'est tout le personnel cadre qui est responsable de la mise en oeuvre du processus d'amélioration. Il ne peut se faire sans la participation active de chacun des cadres et des chefs d'équipe, depuis le président jusqu'au responsable des comptes fournisseurs. Pourquoi d'abord la direction ? Pour la bonne raison, nous dit F. James McDonald, président de General Motors, que « si la direction pense que le projet n'intéresse pas les employés, il est probable qu'il en sera ainsi. Mais plus important encore, si ce sont les employés qui pensent que la direction ne s'y intéresse pas, alors il est pratiquement certain que personne d'autre ne s'en souciera. » Tout gestionnaire doit recevoir une formation qui lui permette de comprendre les nouvelles normes de l'entreprise et les techniques d'amélioration appropriées. Telle la cascade qui tombe de rocher en rocher, cette formation doit s'effectuer du haut vers le bas de l'entreprise

44

et atteindre chacun des échelons hiérarchiques, les cadres devant se débarrasser (peu à peu) de toutes leurs mauvaises habitudes.

4. *Participation des employés.* C'est seulement une fois toute l'équipe de direction formée et pleinement engagée dans le processus d'amélioration qu'il est possible d'y associer les employés. La responsabilité en revient à l'agent de maîtrise de chaque service qui se charge de former une « équipe d'amélioration » et qui, en tant que chef de cette équipe, doit lui apprendre comment utiliser les techniques d'amélioration auxquelles il a été auparavant initié. Comme le disait John R. Opel lorsqu'il était président de IBM : « Chacun au sein de notre organisation a des clients internes et externes qui utilisent le produit de son travail. Par conséquent, ce n'est que si chaque acteur fait tout son possible pour atteindre le " zéro défaut " que nous pourrons atteindre notre objectif d'excellence. » Le but de l'équipe d'amélioration est de définir le rendement à atteindre par le service et de mettre en oeuvre un système permettant d'en améliorer constamment la qualité. Pour commencer, l'équipe doit travailler en collaboration avec les clients pour s'assurer que le service comprend bien leurs besoins et pour mettre au point un moyen d'évaluer à quel point il y répond. Ce n'est qu'une fois les exigences des clients définies et évaluées, que le service peut mettre en pratique les techniques d'amélioration.

5. *Engagement individuel.* Aussi importante que soit la dynamique de groupe, il ne faut pas pour autant oublier les personnes. Il faut mettre au point des systèmes qui leur permettent de participer activement, d'être évaluées et récompensées pour leurs mérites.

Frank Cary, ex-président du conseil d'administration de IBM, écrit : « Notre réputation de qualité est à refaire pour chaque nouvelle machine et chaque nouveau client. Aucun employé d'IBM ne peut se satisfaire d'une qualité inférieure à 100 pour cent, même pas 99 pour cent. Tous nos produits devraient être exempts de défauts. »

6. *Équipes d'amélioration du système (maîtrise du processus).* Toute activité que l'on répète - qu'il s'agisse de comptes fournisseurs ou de gestion informatique - constitue un processus qui peut être contrôlé par les mêmes techniques que celles utilisées pour les semi-conducteurs. La solution consiste à dessiner un diagramme de flux décrivant toutes les étapes du processus, avec des boucles pour la mesure, le contrôle et la rétroaction. Comme nous le verrons, chaque processus, qu'il soit fonctionnel ou interfonctionnel, doit relever d'une seule personne pour être opérationnel.

Cette équipe, en plus de résoudre les problèmes relatifs au processus, aura pour tâche de planifier et de mettre en oeuvre notre système de gestion des stocks. Edward J. Kane, directeur de la qualité chez IBM, nous cite un exemple des problèmes que peuvent résoudre les équipes d'amélioration.

> Le processus de facturation englobe 14 activités prin-cipales réparties entre plusieurs fonctions logiquement reliées mais réparties géographiquement entre 255 suc-cursales et 25 bureaux régionaux, à peu près le même nombre de centres de dépannage, plusieurs sièges sociaux et des usines. Non seulement cette activité touche plusieurs fonctions mais elle est non séquentielle. Seul les relie un réseau informatique complexe. Dans l'ensemble, le taux d'erreur ne dépasse pas quatre pour cent mais, pour en venir à bout, il a fallu consacrer 54 pour cent de nos ressources totales à la qualité, dont une part pour la prévention et une autre pour l'évaluation (98,5 pour cent des factures que reçoivent les clients sont exactes). Or la plupart de ces erreurs pourraient être évitées. Tout ceci pour démontrer que mieux vaut prévenir que guérir.

L'équipe interfonctionnelle se compose d'un repré-sentant de chacun des secteurs compris dans le processus. L'équipe tient compte des critères de chaque fonction pour pouvoir mettre sur pied le système le plus efficace possible et s'assurer que l'amélioration apportée à un niveau du processus ne nuira pas à l'ensemble.

7. *Participation des fournisseurs.* Dans les pays industrialisés, peu de sociétés peuvent se dire complètement autosuffisantes. C'est pourquoi aucun processus d'amélioration ne peut réussir sans la participation des fournisseurs.

8. *Assurance de la Qualité.* Pendant des années, des groupes indépendants ont consacré leurs efforts à évaluer la qualité de la fabrication, leur objectif consistant à trouver ce qui n'allait pas et à y remédier. C'était les fonctions assurance produit et assurance Qualité, qui consacraient leurs ressources à détecter les problèmes et à les corriger. L'encadrement a réagi en négligeant le principal, c'est-à-dire la prévention, et en sous-estimant l'importance de l'excellence dans les autres secteurs. Les ressources de l'assurance Qualité qui jusqu'ici servaient uniquement à résoudre des problèmes de production, devraient désormais servir à moderniser les opérations de façon à prévenir les problèmes. Il faut traiter la maladie, pas les symptômes. Dans la plupart des cas celle-ci provient de la structure même de l'entreprise.

9. *Programmes d'amélioration à court terme et stratégie à long terme.* Toute entreprise doit mettre au point une stratégie Qualité. Elle doit alors s'assurer que l'équipe de direction au complet en comprend bien la portée pour pouvoir élaborer des programmes progressifs et à court terme (1 à 3 ans) destinés à permettre aux équipes Qualité de soutenir la stratégie globale. Ces programmes à court terme devraient être intégrés aux objectifs annuels et l'engagement de chaque groupe devrait faire l'objet d'une évaluation au cours de l'année, au même titre que les coûts, le calendrier et les dépenses. « L'amélioration de la qualité s'applique à tous les secteurs de notre entreprise et les objectifs spécifiques sont systématiquement intégrés à notre stratégie quinquennale », explique F. James McDonald.

10. *Reconnaissance des mérites.* Le processus d'amélioration vise à modifier notre façon de considérer les

erreurs. Il y a deux façons de parvenir au but recherché : punir systématiquement ceux qui en commettent ou récompenser les personnes ou les groupes qui atteignent leurs objectifs ou contribuent de façon significative à ce processus. La meilleure consiste à reconnaître les mérites des employés (sans oublier l'encadrement) quand ils y ont droit tout en les incitant à se surpasser encore plus.

Le processus d'amélioration est un moyen de mettre fin aux erreurs à la fois dans le secteur secondaire et dans le secteur tertiaire. Phil Crosby, qualiticien de renommée mondiale, pense qu'on devrait l'utiliser aussi bien dans les entreprises de services que dans les entreprises industrielles : « Dans les bureaux, le gaspillage se mesure par corbeilles entières et dans les entreprises manufacturières, par barils entiers. » Point de vue que soutient James E. Preston : « Même nos groupes créatifs sont obligés d'admettre que le programme d'amélioration de la qualité a un effet positif sur leur production. »

EST-CE QUE CELA FONCTIONNE ?

Ce processus d'amélioration réussit-il systématiquement ? S'il est appliqué convenablement, la réponse est oui. Quand il y a échec, c'est généralement que :

- le personnel cadre n'a pas su l'utiliser ;
- le personnel cadre n'a pas voulu y participer ;
- le personnel cadre rejette la responsabilité sur les employés ;
- le personnel cadre n'est pas prêt à s'engager à long terme ;
- le personnel cadre ne l'intègre pas à la stratégie globale de l'entreprise.

Le processus d'amélioration fonctionne-t-il ? Harry E. Williams, vice-président des opérations chez Stacoswitch à Costa Mesa, Californie, peut le confirmer. En 1981, son entreprise optait pour un programme d'amélioration et, trois ans plus tard, les résultats étaient là :

- réduction de 44 % des coûts de non-qualité ;
- augmentation du rendement de 8 % pour la main-d'oeuvre directe ;
- accroissement des ventes de 27 % ;
- suppression presque totale des rebuts ;
- valeur d'expédition en hausse de 36 % ;
- réduction du personnel de 30 % dans onze services et sans mise à pied ;
- augmentation de la marge bénéficiaire brute de 124 % ;
- taux de conformité en augmentation dans tous les secteurs (de 75 à 96 % dans l'atelier de découpage et de 72 à 98 % dans celui de moulage) ;
- accroissement du rendement de 17 % et réduction des coûts de main-d'oeuvre directe de 50 % ;
- réduction des heures supplémentaires de 91 %.

La ville de Dallas a pu économiser 12,5 millions de dollars en favorisant la participation des employés, la communication, l'innovation et l'action. Le programme de valorisation d'IBM a permis d'augmenter la fiabilité des machines à photocopier et de réduire les coûts dus aux défauts des rubans magnétiques, économisant ainsi 1,8 million en un an.

Oliver C. Boileau, président de General Dynamics Corporation, offre un autre exemple. La division de Fort Worth a réduit ses frais de non-conformité de 58 % et épargné 37 millions en quatre ans, le nombre de F16 livrés sans le moindre défaut ayant plus que doublé au cours d'une de ces années. Pourquoi ? Grâce à leur objectif d'amélioration de la qualité, nous confirme-t-il.

DIX EXIGENCES FONDAMENTALES

Le succès du processus d'amélioration n'est possible qu'en respectant les dix règles d'or que voici :

1. Faire du client la base du processus.

2. Obtenir l'engagement du personnel cadre à long terme pour intégrer le processus d'amélioration au système de gestion.

3. Être persuadé qu'il y a place pour l'amélioration.

4. Faire sien l'adage « Mieux vaut prévenir que guérir ».

5. Mettre l'accent sur la capacité de commandement et la participation des cadres.

6. Viser l'objectif « zéro défaut ».

7. Faire participer tout le personnel, en groupe ou individuellement.

8. Concentrer l'amélioration sur le processus et non sur les personnes.

9. Se persuader que vos fournisseurs vous aideront s'ils comprennent vos besoins.

10. Reconnaître les mérites.

Leur application à la lettre donne-t-elle des résultats ? C'est ce qu'a affirmé James E. Olson, lors du forum de *Fortune* auquel il a participé en octobre 1985 : « On commence à s'apercevoir qu'il est extrêmement payant de faire de l'amélioration de la qualité notre objectif continuel à tous les niveaux. Je suis ici pour vous prouver, s'il le faut, que cette stratégie donne des résultats. »

3

L'engagement de la haute direction

INTRODUCTION

De nos jours, les cadres dirigeants savent bien que les systèmes qu'ils ont étudiés dans les années 60 et 70 ne constituent plus le fin du fin en matière de gestion. De plus, ils se rendent compte qu'il ne peut y avoir de changement sans l'engagement et l'appui de la haute direction. Zhao Ziyang, chef de la République populaire de Chine, abondait dans ce sens quand il disait : « La qualité des produits est un des facteurs les plus significatifs du niveau techno-logique et administratif d'une entreprise ou d'un pays. C'est dès à présent qu'il faut trouver le moyen d'améliorer la qualité et de faire progresser notre économie. » Et il ajoutait : « Il n'y a pas de construction économique possible sans une stratégie de la qualité à long terme. »

Avant de se lancer à la découverte du monde, il faut d'abord franchir le pas de la porte. Vous êtes prêt à vous lancer sur la voie de l'excellence mais n'importe quel projet d'envergure nécessite habituellement des préparatifs. S'il s'agit d'un pays nouveau pour vous, vous avez tout intérêt à vous documenter sur les endroits que vous comptez visiter, la culture et les gens que vous allez découvrir. Mais plus encore, ce voyage nécessite de votre part un investissement personnel : temps, effort, argent, tout ceci avant même de pouvoir penser au départ. C'est la même démarche qu'il vous faut suivre avant d'engager votre entreprise dans la voie de l'amélioration de la qualité.

AMÉLIORATION SUPPOSE RÉFLEXION

Les directeurs de sociétés sont les ultimes responsables du succès ou de l'échec de leur entreprise. Les actionnaires ont confiance en leur gestion et les tiennent responsables des résultats. Or aujourd'hui, la qualité joue un rôle très important dans le rendement de nombreuses entreprises, Hewlett-Packard entre autres. Son président, John Young, n'hésite pas à déclarer : « Nous avons décidé de nous attaquer aux coûts et à la concurrence par la recherche incessante de la qualité. »

C'est à vous maintenant de décider si vous êtes prêt à engager votre entreprise, le temps, l'effort et les capitaux nécessaires pour améliorer vos résultats. Pour vous aider à prendre cette importante décision, nous vous proposons un questionnaire qui vous permettra de cerner vos besoins d'amélioration. Lisez-le attentivement avant de répondre aux questions.

	OUI	NON
1. Votre part du marché s'accroît-elle régulièrement chaque année ?	____	____
2. Vos frais de rebuts et de retouches représentent-ils plus de 1 pour cent de vos ventes ?	____	____
3. Respectez-vous vos délais de production ?	____	____
4. Remplissez-vous vos objectifs financiers ?	____	____

	OUI	NON
5. Utilisez-vous uniquement des pièces conformes ?	___	___
6. Le taux d'absentéisme de votre main-d'oeuvre directe excède-t-il 3 pour cent et celui de votre main-d'oeuvre indirecte 2 pour cent ?	___	___
7. La rotation de votre personnel dépasse-t-elle 5 pour cent par année ?	___	___
8. Parvenez-vous à attirer les meilleurs éléments ?	___	___
9. Compte tenu de ce qu'il vous en coûte pour rectifier les erreurs, considérez-vous que vous investissez suffisamment dans la formation de vos employés ?	___	___
10. Votre personnel respecte-t-il ses engagements à 90 pour cent ?	___	___
11. Comprenez-vous vraiment ce que votre client attend de vos produits ou services ?	___	___
12. Aimeriez-vous améliorer l'état d'esprit de vos employés ?	___	___
13. Vos frais généraux augmentent-ils plus vite que vos profits ?	___	___
14. Estimez-vous que votre personnel peut faire mieux ?	___	___
15. Votre service d'inspection rejette-t-il plus de 1 pour cent des pièces qu'il réceptionne ?	___	___
16. L'inspection des produits accapare-t-elle plus de 5 pour cent de votre main-d'oeuvre directe ?	___	___
17. Les heures supplémentaires de votre main-d'oeuvre indirecte représentent-elles plus de 5 pour cent de sa tâche habituelle ?	___	___
18. Pensez-vous que les coûts et le temps de production pourraient être réduits, sans savoir quoi faire pour y parvenir ?	___	___

	OUI	NON
19. Recevez-vous plutôt des lettres injurieuses (réclamations) que flatteuses (félicitations) ?	____	____
20. Votre taux de productivité s'est-il accru moins vite que le taux d'inflation au cours des 10 dernières années ?	____	____
21. Vos dividendes en actions se sont-ils accrus moins vite que l'inflation au cours des 5 dernières années ?	____	____

Il fallait répondre OUI aux questions 1 à 12 et 14 à 18 et NON aux autres. Accordez-vous un point pour chaque réponse exacte et servez-vous du barème ci-dessous pour déterminer si vous devriez implanter le programme d'amélioration dans votre entreprise.

Nombre de réponses exactes	Recommandation
21-19	Votre système est au point et ne nécessite pas d'amélioration spéciale. Continuez dans cette voie.
18-15	Vous devriez envisager une stratégie d'amélioration.
14-11	Le processus d'amélioration serait bénéfique pour votre entreprise.
10-0	L'amélioration doit être l'une de vos principales priorités.

L'APPORT DES DIRIGEANTS

Le succès du processus d'amélioration repose en grande partie sur l'équipe de direction. C'est pourquoi avant de l'intégrer à son style de gestion, le président doit solliciter la participation des membres-clés de son équipe de direction et de son personnel syndiqué. La discussion devra porter sur l'amélioration en général en évitant de citer les résultats d'un groupe en particulier. De son côté, chaque cadre doit comprendre que ce que désire le président, c'est mettre en oeuvre un programme d'amélioration générale et uniforme qui, en fournissant une meilleure base à chacun, lui permette de mieux remplir sa tâche. Si l'un des cadres est persuadé que son groupe donne déjà le maximum, c'est peut-être la personne idéale pour présider le conseil Qualité, les autres pouvant profiter de son expérience pour s'organiser de façon à faire parfaitement leur travail.

Quoi qu'il en soit, la qualité est la responsabilité de la haute direction. Comme l'exprime si bien F. James McDonald, président de General Motors : « Il ne faut pas se leurrer ; la responsabilité finale revient à celui ou celle qui dirige. Tous les soirs, il lui faut faire son examen de conscience et se demander si ce qu'il ou elle a dit, ou fait, pendant la journée a été ou non dans le sens d'une amélioration de la qualité. C'est l'épreuve décisive. »

LES ÉCONOMIES RÉALISABLES

Autre pas important avant d'implanter définitivement le processus d'amélioration : évaluer les économies que l'on pourra en tirer. La meilleure façon est encore d'établir ce que la non-qualité a coûté à votre entreprise grâce au tableau proposé au chapitre 4 sous le titre *Mesurer les besoins actuels et les progrès à réaliser*. Si votre entreprise ne possède pas de système lui permettant d'évaluer les coûts de non-qualité, vous pouvez calculer qu'ils re- présentent 15 à 30 pour cent de votre revenu annuel et que 30 pour cent de vos frais d'administration sont gaspillés par suite d'erreurs ou du temps passé à la vérification. Dans de nombreuses entreprises n'ayant pas encore adopté le processus d'amélioration, les coûts de non-qualité re- présentaient 25 pour cent de l'actif, 25 pour cent de la main-d'oeuvre et 40 pour cent de l'espace et des stocks. Réduire ces coûts constitue donc un objectif de taille que visent de plus en plus de sociétés, IBM par exemple. Son président, John Akers, croit que : « L'amélioration de la qualité réduira les coûts de non-qualité de 50 pour cent au cours des prochaines années, ce qui, pour nous, devrait se traduire en milliards de dollars et faire de notre entreprise le chef de file en matière de qualité. »

En plus de permettre des économies, le programme d'amélioration permettra de réduire l'absentéisme et d'améliorer la productivité et le moral des employés. De plus, le fait de fabriquer des produits de meilleure qualité permettra de retenir une part plus importante du marché.

Des économies sont réalisables dans tous les secteurs. Oliver C. Boileau, président de General Dynamics Corporation fait observer que : « Le processus d'amélioration de la productivité et de la qualité a eu un réel impact sur la production du bureau d'étude de notre division Convair. Le nombre d'erreurs dans les dessins destinés à la chaîne de fabrication est passé de 41 pour cent en 1981 à 11 pour cent en 1985. »

Pour réaliser ces économies, il en coûtera à l'entreprise environ 1 pour cent des coûts de production pour élaborer et mettre en oeuvre le programme d'amélioration pendant la première année. Une fois cet investissement réalisé, le coût d'entretien du programme sera négligeable.

PARTICIPATION DU PRÉSIDENT

Considérons maintenant le rôle que doit jouer le chef d'entreprise dans le processus d'amélioration. Pour que ce processus donne vraiment des résultats, non seulement le chef d'entreprise doit l'appuyer mais il doit y participer activement et comprendre parfaitement comment il fonctionne. Il doit mesurer en personne les progrès réalisés et pouvoir juger si ses employés contribuent ou non au succès du programme. Les cadres et les employés sont prêts à suivre les consignes du président mais ils attendent de lui qu'il montre l'exemple. James McDonald souligne que : « Chez nous, la poursuite de l'excellence est entièrement la responsabilité de la haute direction. Les autres peuvent apporter leur contribution mais ce qu'il faut avant tout c'est que le haut de la pyramide s'engage jusqu'au bout. »

SONDER LES CADRES

La meilleure façon de déterminer si l'ensemble des cadres voit un besoin d'amélioration, c'est de procéder par sondage. Un questionnaire du type de celui que nous vous présentons permet de déterminer précisément les besoins d'amélioration :

	MIN.		MOYEN		MAX.	

1. Que pensez-vous de la coopération individuelle ?

La coopération est	1	2	3	4	5	6	7
La coopération devrait être	1	2	3	4	5	6	7
Degré d'importance	1	2	3	4	5	6	7

2. Que pensez-vous de la coopération dans les services ?

La coopération est	1	2	3	4	5	6	7
La coopération devrait être	1	2	3	4	5	6	7
Degré d'importance	1	2	3	4	5	6	7

3. Que pensez-vous de la qualité du service ?

La qualité du service est	1	2	3	4	5	6	7
La qualité du service devrait être	1	2	3	4	5	6	7
Degré d'importance	1	2	3	4	5	6	7

4. Les cadres s'intéressent-ils à la qualité du travail ?

Cet intérêt est	1	2	3	4	5	6	7
Cet intérêt devrait être	1	2	3	4	5	6	7
Degré d'importance	1	2	3	4	5	6	7

5. Les employés s'intéressent-ils à la qualité de leur travail?

Cet intérêt est	1	2	3	4	5	6	7
Cet intérêt devrait être	1	2	3	4	5	6	7
Degré d'importance	1	2	3	4	5	6	7

6. Les employés ont-ils un bon état
    d'esprit ?

Leur état d'esprit est	1	2	3	4	5	6	7
Leur état d'esprit devrait être	1	2	3	4	5	6	7
Degré d'importance	1	2	3	4	5	6	7

Les questions peuvent aussi porter sur la pro-ductivité, les communications et l'organisation.

Ce sondage n'a de valeur que si l'on a répondu franchement aux questions. C'est pourquoi les réponses doivent demeurer confidentielles. On pourra faire appel à quelqu'un de l'extérieur pour compiler et analyser les données recueillies. L'analyse doit considérer deux facteurs :

1. L'importance réelle qu'il convient d'accorder aux chiffres se rapportant à la situation actuelle.

2. La différence entre les réponses concernant la situation actuelle et celles qui concernent la situation désirée. Idéalement la somme de toutes les différences devrait approcher zéro. Les grandes entreprises ne devraient soumettre à ce sondage que les cadres supérieurs et intermédiaires. Ils devraient fournir suffisamment de données. L'un de ces sondages fera l'objet d'une étude détaillée à la fin de ce chapitre.

CHOISIR UN RESPONSABLE QUALITÉ

Une fois toutes les données en main, le directeur général doit prendre une décision. S'il décide d'intégrer le processus d'amélioration à l'ensemble du système de gestion, il lui faut d'abord démontrer qu'il prend part à cette nouvelle stratégie en nommant un responsable Qualité qui coordonnera la mise en oeuvre du processus dans toute l'entreprise.

La personne choisie doit avoir de l'envergure et être respectée de toute l'équipe de direction et des employés. Idéalement, elle occupe un poste de direction dans l'une des fonctions autre que le contrôle de la qualité. C'est une personne qui donne l'exemple et dont l'échelle de valeurs est élevée, quelqu'un qui croit que l'entreprise peut faire mieux. Elle doit être prête à assumer la direction d'un projet qui aura des répercussions à long terme sur le système de gestion de l'entreprise.

Le responsable Qualité aura un rôle à jouer pendant 2 ou 3 ans maximum, c'est-à-dire jusqu'à ce que le processus d'amélioration soit devenu partie intégrante du système de gestion et de l'image de l'entreprise.

NORMES DE PERFORMANCE

Le président est maintenant prêt à s'engager à long terme sur la voie de l'amélioration continue. Il lui faut d'abord fixer les critères d'excellence d'après lesquels il pourra mesurer la performance de l'entreprise. En réalité, le seul qui soit acceptable est le critère zéro défaut.

John R. Opel, ex-président de IBM, affirme : « La qualité n'est pas uniquement l'affaire de l'ingénierie et de la fabrication ou encore des services, du marketing ou de l'administration : c'est l'affaire de chacun. Chaque fonction, chaque employé d'IBM doit tendre vers le zéro défaut. »

Nous payons les gens pour qu'ils fassent leur travail correctement, pas pour faire des erreurs et alourdir de ce fait leur tâche et celle des autres. L'erreur est peut-être humaine mais être payé pour en faire c'est le comble. Pour le monde des affaires, l'erreur est devenue quelque chose de normal et d'excusable dont il faut tenir compte dans la planification. Elle est devenue partie intégrante de notre image. Nos employés ont vite fait de profiter de ce laxisme.

Francis Squires, un qualiticien, déclarait en décembre 1977 :

Ce qui préoccupe le plus souvent les cadres c'est, dans cet ordre :

> la quantité ;
>
> le coût ;
>
> la qualité.

Ce n'est pas qu'ils aient quelque chose contre la qualité mais ils mettent la priorité sur la quantité. La qualité vient seulement en troisième place en ordre d'importance. Ils leur faut donc modifier leurs priorités et faire de la qualité leur principal objectif si l'on veut que les États-Unis conservent leur part du marché.

Malheureusement, Frank avait alors raison et c'est encore le cas aujourd'hui dans bien des entreprises à travers le monde. La haute direction doit faire passer la qualité avant l'échéancier et les coûts. Une fois les problèmes de qualité résolus, les autres disparaîtront par la même occasion.

POLITIQUE QUALITÉ

Tout processus d'amélioration repose sur une « politique Qualité » qui expose clairement et de façon concise ce qu'on attend de l'ensemble des employés ainsi que des produits et services offerts aux clients. Cette politique Qualité devra porter la signature du président. En déléguant cette responsabilité à un collaborateur, la politique n'aura pas la même portée ni la même priorité pour les employés.

Cette politique doit être formulée de façon à s'appliquer à tout ce que font les employés et non pas uniquement à la qualité des produits et services fournis par l'entreprise. De plus, elle doit fixer des normes de qualité précises pour l'ensemble du système et pas seulement pour les secteurs où se posent des problèmes. Ce n'est pas quelque chose de facile, d'autant plus qu'une bonne politique de qualité doit être courte et facile à retenir. Examinons l'exemple qui suit pour voir s'il satisfait aux exigences que nous venons d'énumérer (voir tableau 3.1)

TABLEAU 3.1 Exemple d'une politique Qualité

JOHNSON PLASTICS, INC.

Politique Qualité

NOUS NOUS ENGAGEONS À FOURNIR À NOS CLIENTS DES PRODUITS ET SERVICES SANS DÉFAUT, COMPÉTITIFS ET QUI RÉPONDENT À LEURS ATTENTES ET VONT MÊME AU-DELÀ, ET À RESPECTER NOS ÉCHÉANCES.

Définitions

Nous	=	L'entreprise en tant qu'entité mais aussi chaque employé individuellement
Compétitifs	=	qui vous en donne plus pour votre argent que ses concurrents
Client	=	la personne interne ou externe à laquelle parvient notre production

Mise en oeuvre

Pour instaurer cette politique de façon efficace, tous les employés doivent comprendre les expectatives de leurs clients et être prêts à y répondre ou à les dépasser. Les spécifications doivent sans cesse être réévaluées et mises à jour de façon à refléter les nouvelles attentes des clients. Tout travail doit être effectué selon ces normes.

Dr. John E. Johnson
Président, Johnson Plastics, Inc.

---

1. Est-elle concise ?

   Oui. La politique, les définitions et la formulation de mise en oeuvre tiennent dans une seule page.

2. S'applique-t-elle à tous les employés ?

   Oui. On y précise combien la contribution de chaque employé(e) est importante pour l'ensemble de son secteur. Il ressort clairement que la politique s'applique à chaque activité individuelle.

3. Fixe-t-elle des normes de performance ?

Oui. On s'attend au zéro défaut de la part de chaque employé, même si l'on sait pertinemment que personne n'est infaillible. Il s'agit pour chacun de tenter de détecter les erreurs et de les corriger avant que le produit ou le service ne parvienne au client. L'idéal est cependant que chacun remplisse toujours bien sa tâche, pas seulement vis-à-vis des clients.

4. Englobe-t-elle tous les aspects de la qualité ?

Oui. Par le passé, quand on parlait qualité, on pensait à la qualité du produit prêt à être expédié. Aujourd'hui, la qualité avec un grand « Q » concerne aussi les échéances, les prix et la performance.

   a. *Respect de l'échéancier.* Aussi performant que soit notre produit, si nous ne respectons pas nos délais de livraison, cela ne sert à rien.

   b. *Qualité des prix.* À quoi bon fabriquer un produit si le client ne peut se l'offrir. Dans qualité des prix, on comprend aussi le rapport qualité/prix. Même si le produit est abordable, le client peut se demander s'il vaut le prix demandé étant donné que votre concurrent en fabrique un qui fait la même chose mais coûte moins cher.

   c. *Qualité de la production.* Ceci inclut les produits et les services. À une époque où de plus en plus de personnes travaillent dans le secteur tertiaire, moins d'un tiers des salariés américains travaille à la production de biens durables, une bonne part d'entre eux travaillant plutôt dans des services administratifs comme la comptabilité, les ressources humaines, l'entretien ou la gestion.

Dans les domaines de pointe, la proportion est de cinq employés de bureau pour un travailleur de la production.

5. Porte-t-elle la signature du président ?

Oui.

Cette politique doit servir de guide à l'encadrement et aux employés pour implanter le programme d'amélioration.

Si votre entreprise n'a pas encore de politique Qualité, c'est le moment de demander au président d'en élaborer une ; et si elle existe déjà, prenez le temps de la revoir pour vous assurer qu'elle répond aux critères décrits dans ce chapitre.

DIRECTIVES ET POLITIQUE DE L'ENTREPRISE

La haute direction doit jouer un rôle de leader en ébauchant des directives touchant à la qualité et à la recherche de l'amélioration. Elle doit faire connaître nettement sa position au personnel cadre et aux employés en ce qui concerne les questions importantes, le président en personne doit leur fournir des directives écrites claires et concises. Chaque cadre doit veiller à ce que les directives et la politique de l'entreprise soient respectées. Une politique de « non-renvoi » par exemple doit être précisée au tout début du processus. Elle peut prendre la forme suivante : « Personne ne sera mis à pied à cause de l'amélioration de la productivité ou de la qualité. Les personnes dont les postes seront supprimés recevront une nouvelle formation pour un poste équivalent ou comportant plus de responsabilités. Ce qui ne veut pas dire que l'entreprise ne sera pas amenée un jour à licencier des employés par suite d'une mauvaise conjoncture économique. »

L'amélioration de la qualité peut quelquefois entraîner des changements de politique radicaux. Prenons le projet Maverick de Hughes Aircraft par exemple. À la suite d'une vérification des comptes de l'armée de l'air et après que l'entreprise Hughes et l'aviation militaire aient procédé conjointement à l'inspection des pièces de missile Maverick, le projet fut refusé. Une semaine plus tard, Hughes, qui employait 7000 personnes, dut suspendre les opérations de montage. Ce n'est que quatre mois plus tard que l'on put soumettre la première pièce de qualité à l'inspection obligatoire du gouvernement. Cinq facteurs expliquaient cet échec :

1. Sentiment de satisfaction excessif s'expliquant par le fait que les clients antérieurs s'étaient toujours montrés très satisfaits.

2. Priorité mise sur les délais.

3. Style de gestion orienté vers la détection plutôt que la prévention.

4. Érosion du potentiel de production (mauvais emploi du capital, équipement désuet, etc.)

5. Système de fabrication fondé sur l'élimination des pièces défectueuses plutôt que sur la production de pièces de qualité.

L'analyse de ces facteurs a conduit la direction à formuler sa propre politique Qualité :

1. Chacun au sein de l'entreprise doit comprendre sa tâche et être responsable de la qualité de son produit.

2. Un système doit être mis sur pied pour contrôler l'efficacité de chacun et lui fournir les nouveaux outils qui lui permettront d'améliorer de façon continue la qualité de son travail.

SONDAGE D'OPINION À L'INTENTION DU PERSONNEL CADRE ET DES EMPLOYÉS

Une fois l'entreprise engagée dans le processus d'amélioration, on peut procéder à un sondage d'opinion auprès des cadres et des employés. Il sert à établir un système de mesure et permet d'identifier les possibilités d'amélioration.

C'est aussi un outil de communication entre les employés et tous les échelons de la hiérarchie, des chefs d'atelier aux cadres supérieurs. Ce sondage est aussi un moyen pour la direction d'être plus à l'écoute. En apprenant à reconnaître les dispositions de son équipe, la direction peut prévoir les problèmes susceptibles de se présenter et prendre les mesures qui s'imposent pour les prévenir.

L'élaboration de ce sondage exige de procéder avec prudence en tenant compte du fait qu'il sera réutilisé de nombreuses fois pour mesurer les progrès. Les questions devraient permettre d'évaluer les onze points suivants :

1. Le niveau de satisfaction au sein de l'organisation
2. Le poste
3. La rémunération
4. Les possibilités d'avancement
5. L'encadrement
6. L'assistance et l'évaluation
7. Le développement de carrière
8. La productivité et la qualité
9. L'environnement de travail
10. La gestion des problèmes
11. Les avantages pour l'entreprise

Une section devrait être réservée aux commentaires pour permettre aux employés de préciser leur jugement ou d'apporter des éléments nouveaux.

Les questions peuvent être du genre :

1. Tout bien considéré, à quel point votre entreprise vous satisfait-elle ? Êtes-vous :
   a. extrêmement mécontent
   b. très mécontent
   c. mécontent

    d. ni mécontent ni satisfait

    e. satisfait

    f. très satisfait

    g. extrêmement satisfait

2. Dans quelle catégorie classeriez-vous votre travail, le poste que vous occupez ?

    a. très ennuyeux

    b. inintéressant

    c. ordinaire

    d. intéressant

    e. très intéressant

3. À votre avis, votre travail vous permet-il d'utiliser au mieux vos aptitudes ?

    a. absolument pas d'accord

    b. pas d'accord

    c. ne sait pas

    d. d'accord

    e. tout à fait d'accord

4. Compte tenu de vos fonctions et responsabilités, votre salaire est-il ?

    a. très insuffisant

    b. médiocre

    c. acceptable

    d. bon

    e. excellent

5. Le travail de votre supérieur immédiat est-il ?

    a. très médiocre

    b. médiocre

    c. passable

    d. satisfaisant

    e. excellent

6. À quel point lui faites-vous confiance ?

    a. très peu ou pas du tout

    b. peu

    c. un peu

d. beaucoup
e. complètement

7. Quelle est selon vous la principale préoccupation de la direction ?
   a. les coûts
   b. les échéances
   c. la qualité

8. Qu'est ce qui au contraire la préoccupe le moins ?
   a. les coûts
   b. les échéances
   c. la qualité

Pour que ce sondage représente quelque chose, il est important de respecter la confidentialité, en particulier au moment de remplir le questionnaire, ainsi qu'au cours de l'analyse des données et de la transmission des résultats à l'équipe de direction.

L'anonymat est encore plus indispensable lorsqu'on rapporte les résultats à des petits groupes.

Pour aider à cerner les secteurs à problème, chaque directeur recevra un rapport comparant les réponses de son service à celles de l'entreprise d'une part et de l'ensemble de la fonction d'autre part.

Chacun d'entre eux organisera une « session de rétroaction » pour présenter les résultats du sondage à ses employés. Ces sessions sont importantes, car elles :

- permettent aux employés de chaque service de se situer par rapport à l'ensemble ;
- donnent l'occasion au directeur de discuter avec ses employés de ce qui les préoccupe ;
- permettent de connaître leurs idées et suggestions ;
- démontrent qu'il prend les résultats à coeur ;
- permettent à l'équipe de prendre les mesures correctives qui s'imposent.

IBM, qui effectue régulièrement des sondages d'opinion depuis la fin des années 50 et qui a appliqué le programme d'amélioration, en a retiré les gains suivants :

- Performance   22 %
- Satisfaction générale   12
- Utilisation des aptitudes   14
- Développement personnel   13
- Communication avec les supérieurs   18
- Communication avec les employés   16
- Contenu du travail   10
- Adhésion   6
- État d'esprit   9

Tous ces gains ne peuvent être attribués uniquement au programme d'amélioration mais, étant donné l'importance des progrès réalisés, il est évident qu'il a eu un effet.

DU SOMMET VERS LA BASE

Les améliorations et les innovations commencent par les hauts responsables. C'est à eux de faire comprendre clairement aux agents de maîtrise et à leurs employés l'importance qu'ils accordent à la qualité, comme John R. Opel dans l'édition d'avril 1983 de *Think* :

La qualité est essentielle. Elle est :
- le moyen d'être compétitif ;
- le moyen d'atteindre nos objectifs ;
- pas seulement un nouvel « argument de vente ». De plus,
- nous avons la volonté et les moyens d'y parvenir ;
- nous dépassons constamment nos objectifs ;
- nous pouvons atteindre le zéro défaut ;
- nous épargnerons ainsi des centaines de millions de dollars.

Cette conception s'applique non seulement aux affaires mais au gouvernement. Comme le disait le président Reagan :

> Autrefois, les artisans américains tiraient beaucoup de fierté de la qualité de leurs produits et services. Aujourd'hui, nous devons réapprendre à être fiers de notre travail et renforcer ce sentiment.
>
> Il n'en tient qu'à nous d'améliorer la qualité des produits américains. Artisans, chefs d'entreprises, dirigeants syndicaux et fonctionnaires doivent tous travailler à promouvoir l'excellence dans les secteurs public et privé.

Et il ajoutait : « Les consommateurs, en recherchant la valeur et la qualité, fixent les normes de ce qui est acceptable en matière de produits et de services et choisissent de récompenser ceux qui réussissent à fabriquer des produits de meilleure qualité et qui sont les plus performants. »

4

Le conseil Qualité

INTRODUCTION

Un des éléments clés du processus d'amélioration de la qualité réside dans sa conception qui doit être élaborée et créative, de même qu'étayée par une stratégie de mise en application ambitieuse mais réaliste. C'est le conseil Qualité qui se chargera à la fois de la conception et de la mise en oeuvre du processus d'amélioration.

PREMIÈRE RÉUNION DE LA HAUTE DIRECTION

Après avoir choisi un responsable qui coordonnera et centralisera toutes les activités relatives à l'amélioration, le responsable Qualité, on peut passer à l'étape suivante, soit la formation d'un conseil Qualité. Le président doit commencer par réunir la haute direction et les responsables syndicaux pour discuter ensemble du profil qualité de l'entreprise et des mesures à prendre en la matière. La réunion peut se dérouler ainsi : le président de Johnson Plastics Inc., John E. Johnson, ouvre la séance : « Mesdames et Messieurs, je vous ai convoqué, car je suis très inquiet quant à la qualité des produits que nous expédions à nos clients et des services que nous leur offrons. J'en ai déjà parlé personnellement avec chacun d'entre vous et je sais que vous partagez tous mon inquiétude. Je suis sûr que vous savez déjà par la rumeur, toujours très efficace, que j'ai demandé à Frank Parker de prendre en charge l'implantation du processus d'amélioration au sein de l'entreprise-y compris dans votre service des ventes, M. Easton. »

Ray Easton, vice-président des ventes et du marketing, était justement en train de noter quelques points sur la réunion qu'il venait de quitter. Il se fait soudain attentif, ferme son carnet et dit alors : « Je vous écoute, John. »

Johnson continue : « Je suppose que vous vous demandez quelle autre surprise je vous réserve, et bien voici. Nous avons de bons résultats et je suis fier de tout ce que nous avons accompli au cours des dernières années. Je suis persuadé que nous avons l'une des meilleures équipes qui soit dans notre catégorie, ou dans toute autre, d'ailleurs, mais – car, j'insiste, il y a un mais – nous pouvons encore faire beaucoup mieux. Nos bénéfices sont bons et notre carnet de commandes bien garni, nos prix de vente peuvent se comparer favorablement avec ceux de la concurrence ; cependant, nos coûts de production sont beaucoup trop élevés. Nous pourrions augmenter nos bénéfices de plus de 90 % si nous parvenions à éviter tant d'erreurs superflues. Dans environ la moitié des réunions que je tiens, il y a toujours quelqu'un pour dire que l'échéancier n'a pas été respecté pour une raison ou une autre: on n'a pas tenu compte de ceci ou cela, l'information n'a pas été transmise, quelqu'un a fourni des données inexactes, ou encore telle activité a demandé plus de temps que prévu. »

« Il y a six mois, le service de marketing estimait que, pour les 12 mois à venir, la demande pour nos 920 unités de produit serait de 10 000 unités par mois, à 2000 unités près. En réalité, aujourd'hui, nous n'en produisons que 12 000 par mois, dont 15 pour cent se font en heures supplémentaires et en équipes doublées. Or, nous pourrions en vendre 25 000 par mois, si nous les avions. »

Ray Easton s'écrie alors : « Ce produit s'est vendu comme des petits pains. Personne ne pouvait prévoir que le taux d'acceptation de la clientèle serait si élevé. » John poursuit : « Ray, je ne vous attaque pas personnellement. Je peux vous donner des exemples d'erreurs du même genre dans chacune des fonctions représentées ici, y compris la mienne. Certaines de ces erreurs se sont traduites par des pertes financières à long terme pour l'entreprise, d'autres n'ont causé que des inconvénients mineurs. Le problème c'est que nous finissons par considérer toutes ces erreurs comme normales. L'état d'esprit de notre équipe de direction s'est tellement dégradé que nous restons passifs alors que nous devrions être scandalisés. La plupart d'entre nous agissent comme s'il existait deux normes, une pour notre vie personnelle, où tout doit toujours bien se passer, et une autre pour notre vie professionnelle. Par exemple, vous ne toléreriez pas que votre médécin vous traite pour une pneumonie alors que vous avez une appendicite. Vous n'hésiteriez pas à lui dire ce que vous pensez de sa compétence et vous iriez immédiatement chez votre avocat. Par contre, au travail, vous pensez que l'erreur est humaine, qu'elle est fatale et qu'il faut donc en tenir compte dans la planification. »

« Vous devriez être aussi scandalisés par le gaspillage, les rebuts et le temps perdu en retouches que vous le seriez s'il manquait quelques zéros à votre chèque de paye. Nous ne pouvons accepter que, dans cette compagnie, l'erreur, quel que soit son taux, soit considérée comme normale. »

« Pour démarrer ce processus d'amélioration de la qualité, je fixe donc une seule norme de rendement pour l'entreprise, norme que chacun des employés devra s'efforcer de respecter. Il s'agit pour chaque employé de s'acquitter de sa tâche de façon à fabriquer un produit parfait, exempt de défaut, et parfait non pas à 95, 98 ou 99 pour cent mais à 100 pour cent. Je sais que l'objectif zéro-défaut est difficile à atteindre, mais nous devons nous efforcer de remplir notre tâche avec la ferme intention de toujours " faire mieux aujourd'hui qu'hier et demain qu'aujourd'hui ". C'est ainsi que nous réussirons à l'atteindre. Ce n'est pas impossible. Il existe des hommes, des services, et même des usines entières qui y sont parvenus, et ce, pendant plusieurs minutes, plusieurs heures, plusieurs jours ou des semaines entières. Les erreurs peuvent provenir de plusieurs facteurs : mauvais équipement, manque d'attention, connaissance insuffisante du travail à accomplir, mauvais aménagement du temps ou encore comportements non satisfaisants. Mais on peut réussir à les éliminer. Voici ce que rapportait Bill Weisz, directeur d'exploitation chez Motorola Inc. : " Le service exploitation de Mount Pleasant, en Iowa, a réussi à respecter son échéancier de livraison à 100 pour cent et d'un mois à l'autre pendant plus de 5 ans. Plus de 100 000 commandes et 250 000 radios portatives ont été expédiées sans aucun délai de livraison. La perfection a été atteinte. " En ce qui nous concerne, si je me penche sur nos résultats les plus récents, les délais de livraison n'ont pas été respectés à trois reprises ces deux derniers mois, en raison d'un problème de qualité dans la conception ou chez un fournisseur. »

« Afin d'entamer le processus d'amélioration, je forme donc un conseil Qualité, et je vous demande de nommer un responsable dans chacun de vos services. Chaque responsable deviendra membre de ce conseil dont la présidence sera assurée par Frank Parker.

Le conseil Qualité aura une triple mission ; il devra :

1. Élaborer une stratégie destinée à mettre en oeuvre le processus d'amélioration dans l'ensemble de l'entreprise.

74

2. Diriger et piloter cette mise en oeuvre.

3. Faire en sorte que ce processus soit assez flexible pour pouvoir s'adapter à la fluctuation du marché. »

C'est alors que Mary Cross intervient : « On dirait que ce sont eux qui vont diriger l'entreprise. Je ne pense pas que nous devrions confier cette tâche à des subalternes. »

« Je suis d'accord avec vous », de dire John. « Mais notez bien que j'ai dit qu'ils élaboreraient une stratégie destinée à mettre en place le processus d'amélioration à travers toute l'entreprise. Nous y participerons donc activement et c'est la raison pour laquelle je crée aussi une direction Qualité qui regroupera tous les membres de la direction. Chacun d'entre vous fera partie de cette équipe, de même que votre représentant au conseil Qualité. La direction Qualité se réunira toutes les deux semaines pour passer en revue les progrès et s'assurer que tout le monde accorde la priorité aux mesures prises en matière de qualité. » Cette déclaration déclenche un tollé général.

Tom Weston, vice-président de l'ingéniérie, Recherche et Développement, demande alors : « John, cela ne me concerne pas, n'est-ce-pas ? Je peux voir pourquoi la fabrication a besoin de ce programme, mais il ne peut réellement pas s'appliquer à mon service. »

Ce à quoi John répond : « Il ne s'agit pas d'un programme. Il s'agit de tout un style de gestion et chacun des cadres doit l'adopter. La norme de rendement s'appliquera dans tous les secteurs de l'entreprise, y compris le vôtre. Et si vous dites cela à Rich (Rich Favor, vice-président de la fabrication), il pourra vous rappeler que vous avez sorti l'unité de produit 915 sans accorder d'importance aux contraintes de fabrication et que vous avez essayé d'en refaire la conception alors que la production était déjà en cours. Vous n'avez qu'à regarder ce que nous coûtent les changements imputables à l'ingéniérie. Ces frais sont dus au fait que vous retouchez constamment le produit. Si j'ai bien compris, vous avez une moyenne de sept changements par modèle pendant le cycle de vie du produit. C'est un peu trop, non ? »

« Oui, mais... », commence Tom.

« Il n'y a pas de " mais " », l'interrompt John. « Nous avons tous notre croix à porter. Pour vous, ce sont les changements constants apportés par l'ingénierie. Pour Rich, ce sont les rebuts et les retouches. Le contrôle de la production nous a fait manquer des expéditions parce que des pièces n'avaient pas été envoyées à temps par les fournisseurs et qu'à leur arrivée, l'assurance Qualité a dû les rejeter. Aux dernières nouvelles, j'apprends qu'on a fini par utiliser quand même les pièces alors qu'elles étaient hors spécifications. Le mois dernier, on m'a dit que 35 pour cent des lots qui avaient été rejetés après inspection à l'arrivage étaient hors spécifications et qu'on les utilisait. Il y a quelque chose qui ne tourne pas rond. »

« John, rétorque Mary Cross, il me semble que le problème relève de l'AQ (assurance Qualité). Pourquoi, ne pas laisser Bob Duwright, notre vice-président de la qualité, s'en charger puis nous informer de ses résultats ? »

« Et voilà exactement le comportement qui nous a mis dans la situation où l'on est actuellement », affirme alors John. « L'AQ a ses propres problèmes et j'espère qu'elle va les régler ; en particulier, les problèmes relatifs aux produits, que nous n'avons pas su détecter. Mais ce dont je parle va bien au-delà de l'assurance Qualité. Le processus d'amélioration doit devenir l'affaire de chaque membre de l'entreprise. Dans chacune de nos activités, nous devons mettre au point un système qui nous permette de prévenir les problèmes, au lieu de les découvrir et de les signaler après coup. Si chacun de nous faisait bien son travail de gestionnaire, il n'y aurait presque plus besoin d'assurance Qualité. Chaque dirigeant assurerait lui-même la qualité de production de son secteur. Nous avons trop de gestionnaires de l'assurance Qualité, et pas assez de gestionnaires de la qualité. »

John s'arrête un instant. Personne ne dit mot, et il continue : « Je sais que, pour certains d'entre vous, tout ce que nous allons faire dans les prochains mois va sembler nouveau et bizarre. Je ne vous demande pas d'accepter ces nouvelles conceptions sans discuter. Néanmoins, je voudrais que vous ne les rejetiez pas avant de leur avoir donné une chance de se développer et de mûrir dans notre environnement. Vous êtes tous de bons gestionnaires ; si vous ne l'étiez pas, vous n'auriez pas accédé aux postes que vous détenez aujourd'hui. Ce que j'attends de mon équipe de direction, c'est qu'elle soit mieux que bonne. Je veux qu'elle soit la meilleure. J'attends donc coopération et appui de votre part à tous dans cette tâche importante. Je tiendrai la première réunion de la direction Qualité la semaine prochaine, à la même heure. Je vous demande à tous d'y assister, accompagnés de votre représentant au conseil Qualité. Vous devez prévoir que pendant 90 jours, votre représentant aura à passer au moins 12 heures par semaine à mettre au point le processus d'amélioration pour toute l'entreprise. Étant donné que les activités de la direction Qualité sont prioritaires, s'il ne vous est pas possible d'assister à une réunion, j'aimerais que vous me préveniez et justifiez votre absence. Trois facteurs demandent notre attention immédiate. Il s'agit de la qualité, des coûts et du calendrier de production. Il faut commencer par la qualité, car si nous ne réglons pas nos problèmes de qualité, il est inutile d'envisager une amélioration des coûts ou de l'échéancier. »

LA DIRECTION QUALITÉ

Au tout début du processus d'amélioration, le président de l'entreprise doit prévenir tous les directeurs qu'ils deviendront membres de la direction Qualité qu'il présidera en personne. Ce comité sera chargé d'analyser et d'approuver la stratégie d'amélioration (mise au point par le conseil Qualité, voir ci-dessous) ainsi que d'appliquer les décisions qui ont été prises, dans les différents secteurs de l'entreprise. Les membres de la direction Qualité doivent voir où en est le processus et approuver toutes les ressources financières et humaines importantes qui seront nécessaires. La haute direction doit participer régulièrement aux activités de ce comité, pour témoigner de l'importance qu'elle attache au processus d'amélioration.

LE CONSEIL QUALITÉ

Les membres du comité d'amélioration de la qualité sont nommés par les hauts dirigeants de l'entreprise qu'ils ont pour mission de représenter lors de la mise au point et de l'application du processus. C'est le responsable Qualité qui représente le président au comité et ce sera normalement à lui de présider ce comité.

La mission du conseil

La mission du conseil Qualité est de concevoir le processus d'amélioration, d'en mettre au point les principes directeurs, d'établir des modules de formation, de mesurer les progrès accomplis et d'aider à sa mise en application.

La formation du conseil

Toutes les fonctions de l'entreprise doivent avoir des représentants au conseil puisqu'elles sont tributaires les unes des autres au sein de l'entreprise et qu'un manque de productivité et de qualité dans l'un des secteurs se répercutera sur l'autre. Les membres du conseil doivent diriger la réalisation des nouvelles idées, comprendre le besoin d'amélioration, être respectés par les autres membres du groupe, contribuer au succès de la prévention des erreurs et intervenir énergiquement s'il y a gaspillage d'efforts ou de matériel.

Les membres du conseil :

- représentent chacun une fonction de l'entreprise et sont chargés d'appliquer le processus d'amélioration conçu par le conseil, dans cette fonction ;
- s'occupent de tout ce qui touche au processus d'amélioration dans leur fonction respective ;

- coordonnent les activités, font part des progrès du processus à la direction et les mesurent.

Le conseil doit compter autant de membres que de fonctions dans l'entreprise ; néanmoins, ses membres ne doivent pas être trop nombreux pour ne pas nuire à son efficacité. Chacun des membres occupera ce poste à temps partiel à l'exception du président du conseil qui sera chargé de tous les aspects relatifs au processus d'amélioration dans l'entreprise.

S'il existe un atelier syndical dans l'entreprise, il est conseillé d'avoir un ou deux de ses représentants au conseil afin que le syndicat participe activement à la conception et à la réalisation de la stratégie d'amélioration. Cela lui permet également de voir quels avantages ce processus représente pour les employés.

Session de travail hors de l'entreprise

La première réunion de travail du conseil Qualité devrait durer trois jours pour permettre aux membres de se familiariser avec la définition de la Qualité et de discuter ouvertement des problèmes de qualité qui se posent dans l'entreprise. Cette réunion devrait se tenir hors de l'entreprise et être dirigée par un consultant en amélioration expérimenté. Cette session de travail est très importante, car elle sert à resserrer les liens entre les différents membres tout en leur permettant de mieux comprendre leurs problèmes respectifs. Le tableau 4.1 montre comment dresser l'ordre du jour de la réunion.

Bien qu'elle ne soit pas obligatoire, la présence de la direction Qualité à cette première réunion est préférable puisque c'est l'occasion pour les cadres supérieurs clés d'apprendre ce qui les attend dans le long voyage que représente le processus d'amélioration. Ils pourront également participer à l'élaboration de la stratégie initiale. Enfin, leur participation témoignera auprès des membres du Comité d'amélioration de l'importance qu'ils accordent aux tâches qui leur sont confiées.

TABLEAU 4.1 Ordre du jour de la réunion de trois jours hors de l'entreprise

1. Discours d'ouverture – Président de l'entreprise
2. Pourquoi l'amélioration ? – Un des vice-présidents de l'entreprise
3. Compétitivité de l'entreprise – Vice-président du marketing
4. Grandes tendances en matière de qualité à travers le monde – Le consultant
5. Examen du processus d'amélioration – Le consultant
6. Analyse des forces de l'entreprise et des faiblesses qui l'empêchent d'être aussi performante qu'elle le pourrait – Le consultant
7. Le soir, attribution des tâches à trois ou quatre groupes de travail qui devront mettre au point un plan d'action d'après l'analyse du point 6.
8. Présentation et discussion des recommandations émises par le groupe – Les différents groupes
9. Examen des outils de la qualité – Le consultant
   a. coût de non-qualité
   b. outils statistiques
   c. méthodologie de résolution des problèmes
   d. amélioration dans les bureaux
   e. contrôles du processus
10. Pendant la soirée, séparation en petits groupes de travail pour examiner une étude de cas et proposer un plan avec recommandations
11. Présentation et discussion des recommandations du groupe – Les différents groupes
12. Présentation d'un processus d'amélioration qui a réussi – Représentant d'une autre entreprise
13. Élaboration d'un plan d'action pour les trois prochains mois – Conseil Qualité
14. Résumé – Responsable Qualité
15. Discours de clôture – Le président de l'entreprise

Après cette première réunion, le conseil Qualité se réunira régulièrement et chacune de ses réunions sera suivie la semaine suivante d'une rencontre avec la direction Qualité. Pendant toute cette période, il se chargera d'élaborer la stratégie à suivre pour mettre en place le processus d'amélioration au sein de l'entreprise.

Après la phase de mise en place du processus, le comité se réunira quand ce sera nécessaire et selon les cas qui lui seront présentés par tel ou tel cadre. Il faut bien savoir que, s'il revient au conseil Qualité de mettre au point la stratégie d'ensemble de l'entreprise, c'est au directeur de chacun des services qu'il incombe d'élaborer le plan détaillé des améliorations qu'il veut appliquer dans son propre service en suivant les recommandations émises par le conseil.

ACTIVITÉS DU CONSEIL

De par sa mission, le conseil Qualité est responsable des activités suivantes. Chacune de ces activités sera détaillée plus longuement par la suite.

1. Définir les sept règles de base de l'excellence.
2. Élaborer puis mettre en application la stratégie Qualité de l'entreprise.
3. Mesurer les besoins actuels et les progrès à réaliser.
4. Mettre au point et maintenir un programme de sensibilisation.
5. Établir et maintenir des modules de formation spécifique à l'amélioration de la qualité.
6. Aider les cadres et les employés à appliquer le processus d'amélioration.
7. Revoir chaque année le plan stratégique d'amélioration de chacune des fonctions.
8. Créer et mettre en place un système de reconnaissance des mérites et de récompenses.

9. Dresser une liste de tous les succès accomplis et les communiquer à tous.

10. Résoudre les problèmes du système qui peuvent nuire au processus d'amélioration.

11. Créer et entretenir des liens avec tous ceux qui s'occupent d'amélioration de la qualité au sein de l'entreprise et à l'extérieur.

12. Créer et mettre en place un système de gestion des stocks juste-à-temps.

Définir les sept règles fondamentales de la qualité pour atteindre l'excellence

La plupart des gens pensent savoir ce que sont la qualité et l'excellence mais bien peu s'accorderaient sur une définition. La première tâche du conseil Qualité doit être de définir quelques règles et principes de base qui détermineront tout le processus d'amélioration à travers l'entreprise. Afin d'établir ces règles, qui devront être approuvées par la direction Qualité, le conseil Qualité doit répondre aux questions suivantes :

1. Quelle est la définition de la qualité ?

2. Quelle est la définition de l'excellence ?

3. Quel est l'objectif final ?

4. Quelle est la stratégie à adopter pour atteindre l'excellence ?

5. Quelles sont les méthodes à utiliser pour l'obtenir ?

6. Qui est responsable ?

7. Quel système de mesures doit-on utiliser ?

Première règle. Définir la qualité. La définition de la qualité est forcément subjective et chacun en a une conception personnelle. Philip Crosby la voit comme « la conformité à des exigences ». Le Dr W. Edwards Deming affirme que « le contrôle de la qualité n'est pas synonyme de perfection. Il s'agit de la production efficace de la qualité à laquelle le marché s'attend. » Le Dr Joseph M. Juran définit la qualité comme « l'aptitude à l'utilisation ». Quant au Dr Armand V. Feigenbaum, il voit la qualité comme « l'ensemble des caractéristiques d'un produit ou d'un service qui à tous les niveaux de l'entreprise (le marketing, l'ingénierie, la fabrication et l'entretien) saura satisfaire les attentes du client ».

L'American Society for Quality Control et l'American National Standards Institute définissent la qualité comme « l'ensemble des propriétés et caractéristiques d'un produit ou d'un service qui lui permettent de satisfaire un besoin donné ». Dans le dictionnaire *Webster (Webster's Third New International Dictionary)*, on trouve la définition « degré d'excellence ». Quant à moi, j'aime à dire qu'elle est la satisfaction ou le surpassement des attentes du consommateur à un coût qu'il juge avantageux.

En fait, le mot qualité recouvre toutes les significations que le consommateur veut bien lui donner. Quelle que soit la définition de la qualité, les consommateurs du monde entier sont de plus en plus nombreux à en exiger davantage. En analysant le rapport annuel de la firme de sondage Yankelovich, Skelly et White sur les comportements d'achat du public, on se rend compte que le consommateur est prêt à payer plus cher pour obtenir de la qualité. Le président de la firme japonaise Kikkoman, Katsumi Mogi, affirme toujours : « Il faut absolument connaître les désirs et les besoins du client afin de lui donner la qualité qu'il exige. »

La première chose dont le conseil Qualité doit s'inspirer est la politique de l'entreprise en matière de qualité. Voyons par exemple, la politique Qualité décrite au chapitre 3 :

> Nous ne fournirons à nos clients que des produits exempts de défaut et compétitifs et des services juste-à-temps afin de répondre à leurs attentes et même de les dépasser.

Cette politique Qualité engage donc tous les employés de l'entreprise à fournir au client un produit de qualité et compétitif, et des services juste-à-temps. Mais elle ne s'applique pas qu'au produit final qui sort de l'entreprise ou au service fourni à l'extérieur de celle-ci ; elle s'applique également au service ou au produit fourni aux autres employés au sein même de l'entreprise. De plus, puisque la qualité est l'affaire de chacun, la définition de la qualité doit absolument inclure ce concept global. Limiter la qualité à l'entreprise est le meilleur moyen d'augmenter les coûts, de réduire la productivité et, éventuellement, d'entraîner la faillite de l'entreprise.

En gardant à l'esprit cette définition plus large du client, faire de la qualité serait donc « satisfaire ou dépasser les attentes du client, à un prix abordable, et au bon moment, quand il a besoin de votre produit ou de vos services ».

Deuxième règle. Définir l'excellence. En s'inspirant de la définition de la qualité qu'on vient de donner, on peut alors dire qu'atteindre l'excellence c'est « dépasser les attentes du client à un prix qu'il juge avantageux et fournir un travail toujours parfait sans avoir à apporter ni retouches ni excuses ».

Troisième règle. Définir l'objectif ultime de l'amélioration. Les entreprises du monde entier ont adopté un objectif très simple : l'élimination des erreurs (l'objectif zéro-défaut). Il est certain que nous aurons besoin d'indicateurs tout au long du processus, pour mesurer nos progrès et avoir confirmation que nous sommes sur la bonne voie, mais notre objectif final doit toujours être le zéro-défaut. C'est en cherchant à relever ce défi que nous réussirons à toujours « faire mieux aujourd'hui qu'hier et demain qu'aujourd'hui ».

Nous avons choisi d'utiliser « erreurs » plutôt que « défauts », car ce terme peut s'appliquer à tout le monde : l'ouvrier, le réparateur, l'ingénieur, le gestionnaire. Dans notre environnement actuel, nous devons consacrer une bonne partie de notre énergie à améliorer les services administratifs qui entrent pour une large part dans nos dépenses totales. Dans la plupart des cas, les économies qu'on pourrait faire dans ces services dépasseraient de beaucoup les profits qu'on peut réaliser au niveau de la fabrication. Cela fait déjà plusieurs années que les activités de fabrication sont soumises à un contrôle, alors que les secteurs de services n'en ont jamais fait l'objet.

Quatrième règle. Exposer la stratégie préconisée pour atteindre l'excellence. Tout le processus d'amélioration doit se faire par petites étapes en corrigeant les problèmes les uns après les autres. Par conséquent, la stratégie d'ensemble doit être de toujours faire mieux aujourd'hui qu'hier et demain qu'aujourd'hui.

Cinquième règle. Indiquer la méthodologie à utiliser pour atteindre l'excellence. Nombreuses sont les entreprises qui ont misé sur la mobilisation de tous les employés lors de l'application du processus d'amélioration. Elles voulaient en effet trouver un juste milieu entre la prévention et l'évaluation des problèmes, procédé qui permet de les corriger et d'empêcher qu'ils ne se reproduisent (la plupart des entreprises mettent l'accent sur la prévention des problèmes afin de perdre moins de temps à les corriger).

Sixième règle. Savoir qui est responsable. Comme nous l'avons vu, dans le processus d'amélioration, la qualité devient l'affaire de chacun. Tout le monde doit impérativement s'en préoccuper : employés, services, fonctions. Mais souvenez-vous que, s'il se produit des problèmes, il faut offrir des solutions et non des critiques.

Septième règle. Instaurer un système de mesure de la qualité. L'amélioration se mesure à la réduction des coûts nécessaires pour fournir au client d'excellents produits et services. Lee Iacocca affirme en effet : « Si vous faites bien le travail du premier coup, vous obtenez à la fois la qualité et la productivité. On arrive ainsi à une amélioration de la qualité et à une diminution des coûts. »

Élaborer et mettre en place la stratégie d'amélioration de l'entreprise

La prochaine étape consiste à élaborer et à mettre en place une stratégie d'amélioration au sein de votre entreprise, en gardant à l'esprit que le processus doit être détaillé mais qu'il doit rester souple pour pouvoir s'adapter à tous les secteurs de l'entreprise.

Le processus que nous recommandons dans ce livre s'inspire des activités qui ont fait la preuve de leur efficacité dans de nombreuses entreprises. Je ne connais aucun exemple où elles n'ont pas produit des résultats spectaculaires quand elles sont appliquées de la façon dont on le décrit ici. Il est plus facile de mettre en place un processus d'amélioration dans des entreprises qui ont déjà une équipe de gestionnaires très compétente et des employés bien formés ; habituellement, ces entreprises ont pour objectif d'améliorer un climat qui est déjà sain ou d'augmenter leurs bénéfices nets. Le processus d'amélioration aura plus d'effet, cependant, dans les entreprises qui ont des problèmes à rester compétitives sur le marché. Mais dans les deux cas, les gains financiers sont considérables.

Chaque entreprise a ses besoins propres. De même, chaque division, chaque usine, chaque installation, chaque service a ses besoins particuliers. Le processus à choisir pour votre entreprise doit dépendre de ses produits et services, de ses caractéristiques, de ses dirigeants et de la position qu'elle occupe par rapport à la concurrence. Dans certains cas, il est parfois nécessaire d'agir énergiquement pour changer radicalement le mode de fonctionnement de toute l'entreprise. Il est par exemple évident qu'il fallait intervenir plus énergiquement pour changer le mode de fonctionnement de l'industrie automobile américaine dans les années 80 que dans l'industrie hôtelière d'aujourd'hui. La raison en est que l'industrie hôtelière a su se maintenir au niveau de ses concurrents alors que l'industrie automobile s'était laissé distancer.

Dans une grande entreprise, le conseil Qualité doit préparer un processus d'amélioration global comportant quelques éléments obligatoires et plusieurs éléments optionnels. Dans le cadre du groupe ou de la division, le processus d'amélioration doit correspondre exactement aux besoins du groupe. Dans le cadre de l'usine, le programme devient plus spécifique avec la fixation d'exigences pour chacune des fonctions. Dans le cadre du service ou de l'atelier, le processus devient plus détaillé, car il doit utiliser tous les éléments pertinents disponibles pour répondre exactement aux besoins des employés et de leurs clients. Au sein d'une grande entreprise, on devrait instaurer un conseil Qualité dans toutes les usines pour que le processus d'amélioration réponde aux besoins particuliers de chacune d'entre elles.

Les membres du conseil Qualité doivent connaître en profondeur tous les éléments du processus d'amélioration. Ils doivent savoir comment les utiliser et quelles seront leurs répercussions sur le système d'exploitation de l'entreprise. C'est absolument indispensable, car ce sont les membres du conseil qui seront chargés de fournir les directives à la fois pour la conception stratégique du programme et les applications techniques des éléments choisis. Il s'agit d'une phase déterminante du processus global ; en effet, il faut non seulement comprendre les outils d'amélioration, mais aussi connaître les besoins en qualité de toute l'entreprise.

Une fois que les éléments du processus d'amélioration ont été choisis par le conseil Qualité et approuvés par la direction Qualité, le conseil Qualité doit planifier les délais attribués à la mise en place du processus. À cette étape, seules les activités principales seront programmées mais, au fur et à mesure que le programme Qualité se met en place, la planification devra s'étendre à toutes les phases de la mise en place.

On devrait également ouvrir un dossier d'étude pour chaque activité principale, où se trouveraient réunis tous les détails la concernant : conception, références techniques, responsables à contacter pour avoir de l'aide, résultats de tous les projets pilotes. Ce dossier sera très précieux s'il devient nécessaire de changer des membres du conseil Qualité ; il permettra également à chacun des dirigeants d'avoir toute l'information nécessaire pour évaluer les répercussions du programme sur les activités de son service. Dans les entreprises plus importantes, ce dossier d'étude devrait servir à la création d'un rapport technique définissant en détail le mode opératoire pour appliquer les éléments clés du processus d'amélioration.

Mesurer les besoins actuels et les progrès à réaliser

Pour réussir l'amélioration, il faut d'abord mesurer le niveau d'excellence auquel on se trouve aujourd'hui en matière de qualité, puis établir un processus susceptible de l'élever. Il faut donc disposer de données quantifiables pour évaluer les progrès réalisés dans chacune des activités où s'applique le processus. Malheureusement, dans la plupart des entreprises, les seuls secteurs où l'on dispose de données quantifiables sont la fabrication et le service à la clientèle. Pour que le conseil Qualité puisse disposer de données précises pour commencer son travail, il faut faire une recherche dans les secteurs de l'entreprise où les frais sont les plus importants ; il faut éventuellement instaurer aussi des indicateurs de qualité (c'est-à-dire un système de mesure) dans tous les autres secteurs de l'entreprise. Le tableau 4.2 dresse une liste des indicateurs de qualité type pour chacune des fonctions. L'élaboration des indicateurs de qualité sera plus efficace si elle est faite par chacune des fonctions ; quant à la mise en oeuvre globale du processus d'amélioration, elle devrait se faire dans les services. On ne peut assez insister sur l'importance du système de mesure. L'instauration d'un système de mesure est la condition sine qua non pour réussir à contrôler et ultérieurement à améliorer. Si on n'arrive pas à mesurer, on ne peut comprendre. Si on ne peut comprendre, on ne peut pas contrôler. Si on ne peut pas contrôler, on ne peut pas améliorer.

TABLEAU 4.2 La mesure de la qualité

1. Fabrication
   a. Quantification des rebuts et des retouches
   b. Erreurs dans les fiches de rapport de production
   c. Pourcentage de pièces mises au rebut
   d. Rendement initial

2. Assurance-Qualité
   a. Pourcentage de lots rejetés par erreur
   b. Nombre de rectifications effectuées par le bureau d'étude qui auraient dû être détectées au moment de la revue de conception
   c. Erreurs dans les rapports
   d. Durée du cycle passée à apporter les actions correctrices

3. Comptabilité
   a. Pourcentage de paiements en retard
   b. Temps de réponse aux demandes de renseignements des clients
   c. Erreurs de facturation
   d. Erreurs dans les inscriptions comptables
   e. Erreurs dans le livre de paye

4. Services informatiques
   a. Erreurs par ligne de programmation
   b. Pourcentage de rapports en retard
   c. Nombre de réécritures
   d. Erreurs trouvées après que le programme ait été accepté par le client
   e. Nombre de jeux d'essai avant réalisation

5. Conception du projet
   a. Nombre de rectifications par document
   b. Nombre d'erreurs découvertes lors de la revue de conception
   c. Nombre d'erreurs découvertes dans les tests d'évaluation de la conception

6. Achats
   a. Coût des primes de transport
   b. Retards dus à un manque de pièces

TABLEAU 4.2 (suite)

> c. Nombre de pièces hors spécifications utilisées quand même pour pouvoir continuer à produire
> d. Durée entre la date de la demande d'achat et la date d'arrivée des articles
> e. Surstockage
>
> 7. Marketing
>   a. Exactitude des prévisions
>   b. Nombre de commandes inexactes
>   c. Pièces surstockées sur place
>   d. Erreurs dans les contrats

Coûts de non-qualité. Tous les indicateurs de qualité doivent être regroupés sous une seule appellation que la haute direction pourra comprendre et à laquelle elle pourra se référer : le coût de la qualité qui se chiffre en dollars ou encore mieux le coût de la non-qualité dont la définition est plus précise. Non seulement la qualité peut vous faire économiser de l'argent mais elle ne vous coûte rien. Philip B. Crosby, auteur de Quality is free vous le dira : « Trop souvent, la qualité et l'excellence sont considérées comme des vertus. » Malheureusement quand la vertu doit affronter la dure réalité des affaires, elle a du mal à résister à la pression des échéances et des coûts. C'est en faisant du coût de la non-qualité la mesure de la qualité, que la qualité et l'excellence ne sont plus des données abstraites mais qu'elles deviennent des facteurs aussi importants que les dépenses et l'échéancier dans l'entreprise concurrentielle.

Le coût de non-qualité se calcule d'après trois éléments: le coût de la prévention, soit le coût de tout ce qui est mis en oeuvre pour éviter les erreurs ; le coût d'évaluation, c'est-à-dire toutes les dépenses encourues pour s'assurer que la production est de bonne qualité ; enfin, le coût des défaillances, soit tout ce qui est dépensé lorsque la production ne donne pas satisfaction au client.

Les coûts de non-qualité peuvent être classés en cinq grandes catégories :

1. *Le coût de la prévention.* C'est le coût de tout ce qui est mis en oeuvre pour éviter des erreurs dans l'ensemble des activités. Ce sont par exemple, les coûts pour :
   a. la formation,
   b. les études de capacité du processus,
   c. les enquêtes sur les fournisseurs (voir chapitre 9).

2. *Le coût d'évaluation.* C'est le coût de tout ce qui est mis en oeuvre pour vérifier que le produit est exempt d'erreur. En voici des exemples :
   a. Contrôles et essais
   b. Entretien des matériels de contrôle et d'essai
   c. Dépenses pour traiter et rapporter les données sur les contrôles et les essais
   d. Revue de conception
   e. Revue des notes de frais

3. *Le coût des défaillances internes.* Ce sont les dépenses dues à des erreurs constatées avant que le produit ou le service ne soient fournis au client. En voici des exemples :
   a. Rebuts et retouches
   b. Dépenses relatives au paiement tardif des factures
   c. Coûts d'évaluation des stocks dus à des fluctuations dans le débit de production
   d. Coûts des rectifications pour corriger une erreur de conception
   e. Redactylographie des lettres
   f. Retard dans le traitement des cartes de pointage

4. *Coût des défaillances externes.* Ce sont les dépenses dues à des erreurs qui n'ont pas été constatées avant que le client n'en soit l'utilisateur. En voici des exemples :

    a. Remplacement sous garantie

    b. Formation du personnel des services après vente

    c. Coûts des rappels

    d. Responsabilité civile et pénale pour le produit

    e. Traitement des réclamations

5. *Matériel de mesure et matériel d'essai.* C'est le coût de tout le matériel utilisé pour réaliser les activités d'évaluation.

Nombreuses sont les entreprises qui disposent d'un assez bon système d'évaluation des coûts dans leurs secteurs de fabrication. Par contre, il y en a très peu qui disposent d'un système de mesure efficace dans le secteur des bureaux. Or, d'après les multiples études qui ont été faites, il semble que dans les bureaux, les travailleurs passent de 20 à 35 pour cent de leur temps à vérifier si leur travail est satisfaisant ou à le refaire si tel n'est pas le cas. Une estimation approximative des coûts de non-qualité dans les bureaux de votre entreprise vous donnera sans doute un minimum de 20 pour cent.

En plus des coûts que l'on peut chiffrer puisqu'ils se trouvent dans le grand livre de l'entreprise, il est des coûts de non-qualité indirects qui sont payés par l'entreprise et le client. C'est par exemple le coût des retours, quand le client renvoie un article défectueux qui est sous garantie. Si une génératrice tombe en panne alors qu'elle est sous garantie, l'entreprise devra payer la nouvelle pièce ; quant au client, le prix qu'il aura à payer prendra plusieurs formes : dérangement, frustration, perte de temps, frais d'installation et de déplacement. De plus, cela représente un autre coût indirect, soit un préjudice commercial pour l'entreprise : elle a « un client mécontent mais qui ne le manifestera pas ». Ce client ne se plaindra pas et ne manifestera pas son mécontentement, mais il n'utilisera plus jamais un de vos produits ou services. On a évalué que dans l'industrie des services, on compte jusqu'à vingt clients mécontents qui ne se manifestent pas pour un qui va se plaindre.

Pour avoir une idée de ce que représentent les coûts indirects de non-qualité, prenons l'exemple du système informatique de la « Bank of America » de Californie. On a calculé que, si celui-ci tombe en panne pendant 24 heures, la situation financière de la banque peut s'en trouver modifiée. S'il est en panne pendant 48 heures, c'est toute l'économie de la Californie qui est touchée et s' il reste en panne pendant 72 heures, c'est le P.N.B des États-Unis qui s'en trouve altéré.

L'évaluation du coût de non-qualité est un outil déterminant à deux points de vue : d'une part, pour convaincre la haute direction ; d'autre part, pour déterminer avec précision les secteurs à problème où l'on pourra économiser le plus d'argent quand les problèmes seront définis et résolus. Ce sont les secteurs financiers des entreprises qui devraient se charger de faire une évaluation de ces coûts. En effet, si c'est le service des finances qui procède à cette estimation, elle sera plus crédible que si c'est l'assurance Qualité qui s'en charge.

L'ampleur du coût de non-qualité varie beaucoup d'une industrie à l'autre, selon que le produit est nouveau ou déjà bien établi sur le marché ou selon les problèmes recensés dans l'évaluation. C'est pourquoi il est difficile de chiffrer le coût de la qualité dans l'absolu. Il peut varier de 40 à 2 pour cent du prix de vente du produit ou du service. La plupart des entreprises devraient pouvoir le réduire d'au moins 5 pour cent. Mais il est hors de question de dépasser les 8 pour cent. Certaines entreprises ont réussi à le réduire à moins de 2 pour cent du prix de vente grâce à une mise en oeuvre efficace des principes d'amélioration et de qualité.

Le coût de non-qualité peut se répartir en deux grandes catégories : les coûts évitables et les coûts inévitables. Il est des coûts de non-qualité que nous ne voulons pas éliminer. Il s'agit en général des coûts de prévention parce que l'on a et que l'on aura toujours à mesurer et à contrôler l'excellence des produits et des services que nous fournissons. C'est pourquoi ces coûts sont considérés comme inévitables. Mais d'un autre côté, la plupart des coûts d'évaluation des défaillances n'engendrent pas de bénéfices réels; aussi faut-il s'efforcer de les réduire tout comme on cherche à atteindre l'objectif zéro-défaut. Le coût des défaillances représente vraiment de l'argent jeté par les fenêtres, on doit à tout prix l'éliminer. Les coûts des défaillances et les coûts d'évaluation sont considérés comme des coûts évitables.

À titre indicatif, le coût d'exploitation d'un produit commercial devrait se répartir de la façon suivante :

Coût de prévention	10 %
Coût d'évaluation	35
Coût des défaillances internes	48
Coût des défaillances externes	7
Total	100

Si votre entreprise ne possède pas de système de mesure pour évaluer les coûts de non-qualité, il faut absolument que cela devienne la priorité du conseil Qualité. Vous devez commencer par réunir le personnel de l'assurance Qualité et le contrôleur pour en discuter, puis leur expliquer les avantages d'une bonne évaluation de ces coûts et obtenir leur participation à l'élaboration d'un système d'évaluation. (Pour plus de renseignements sur les coûts de non-qualité, voir le livre *Poor-Quality Costs* du Dr H. J. Harrington, publié par l'American Society for Quality Control.)

Au fur et à mesure de la mise en place du processus d'amélioration, il y aura une réduction des coûts de non-qualité. On peut raisonnablement s'attendre à une réduction de 30 pour cent sur une période de trois ans, une fois terminée la mise en oeuvre du processus.

Créer et maintenir un programme de sensibilisation

Le programme de sensibilisation doit commencer lentement puis s'imposer au fur et à mesure de l'application du processus d'amélioration. Il ne doit pas s'agir d'une vague qui emporte tout le monde sur son passage à coup de bannières, d'affiches ou de promesses, pour venir finalement mourir sur le sable. Le programme de sensibilisation doit au contraire être une préoccupation constante de la direction. En effet, la communication des succès obtenus en matière de qualité est déterminante pour la prise de conscience, la reconnaissance des mérites et le cycle d'apprentissage.

La politique Qualité. Le programme de sensibilisation commence quand, après avoir préparé sa politique Qualité, le président en fait la présentation et fixe les nouvelles normes de rendement zéro-défaut. Il s'agit d'un événement extrêmement important pour l'entreprise dont dépend l'orientation du processus dans son ensemble.

La sensibilisation des cadres. Le programme de sensibilisation doit s'adresser maintenant à tout les cadres. Il est en effet très important que chaque cadre comprenne les besoins d'amélioration pour qu'il puisse les communiquer de façon efficace. Pour convaincre les cadres supérieurs, les hauts dirigeants doivent leur fournir toutes les données sur la position de l'entreprise par rapport à la concurrence sous la forme de notes de service. Ils doivent également expliquer pourquoi il est important pour chacun d'améliorer son rendement. Douglas D. Danforth déclarait à ce propos : « Il est essentiel que chaque employé soit absolument convaincu de l'urgence de la mise en application de la qualité. La direction doit donc témoigner de l'importance qu'elle y accorde. L'engagement de chacun des employés en dépend. »

Il faut aussi préparer des notes de service pour que les cadres soit tenus au courant des progrès du processus d'amélioration. Les gens aiment parler de ce qui leur est familier et de ce qu'ils comprennent bien. Si l'encadrement est bien informé, cela assurera un échange constant d'information entre les employés.

Le deuxième partenaire, l'employé. Dans une entreprise, il n'y a en fait que deux partenaires, les actionnaires et les employés. Alors que la plupart des entreprises fournissent trimestriellement des renseignements sur l'entreprise à leurs actionnaires, elles n'en fournissent aucun à leurs employés. La direction se doit d'informer et de faire participer les actionnaires et les employés. Chaque trimestre, elle devrait tenir une réunion pour informer les employés de la position de l'entreprise sur le marché et de l'état des plus importants indicateurs économiques. Pendant cette réunion, les questions concernant la qualité et l'amélioration seront mises en lumière. C'est l'occasion idéale pour reconnaître les mérites des employés ou des groupes qui se sont illustrés dans l'amélioration de la qualité.

La sensibilisation des employés. Quand tous les employés sont concernés par le processus d'amélioration, il faut alors penser à utiliser le bulletin de l'entreprise pour souligner les progrès du processus d'amélioration et ses résultats. Il faut aussi utiliser des affiches pour insister sur l'importance de la qualité et de l'amélioration. L'objectif de ce programme de sensibilisation est de montrer régulièrement aux employés que la direction attache une grande importance au processus d'amélioration.

Organiser et maintenir un système de formation Qualité

Il est indispensable de créer un nouveau genre de formation des cadres et des employés afin de leur montrer que les erreurs peuvent être évitées. Cette formation doit leur fournir à tous des outils pour éviter les erreurs avant même qu'elles ne se produisent. Elle doit également leur fournir des techniques éprouvées qui leur permettront de déterminer quelles sont les vraies défaillances (quand les problèmes se produisent) et de choisir les actions à mettre en oeuvre pour empêcher les problèmes de se renouveler.

Le système de formation à la qualité doit changer certaines des convictions profondes de la direction comme le déclare James E. Preston, président de Avon : « La première chose à faire était de dissiper certains malentendus ; il fallait bien faire comprendre à tous les employés : premièrement, que la qualité ne s'applique pas qu'aux produits ; deuxièmement, que l'amélioration de la qualité n'est pas l'objet d'un programme comme les autres ; troisièmement, que la qualité n'incombe plus seulement au service de la qualité et, quatrièmement, que l'application du processus d'amélioration de la qualité doit devenir l'affaire de chacun. »

La production zéro-défaut n'est pas une question de nouvelles méthodes statistiques ou de nouvelles techniques de résolution des problèmes. Elle ne peut s'instaurer que si chacun des employés a une compréhension en profondeur de la tâche qu'il doit accomplir et s'il a confiance qu'il peut la mener à bien. La direction doit donc fournir à tous les employés :

1. Une description détaillée de chacune des tâches à accomplir.
2. Un système de mesure approprié.
3. Des outils pour parvenir à une production zéro-défaut.
4. Une formation concernant la tâche à accomplir et la compréhension de son importance.
5. De l'information sur le degré de satisfaction du client.
6. Assez de temps pour effectuer la tâche correctement.

Le programme de formation doit couvrir toutes les méthodes et les techniques de prévention. Il vaut toujours mieux prévenir les problèmes qu'avoir à les corriger et cela coûte moins cher.

C'est seulement quand l'objectif zéro-défaut n'est pas atteint que le besoin de techniques de résolution des problèmes se fait sentir. Étant donné que le processus d'amélioration de la qualité démarre dans un environnement où les erreurs sont courantes, le programme de formation doit présenter les techniques de correction des erreurs en même temps que les méthodes de prévention. Cette formation doit s'adresser à l'équipe de direction, à tous les employés, en place ou nouvellement engagés. Il doit également couvrir les besoins en formation de chacune des fonctions.

Le conseil Qualité, en collaboration avec le service de formation de l'entreprise, doit concentrer tous ses efforts pour mettre au point des programmes de formation assez généraux pour s'appliquer à tous. Le conseil devra également faire office de consultant pour les programmes de formation destinés à chacune des fonctions.

Il est essentiel de créer une banque de données (commune) regroupant en un seul lieu toutes les données relatives à la formation Qualité. Cette banque de données doit comprendre la description de tous les sujets traités et une évaluation de leur efficacité. L'entreprise dans son ensemble pourra ainsi profiter de toutes les expériences, bonnes ou mauvaises, en matière de formation Qualité.

Aujourd'hui, il existe dans le domaine de la qualité, de nombreux consultants, de nombreux programmes et une vaste documentation, livres, documents, cassettes, films ou vidéo-cassettes, pour vous aider à élaborer ce programme de formation (notre bibliographie n'en présente que quelques-uns). Étant donné cette abondance de documentation, le conseil Qualité, toujours en collaboration avec le service formation, se doit de mettre sur pied un programme de sélection pour évaluer chacun des documents et voir lequel s'adapte le mieux aux méthodes de travail que l'entreprise veut voir adopter par ses cadres et ses employés. Il s'agit de confier ce travail de sélection à quelques personnes qui devront évaluer des cours et lire tout le matériel nouveau pour ensuite faire part au conseil Qualité de leurs impressions et de leurs recommandations. Le conseil Qualité dressera alors une liste des cours et des lectures à recommander pour la mise en application du processus d'amélioration.

Créer une stratégie de formation au sein de l'entreprise demande beaucoup de travail, de ressources et une excellente connaissance du sujet et de l'entreprise. En effet, même les « Gourous » de la qualité ne sont pas toujours d'accord. Ils s'accordent sur les grands principes et les besoins en qualité, mais n'ont pas le même avis quant aux priorités et aux modes d'application des différentes techniques. Par exemple, le Dr. W. E. Deming s'est fait connaître à travers le monde en préconisant les méthodes statistiques alors que Philip Crosby, autre consultant renommé, affirme dans son livre *Quality Without Tears* que la statistique n'est qu'une nouvelle marotte.

Le sujet de la formation sera repris dans les chapitres 5, 6 et 7.

Aider les cadres et les employés à appliquer le processus d'amélioration

Le conseil Qualité doit créer un groupe de personnes-ressources en matière de qualité. Chaque fonction de l'entreprise a un représentant au conseil Qualité ; le rôle de ce représentant est de définir les principes de base de la qualité et de les faire appliquer dans sa fonction. Mais il n'est pas livré à lui-même puisqu'il peut disposer de toutes les ressources du conseil Qualité. Quand un problème particulier se posera, il pourra utiliser toutes les ressources du conseil Qualité pour le régler.

Revoir tous les ans le plan stratégique d'amélioration de chacune des fonctions

Chaque fonction doit préparer chaque année un plan stratégique d'amélioration où sont fixés les objectifs à atteindre avec une liste des améliorations à faire pour l'année à venir. Ce plan doit indiquer les ressources nécessaires à la mise en oeuvre du processus et les économies prévues en fonction des dépenses engagées au début. Ces plans peuvent être intégrés à la planification opérationnelle de la fonction et à celle de l'entreprise (voir le chapitre 11).

C'est le conseil Qualité qui se chargera de la vérification des plans stratégiques annuels de chaque fonction. Il devra s'assurer que le plan est complet, qu'il respecte la stratégie Qualité de l'entreprise, et que les ressources nécessaires et les économies prévues sont satisfaisantes. Dans certains cas, il sera nécessaire de créer des projets pilotes offrant un vaste champ d'application. Ces projets sont destinés à évaluer les méthodes d'application du processus et à estimer le montant de récupération du capital investi auquel on peut s'attendre. Pendant cette phase de planification, on établira une liste des secteurs pilotes et on prévoira des ressources pour soutenir leurs activités. À la suite de la revue des plans stratégiques de chacune des fonctions, le conseil Qualité fera alors une liste des modifications à apporter et soumettra un rapport au contrôleur et au président de l'entreprise.

Gérer un fonds spécial Qualité

Le plan opérationnel annuel doit réserver un fonds spécial destiné aux projets d'amélioration de la productivité et de la qualité qui n'ont pas été prévus dans le cycle budgétaire. Ce fonds spécial sera administré par le conseil Qualité qui devra s'assurer que la récupération du capital investi soit satisfaisante. Le taux de rendement du capital investi visé devrait être de trois pour un au minimum. Durant l'année, si un secteur met sur pied un projet d'amélioration qui n'a pas été prévu et qui exige des fonds, il devra présenter ce projet au conseil Qualité qui, après approbation, fournira les fonds nécessaires à partir du fonds spécial Qualité.

Organiser et mettre en place un système de reconnaissance des mérites et de récompenses

Les behavioristes soutiennent depuis longtemps que, si l'on veut modifier ou renforcer des comportements, le meilleur moyen est de récompenser les individus qui s'améliorent. Il est donc essentiel d'organiser un système de reconnaissance des mérites et de récompenses pour les employés qui se distinguent dans l'amélioration de la qualité. C'est ainsi que vous réussirez à renforcer les nouveaux modèles de comportement que vous essayez d'introduire au sein de l'entreprise.

Le conseil Qualité se chargera de revoir tout le système et de l'adapter aux individus et aux circonstances. Il n'est pas nécessaire que les récompenses prennent la forme de fortes sommes d'argent même si dans certains cas, cela peut être justifié. Parfois, un merci, une tape dans le dos, un article dans le bulletin de l'entreprise, un gâteau à une réunion du service peuvent être plus appréciés ou plus opportuns. La chose importante c'est de montrer à l'employé ou au groupe d'employés que la direction reconnaît les mérites de ce qu'ils ont accompli et qu'elle apprécie les efforts supplémentaires qu'ils ont fournis. (Pour plus de détails, voir le chapitre 12).

Le problème majeur, quand on élargit le système de reconnaissance des mérites, c'est que la direction éprouve des difficultés à reconnaître les mérites des employés qui sont chargés de la prévention des erreurs. C'est donc au conseil Qualité de trouver des moyens pour que la direction connaisse ces employés. C'est de gens comme eux dont l'entreprise a besoin à présent. C'est donc au conseil Qualité de veiller à ce que employés et groupes d'employés voient leurs résultats reconnus et récompensés adéquatement par la direction, même si le système de reconnaissance des mérites en général reste du ressort de cette dernière.

Dresser une liste de tous les succès remportés et les communiquer à tous

Les représentants de chacune des fonctions doivent superviser toutes les activités en cours dans leur secteur. Lorsqu'au sein d'une fonction, un nouveau concept est créé, une application originale d'un ancien concept est mise en oeuvre ou qu'une idée importante est apparue, le représentant doit demander au groupe ou à l'employé qui en sont responsables de les présenter devant le conseil Qualité afin que toute l'entreprise puisse en bénéficier. Le représentant de chaque fonction doit aussi être au courant de toutes les étapes déterminantes du projet qualité dans sa fonction et les présenter devant le conseil Qualité. Cela permet de reconnaître les mérites des groupes et des employés qui se sont distingués, d'encourager les membres du conseil Qualité et toutes les autres fonctions.

Résoudre les problèmes du système qui peuvent nuire au processus d'amélioration

Le conseil Qualité est le seul a avoir une vue d'ensemble des interactions entre les diverses fonctions de l'entreprise, ce qui lui permet de détecter les problèmes causés à ce niveau. Étant donné que le produit passe par plusieurs fonctions, il est souvent difficile d'évaluer le système dans son ensemble et il arrive souvent que cela donne lieu à une sous-optimisation dans certains secteurs. D'autre part, les systèmes sont créés pour accomplir une tâche particulière et leurs répercussions sur les secteurs qui en dépendent ne sont pas prises en compte. De plus, un système inutilement complexe, qui demande trop de réexamens et d'approbations ou trop de documents inutiles, peut également créer des difficultés. Le conseil Qualité doit donc veiller à repérer ce genre de problèmes et à s'y attaquer énergiquement en assignant les tâches à remplir pour les corriger et en fixant un échéancier à respecter. Par la suite, le conseil doit assurer un suivi pour vérifier si les problèmes sont corrigés dans les délais accordés, et si les corrections apportées sont efficaces.

Créer et établir des liens avec tous ceux qui s'occupent d'amélioration de la qualité au sein de l'entreprise et à l'extérieur

Le conseil Qualité centralise toutes les activités d'amélioration de la qualité. Dans les grandes entreprises, qui ont des installations situées à différents endroits, les conseils

Qualité des différentes filiales doivent se réunir avec le conseil Qualité pour l'ensemble de l'entreprise, afin de partager leurs expériences, d'élaborer de nouvelles idées et d'éliminer toute forme de répétition. Le conseil Qualité de l'entreprise doit tenir ces réunions régulièrement. Normalement, c'est le chef de la Qualité qui doit les organiser.

Au fur et à mesure que progresse le processus d'amélioration, les employés qui ont contribué de manière originale ou importante à celui-ci, doivent être invités à partager leurs expériences. Ces réunions doivent se tenir chaque fois dans une filiale différente afin que leurs membres puissent observer la mise en place du processus dans des environnements différents. Cela permet aussi à la direction Qualité de l'entreprise où se passe la réunion de connaître de première main les activités qui se déroulent dans les autres installations de l'entreprise.

Le conseil Qualité doit aussi se tenir au courant de toutes les activités Qualité qui se déroulent dans d'autres entreprises. Il existe différents moyens d'y parvenir.

L'American Society for Quality Control (ASQC) a été la première société à s'occuper d'amélioration de la qualité et c'est la plus importante. Elle publie plusieurs journaux et organise des cours de formation et des conférences dans le monde entier. Elle publie également des comptes rendus de livres et vend la plupart des meilleures revues portant sur la qualité, la fiabilité et l'amélioration. Elle peut également vous mettre en contact avec d'autres entreprises qui mettent en place un processus d'amélioration afin que vous puissiez échanger directement avec elles des méthodologies ou des idées. Contrairement à ce que suggère son nom, l'American Society compte des centaines de membres à l'extérieur des États-Unis. Elle a également des accords avec la plupart des grandes sociétés qui s'occupent de qualité à travers le monde afin que ses membres soient tenus au courant de tout ce qui passe en la matière aux quatre coins du monde. L'ASQC tient aussi à jour une liste importante de consultants.

Hitchcock Publishing publie un magazine spécialisé appelé Quality qui est une excellente source d'information sur différents sujets relatifs à la qualité. Il existe également de nombreuses sociétés américaines qui ont des comités ou des divisions spécialisés dans l'application de la qualité dans leur domaine (par exemple, The Institute of Electrical and Electronics Engineers and American Association of Electronic Manufacturers). Afin de vous maintenir au courant de toutes les nouveautés en matière de qualité, il vous suffit de choisir l'une ou l'autre de ces sources d'information. Aujourd'hui, le marché devient vraiment mondial ; c'est dans le monde entier que se trouve votre client ou votre concurrent potentiel. Pour travailler et réussir sur le marché mondial, il faut absolument comprendre ce qui se passe autour de nous ; car nul individu, nulle entreprise, nul pays n'a le monopole des bonnes idées. Vous devez donc essayer de connaître toutes les nouvelles idées et stratégies en matière de qualité afin de pouvoir évaluer si elles peuvent s'appliquer à l'environnement de votre entreprise. Autrefois, dans le milieu des affaires, il suffisait d'être bon ; aujourd'hui, il faut absolument être le meilleur.

GESTION DES STOCKS JUSTE-À-TEMPS

L'élimination des surplus de stock fait partie du cycle naturel du processus d'amélioration. Par le passé, les cadres supérieurs créaient un faux sens de sécurité en mettant de côté de grosses quantités de pièces détachées et de pièces d'assemblage pour le travail en cours, afin de compenser pour les produits de mauvaise qualité distribués par des fournisseurs dont les systèmes de production étaient insatisfaisants. En fait, ce surstockage entraînait une augmentation des coûts et des impôts et prolongeait indûment la durée du cycle ; de plus, il exigeait des installations de fabrication plus vastes dont le rendement n'était pas optimal. Les zones de stockage, d'emmagasinage et d'entreposage prenaient en effet toute la place, reléguant les installations de production dans des secteurs en-combrés. Tout un tas de manutentionnaires, d'expédi-tionnaires, de préposés aux pièces y cherchaient déses-pérément, à travers des montagnes de pièces, celles dont ils avaient besoin la veille : en effet, tant qu'ils n'avaient pas trouvé celles de la veille, il leur était impossible de trouver les pièces dont ils avaient besoin le jour même. On avait bien créé et mis en place des systèmes de stockage premier entré/premier sorti très coûteux et très complexes, mais même ceux-ci n'arrangeaient rien. Et il arrivait que de bonnes pièces soient détruites dans le cycle sans fin des déballage-comptage-réemballage-entreposage.

Les apôtres de la planification juste-à-temps aiment la comparer à une rivière au lit rocailleux. Avec un surplus de stock, les rochers (les problèmes de qualité) sont au fond de l'eau, bien cachés, et le bateau (la production) peut flotter sans ennui. Tant qu'il n'y a pas d'interruption majeure dans la production, les problèmes de qualité ne sont jamais résolus étant donné qu'on ne les voit jamais. Les apôtres de la qualité affirment que si le niveau de l'eau vient à baisser, les rochers sont alors exposés et on doit les enlever pour que le bateau puisse poursuivre son chemin. En théorie et en pratique, il se peut que l'idée soit bonne mais les coûts sont bien trop élevés. Chaque fois qu'un rocher apparaît, le bateau est arrêté et, pire encore, le rocher qui est en-dessous du niveau de l'eau peut déchirer la coque du bateau. En fait la théorie est bonne, mais les étapes devraient en être inversées. Il faut commencer par enlever les rochers, puis abaisser le niveau d'eau.

Le conseil Qualité doit mettre au point une stratégie et coordonner toutes les phases de mise en place du système juste-à-temps, au sein de l'entreprise. Le service des techniques de production doit participer à la conception d'outils permettant de réduire le temps de mise en place. Les ingénieurs de méthodes doivent aussi participer en planifiant le cours des opérations de fabrication afin que les produits passent directement des quais de réception au secteur de production et de là aux quais d'expédition. On doit se préparer au moment où, le processus d'amélioration commençant à avoir des répercussions positives sur les fournisseurs et sur les niveaux de qualité de l'entreprise, les secteurs de stockage et d'entreposage pourront être éliminés ou au moins diminués.

En passant d'une planification de stockage « juste au cas où » à une planification juste-à-temps, vous améliorerez le rendement de votre entreprise à plusieurs titres. Joe Burger, directeur de fabrication chez Tektronix Inc., Portable Instrument Division, en sait quelque chose : « Après un an , les stocks ont diminué de 75 pour cent, la surface de stockage est passée de 15 000 à 7000 pieds carrés, les travaux en cours ont été réduits de 50 pour cent, la durée du cycle est passée de 30-40 jours à 12 jours et les délais de livraison au client sont passés de 14-15 semaines à 2 semaines. »

La plupart des gestionnaires américains ont du mal à comprendre ce concept aussi simple soit-il, car ils pensent que les stocks de réserve sont indispensables. Avoir à les éliminer peut les traumatiser. Par exemple, ils vont dire : « C'est impossible. Que va-t-il se passer si l'un de nos fournisseurs se met en grève ou que nous n'ayons à notre disposition qu'un lot de pièces de mauvaise qualité ? » Cette inquiétude peut se comprendre quand on sait comment se pratiquaient les opérations par le passé. C'est aussi la raison pour laquelle les surplus de stockage ne peuvent être réduits avant que le reste du processus d'amélioration ne soit complètement mis en place et rendu efficace.

CHAPITRE **5**

La participation de la direction et du personnel cadre

INTRODUCTION

Pour que le processus d'amélioration de la qualité fasse partie intégrante du système de gestion de l'entreprise, la participation pleine et entière de la direction est absolument indispensable. La direction doit participer au processus avant tous les autres employés. Et quand je dis *participer*, c'est dans son sens le plus large. La direction ne doit pas seulement être au courant du processus ou se contenter de le soutenir. Elle doit s'y consacrer pleinement et y participer activement, avant et après la présentation du projet aux employés. Pour que le processus soit efficace, il faut que la direction en fixe les normes. Oui, la qualité doit devenir l'affaire de chacun, mais c'est à la direction de mener à bien le projet Qualité si l'on veut obtenir des résultats durables et significatifs.

LE RÔLE DES MEMBRES DE LA DIRECTION ET DU PERSONNEL CADRE DANS LE PROCESSUS D'AMÉLIORATION

Le rôle des membres de la direction et des cadres est de faire exécuter le travail par les employés. Pour évaluer leurs succès, on ne devrait pas les juger sur ce qu'ils font mais sur la motivation qu'ils savent inspirer aux autres. Les cadres de direction qui prennent les employés tels qu'ils sont, n'obtiendront aucun résultat. Par contre, ceux qui attendent beaucoup de leurs employés leur donnent la chance de s'améliorer. Les dirigeants doivent se montrer convaincus que les employés peuvent faire mieux. Ils doivent exiger d'eux qu'ils s'améliorent et les aider à fixer des objectifs qui leur permettent d'accroître et d'exercer leurs compétences.

L'une des premières responsabilités d'un directeur est la qualité de la production pour le secteur dont il a la charge. La responsabilité de la qualité ne doit pas incomber seulement à la fonction assurance Qualité ; l'assurance Qualité la plus sophistiquée qui soit ne peut permettre de fabriquer un bon produit. En effet, ce n'est pas le contrôleur de la qualité que la haute direction consultera pour savoir pourquoi le service a dépassé son budget et quelles mesures correctives envisager, c'est le directeur du service concerné. Ce n'est pas non plus au contrôle de la production qu'elle s'adressera si l'atelier de fabrication n'a pas respecté son calendrier d'expéditions. Comment se fait-il alors que la direction s'adresse à l'assurance Qualité pour découvrir les causes des problèmes de qualité et les solutions à y apporter ?

Un problème de qualité en soi, cela n'existe pas. Il peut y avoir des problèmes d'exécution, des problèmes de conception, des problèmes comptables, etc. En fait, on ne peut parler de problèmes que lorsqu'il s'agit de la production d'un employé, d'un groupe, d'un système. La qualité est une mesure de la perfection du produit. Et cela est vrai au niveau de chaque service ou atelier et à tous les échelons de la hiérarchie, du président à l'employé. Les directeurs doivent donc être totalement responsables de la production de leur service.

Fixer des normes

Chaque dirigeant d'entreprise doit aussi se charger de fixer les normes de qualité et servir d'exemple pour ses employés. Il faut qu'il s'engage personnellement dans le processus d'amélioration et qu'il en devienne un des acteurs principaux. James E. Preston, président de Avon, dit à ce propos : « Le rôle de la direction est de donner l'exemple, de former, d'organiser, de soutenir et d'encourager les équipes d'amélioration de la qualité ; elle doit participer à tous les efforts en matière de qualité. » Certains directeurs parlent avec une sincère conviction de l'importance de la qualité et du besoin d'amélioration mais transmettent un message complètement différent dans leurs actes. Il arrive souvent que des contremaîtres et leurs employés veulent faire du bon travail, mais qu'ils reçoivent des messages contradictoires de la part des cadres supérieurs et intermédiaires. Par exemple, pendant plus de trois semaines, le directeur ne parle que des besoins de qualité et en voyant approcher la fin du mois, il n'est plus question que de respect du calendrier. C'est ce que fait le directeur qui compte et non pas ce qu'il dit. Qui leurre-t-on, quand un service qui produit normalement 100 pièces par heure pendant 18 jours se met à produire 200 pièces par heure pendant les 3 derniers jours du mois ? Il y a forcément quelque chose sur quoi on n'a pas été très regardant et ce quelque chose, c'est habituellement la qualité. Les employés et les cadres intermédiaires s'adapteront alors aux normes de qualité de ces 3 derniers jours et les adopteront pour le mois suivant. C'est autant, sinon plus sur la qualité, que sur les coûts ou le calendrier, que la direction doit insister. En effet, si les problèmes de qualité sont résolus, la plupart des problèmes de coûts et de calendrier le seront aussi. Pourquoi en général le calendrier n'est-il pas respecté ? En raison de mauvaises conditions tout au long de la chaîne dues à un mauvais processus ou à des pièces de mauvaise qualité provenant d'un fournisseur et qu'on a dû rejeter. Et pourquoi les coûts sont-ils dépassés ? À cause de retouches ou de rebuts. Si les problèmes de qualité sont résolus, les problèmes de coûts et de calendrier le seront aussi.

Maintenant, revenons en arrière et jetons un coup d'oeil à votre calendrier. Accordez-vous autant de temps à contrôler la qualité de la production de votre service qu'à surveiller les coûts et les calendriers d'exécution ? Si ce n'est pas le cas, il vous faut réviser vos priorités. Si vous n'avez pas le temps de vous consacrer à la qualité et si vous n'y accordez pas assez d'importance pour vous y intéresser, pourquoi voudriez-vous que vos employés le fassent ? Cela s'applique à tous les cadres, quel que soit leur niveau, et à tous les employés. Dans les usines, les directeurs tiennent des réunions de production pour examiner la qualité, les calendriers et les coûts. Habituellement, on s'occupe d'abord des calendriers, puis des coûts et enfin de la qualité, s'il reste assez de temps. La plupart du temps, s'il y a un problème de calendrier, il sera discuté pendant presque toute la réunion et la qualité sera oubliée. Si la qualité est une préoccupation essentielle, elle devrait se trouver à la première place dans l'ordre du jour. L'ordre du jour d'une réunion est toujours révélateur des priorités de la direction.

Évaluation de la direction par les employés

S'il incombe à la direction de fixer les normes de Qualité, il lui faut comprendre comment les employés l'évaluent et s'efforcer de s'améliorer dans ces secteurs.

Les cadres supérieurs de tous les échelons ont des employés dont ils sont responsables, mais aussi face à qui ils sont responsables. Peu importe à quel échelon de la hiérarchie vous vous trouvez, quelqu'un évalue vos résultats afin de déterminer si vous mettez en pratique la qualité que vous prêchez. Si vous fixez à vos employés un objectif zéro-défaut, vous devrez alors essayer à tout prix de l'atteindre vous aussi dans votre travail. Il se peut qu'il y ait encore des erreurs, mais elles ne doivent plus être considérées comme normales. Vous devrez vous fâcher en voyant le gaspillage que provoquent les erreurs. Vous devrez vous sentir toujours insatisfait de la situation telle qu'elle est et vous attendre à ce qu'elle s'améliore constamment. Vous devrez faire comprendre verbalement et concrètement que faire bien ce n'est pas assez, qu'on peut encore et toujours faire mieux, que l'objectif final est de faire bien chaque fois.

James Preston, discutant des problèmes qu'il a rencontrés avec son équipe de direction disait : « Leur principale préoccupation avait toujours été de satisfaire les exigences d'efficacité et les quotas. Leur cadence de travail très rapide et leur calendrier d'exécution très serré faisaient obstacle aux mesures de prévention. Nombreux étaient ceux qui voyaient dans l'amélioration de la qualité et de la productivité, un de ces nouveaux programmes destiné à disparaître rapidement si on ne l'appliquait pas ! Ils pensaient également que, dehors des secteurs de fabrication, le programme qualité ne pouvait pas s'appliquer avec succès. »

L'effet de cascade

C'est au sommet de l'entreprise, c'est-à-dire chez la haute direction que le changement d'attitude vis-à-vis de la qualité doit d'abord se faire. Puis, comme une cascade qui tombe de rocher en rocher, le changement doit atteindre chacun des échelons de la hiérarchie, dont tous les membres devront se débarrasser de leurs mauvaises habitudes en matière de qualité. Le processus d'amélioration doit devenir l'affaire de chacun des cadres, à tous les niveaux de l'entreprise. F. James McDonald, président de General Motors, en parle en ces termes : « Nous sommes persuadés que l'ensemble de la haute direction doit s'engager pleinement. Même le plus éloquent des chefs d'entreprise ne peut espérer convaincre toute une

entreprise sans l'adhésion entière de chacun des cadres. »
Ce sont les cadres intermédiaires qui permettent d'assurer
le succès ou l'échec d'un projet. Il arrive trop souvent que la
haute direction essaie de mettre en place un nouveau
programme au niveau des employés sans prendre la peine
de convaincre les cadres intermédiaires de l'utilité de celui-
ci. Même si ce programme peut fonctionner pendant
quelque temps, l'engouement qu'il a suscité se refroidit, on
passe à autre chose et le cadre intermédiaire de se dire : « Je
ne vais pas m'acharner. Je vais juste laisser ce programme
mourir de sa belle mort jusqu'à ce que le patron se trouve
une nouvelle marotte. »

Nombreuses sont les entreprises qui font cette erreur
en appliquant un processus d'amélioration de la qualité.
Elles adoptent la dernière idée à la mode – cercles de
qualité, groupes de travail ou autre – et elles commencent
à en appliquer les principes au sein de l'entreprise.
Malheureusement, ils ne se révèlent pas aussi efficaces
qu'ils le devraient. Il y a à cela deux raisons. D'abord, les
contremaîtres et les cadres intermédiaires ne sont pas
convaincus de l'utilité des heures passées par leurs
employés en dehors de leur travail. Ils ne pensent pas que
les avantages qu'ils en retireront personnellement vont
compenser le coût de ces heures qu'ils considèrent comme
perdues. D'autre part, les problèmes majeurs, qui représentent 85 pour cent des coûts totaux de non-qualité,
requièrent l'intervention de la direction. Tant qu'ils ne sont
pas réglés, ils servent de catalyseurs à la frustration, ce qui
diminue l'efficacité globale des équipes de chacun des
services ou ateliers.

Le processus d'amélioration doit donc commencer
avec la direction, et son succès sera directement proportionnel au degré de participation de celle-ci. En effet, la
direction est responsable de nombreux facteurs clés. Elle
doit :

1.   S'occuper de l'allocation des ressources ;

2.   Établir la structure organisationnelle ;

3. Choisir les pilotes du projet ;
4. Mettre au point les grandes orientations ;
5. Fixer les normes de performance ;
6. Organiser l'affectation du personnel et préparer les descriptions d'emploi ;
7. Fixer les procédures opérationnelles ;
8. Établir les priorités ;
9. Mesurer et récompenser les réalisations ;
10. Choisir et former les employés.

Supprimer les obstacles

C'est en exerçant ces responsabilités que la direction pourra supprimer les obstacles qui empêchent les employés de bien faire leur travail à chaque fois. Pour les aider à améliorer leur performance, la direction doit :

1. leur accorder un temps suffisant pour leur permettre de faire au mieux leur travail ;
2. leur fournir des outils appropriés et des outils de formation ;
3. savoir leur expliquer pourquoi il est important de bien faire leur travail à chaque fois, reconnaître leurs mérites et éliminer tous les obstacles ;
4. activer l'amélioration et savoir récompenser ceux qui la mettent en pratique.

L'une des tâches essentielles d'un cadre supérieur est de bien savoir quelles sont ses responsabilités et de bien connaître ses employés pour pouvoir repérer les vrais problèmes.

Pour repérer les obstacles, le cadre supérieur doit savoir faire le travail de l'employé. Quand il y a une grève et que ce sont les cadres qui font marcher la chaîne de production, ils en tirent une meilleure compréhension des problèmes. Dès la fin de la grève, il arrive souvent qu'ils décident d'acheter du matériel neuf, de meilleurs outils ou qu'ils rationalisent les méthodes de travail. La direction doit apprendre à écouter les problèmes des employés, plutôt que de les prendre pour des excuses.

Pour certains cadres supérieurs, les problèmes n'existent pas. En effet, leur seul but est de trouver les conditions favorables pour contribuer au succès de l'entreprise. On doit les former pour qu'ils sachent tirer parti de ces conditions favorables et s'ils ne peuvent pas être formés, on doit les remplacer.

L'ESCALIER DE LA QUALITÉ

Les trois niveaux de savoir-faire en matière d'amélioration peuvent être représentés par les marches d'un escalier, « l'escalier de la qualité » (voir Figure 5.1). La première marche représente les premières étapes : sensibilisation de l'équipe de direction aux besoins d'amélioration, fixation de nouvelles normes, attribution des responsabilités, définition du processus d'amélioration. Les cadres supérieurs qui ont atteint cette première marche sont conscients de la nécessité d'une amélioration de la qualité. Mais, à cette étape, ils ont généralement encore trop tendance à déléguer leurs responsabilités à quelqu'un d'autre, l'assurance Qualité par exemple.

La deuxième marche de l'escalier représente l'engagement de la direction à appuyer le processus. Cela signifie que les cadres supérieurs sont convaincus de la nécessité de l'amélioration et qu'ils veulent y investir certaines de leurs ressources.

Mais ce n'est pas suffisant. Les cadres supérieurs ne peuvent se contenter d'être conscients de la nécessité de l'amélioration et de la soutenir. Il faut aussi qu'ils se débarrassent de leurs anciennes habitudes. C'est alors seulement qu'ils atteindront la troisième marche de l'escalier et qu'ils seront aptes à participer activement au processus d'amélioration.

114

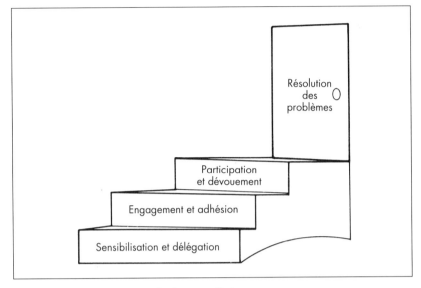

Figure 5.1 L'escalier de la qualité

PREMIÈRE RÉUNION DE DIRECTION

Le chef d'entreprise doit à présent rassembler son équipe de direction pour analyser le processus d'amélioration et voir comment elle peut y participer. Cette réunion a pour objectif de faire franchir aux cadres supérieurs la première marche de l'escalier de la qualité. Voici une liste des points à aborder lors de cette réunion :

1. Bien faire comprendre à tous les cadres que la norme de performance est « le zéro-défaut ».

2. Annoncer que dorénavant l'objectif de l'entreprise est de prévenir les problèmes plutôt que de les régler après coup.

3. Examiner les sept règles de base de l'excellence (Chapitre 4).

4. Analyser les coûts de non-qualité de l'entreprise.

5. Souligner que 85 pour cent des problèmes peuvent être résolus par la direction et bien faire

comprendre que c'est la direction et non pas l'assurance Qualité que le président tiendra responsable de la qualité de la production.

6. Revoir le programme d'amélioration des processus de l'entreprise.

7. Souligner que le processus d'amélioration doit s'appliquer à chacun des secteurs et des services de l'entreprise, et pas seulement à la production.

8. Expliquer qu'il ne s'agit pas seulement d'un programme mais d'un changement fondamental dans la gestion de l'entreprise qui fera partie de sa culture et de son style de gestion.

9. Souligner que, pour que le processus soit une réussite, la direction ne doit pas se contenter de l'appuyer mais aussi y participer activement.

10. Annoncer que chaque cadre supérieur sera formé à l'utilisation des outils d'amélioration et que les contremaîtres devront se familiariser suffisamment avec ces outils pour pouvoir former les autres membres du service ou de l'atelier.

11. Expliquer qu'actuellement le processus s'adresse d'abord à l'équipe de direction mais qu'il s'étendra à tous les employés une fois que tous les cadres supérieurs auront bien compris le processus et qu'ils en auront fait leur principale préoccupation.

12. Présenter le conseil Qualité et le responsable Qualité.

LA GESTION PARTICIPATIVE

Les dirigeants doivent se rendre compte que le succès dépend plus de leurs employés que de leurs propres efforts. La gestion participative est un style de gestion qui se fonde sur les suggestions apportées par les employés ; les employés peuvent contribuer ainsi directement à l'amélioration de tout ce qui concerne leur travail.

La gestion participative n'est pas une imitation de la gestion à la japonaise. Dans un article paru dans le magazine *Think* en novembre 1981, Frank Cary, alors président du conseil d'administration de IBM, écrivait : « La gestion à la japonaise telle quelle ne peut pas s'appliquer ici ; mais nous devons émuler leur réussite en rendant nos employés plus productifs et en les amenant à donner le meilleur d'eux-mêmes. »

La gestion participative a donné naissance à un certain nombre de programmes qui sont très en vogue à l'heure actuelle. Ce sont les cercles de qualité, les groupes de travail, les équipes de contrôle du processus, les équipes d'amélioration, les groupes d'intervention et les équipes de travail semi-autonomes. Leurs principes se sont révélés efficaces dans de nombreuses entreprises ; par contre, dans d'autres, ce fut un échec complet. C'est la façon dont la direction a implanté le processus qui a fait toute la différence.

Un des défis que tout cadre supérieur doit relever, dans le cadre d'une gestion participative, est d'apprendre à diriger efficacement des groupes afin que, même en son absence, le groupe puisse choisir et prendre toute décision relative à ses activités. C'est ainsi qu'on peut augmenter les niveaux de responsabilité et d'adhésion.

James Harbour, consultant réputé de l'industrie automobile, affirmait : « Si les Japonais nous surpassent dans le secteur automobile, ce n'est pas parce qu'ils utilisent une meilleure technologie que la nôtre ; c'est parce qu'ils possèdent un style de gestion supérieur. » La participation est un processus que l'on doit piloter. Il ne se fera pas tout seul et on ne peut pas l'instaurer dans une organisation par la force.

John Young, président de Hewlett-Packard, remarquait que ce qui faisait le succès d'un groupe de travail, c'était la responsabilité et l'adhésion de ses membres. « Pour que des équipes Qualité réussissent, elles doivent faire partie intégrante de la stratégie d'ensemble de l'entreprise. La mise sur pied de ces équipes ne doit pas être considérée comme un exercice de valorisation pour employés auxiliaires. Bien au contraire, ces employés doivent avoir un rôle déterminant dans la poursuite des objectifs stratégiques les plus importants. »

Un petit avertissement avant d'obtenir la participation des employés. Si vous leur demandez ce qui ne va pas, ils n'hésiteront pas à vous le dire. Et les contremaîtres seront alors inondés de problèmes à régler et de suggestions. Ces pressions exercées sur les contremaîtres peuvent se transmettre à toute l'entreprise, dont la structure organisationnelle peut se désintégrer si elle n'y est pas préparée. Il ne faut donc jamais demander à un employé des suggestions ou des avis si vous n'êtes pas prêt à les utiliser ou à expliquer pourquoi vous ne pouvez pas les utiliser.

Pour une gestion participative efficace

Une gestion participative ne sera efficace que si les conditions suivantes sont remplies:

1. Les cadres supérieurs doivent être prêts à partager leurs pouvoirs et responsabilités.

2. Les cadres supérieurs doivent faire confiance à leurs employés.

3. La résolution des problèmes et la formation à la prévention sont d'une extrême importance.

4. Le travail doit être vu comme un effort de collaboration entre la direction et les employés. Les décisions de la majorité doivent primer et les cadres supérieurs doivent avoir le courage de rejeter les solutions qui ne sont pas satisfaisantes pour l'entreprise.

5. La direction doit être prête à accepter un système de gestion qui décentralise les prises de

décision. Nous aimons tous savoir qui a pris telle ou telle décision. Avec la gestion participative, c'est impossible. La direction doit lutter contre sa propension à tenir le directeur du service responsable de toute décision prise par le groupe. Il faut absolument abandonner cette habitude de toujours vouloir savoir qui a fait quoi pour passer à des méthodes plus constructives.

6. La direction doit être convaincue que chaque employé peut avoir de bonnes idées et que c'est à partir de la mise en commun de toutes les idées individuelles qu'on arrivera à la meilleure solution.

7. La direction doit être prête à appliquer les suggestions des employés quand elles sont réalisables.

8. La direction doit fournir un environnement où l'employé pourra faire preuve d'un plus grand dévouement à l'entreprise.

9. La direction doit savoir reconnaître les succès de ses employés.

10. Le mouvement syndical doit devenir un partenaire actif de la gestion participative.

11. Les cadres de direction doivent considérer la gestion participative comme une entreprise à long terme et ne pas s'attendre à des résultats immédiats. Westinghouse a estimé qu'il fallait deux ans avant d'avoir des résultats significatifs et 10 ans avant de pouvoir profiter de tous ses avantages.

Les avantages pour l'entreprise

L'instauration d'une gestion participative efficace présente les avantages suivants pour l'entreprise :

1. Importante amélioration de la qualité et de la productivité à l'intérieur comme à l'extérieur de l'entreprise.

2. Amélioration et augmentation du chiffre d'affaires.

3. Amélioration de la communication à tous les niveaux de l'entreprise.

4. Amélioration de l'état d'esprit des employés due à de meilleures relations entre la direction et eux.

5. Résolution de problèmes qui auraient été considérés comme peu importants auparavant et donc négligés.

6. Participation de tous les employés à mesure que les objectifs du directeur du service et ceux de l'entreprise dans son ensemble coïncident.

Les avantages pour les employés

Si la compagnie peut retirer beaucoup d'avantages de la gestion participative, les employés ont encore davantage à gagner :

1. Tous les employés ont la possibilité de s'améliorer.

2. Ils ont le sentiment qu'ils sont de vrais partenaires dans l'entreprise et qu'ils font avancer les choses.

3. Ils éprouvent davantage de satisfaction au travail étant donné que celui-ci est moins monotone et plus valorisant.

4. Ils reçoivent une nouvelle formation et ont l'occasion de faire la preuve de leurs compétences ; un nouveau système de reconnaissance des mérites et d'avancement leur est proposé.

5. La sécurité d'emploi est plus grande du fait que la rentabilité de l'entreprise est meilleure.

6. L'employé acquiert plus d'envergure sur le plan intellectuel.

Les réticences du personnel cadre

Étant donné les nombreux avantages de la gestion participative, comment se fait-il que nous ayons été si longs à l'adopter ?

Quand les hauts dirigeants d'une entreprise décident d'instaurer la gestion participative, ils s'attendent à ce que les employés et les syndicats y fassent obstacle. En réalité, les employés s'y trouvent comme des poissons dans l'eau mais ce sont les contremaîtres et les cadres intermédiaires qui refusent de se mouiller. La compagnie Lockheed de Sunnyvale, en Californie, a été l'une des premières à instaurer des cercles de qualité aux États-Unis. Mais le programme s'est effondré quand son principal artisan, W. S. Rieker, a quitté l'entreprise en 1976 pour devenir consultant. Et pourquoi n'a-t-on pas continué l'expérience ? Parce que les contremaîtres et les cadres intermédiaires n'étaient pas convaincus que les résultats obtenus valaient les dépenses encourues et qu'ils ne voyaient pas quels avantages ils retireraient personnellement en poursuivant le programme.

Les contremaîtres et les cadres intermédiaires sont réticents parce qu'ils ne savent pas ce qu'est la gestion participative et parce qu'ils appréhendent l'incertitude. Ils ont, tout au cours des années, mis au point un certain style de gestion qui leur est propre et qui leur convient. Ils le considèrent comme naturel et adapté. Ils pensent donc qu'en changer, à ce point de leur carrière, est trop risqué. Ils admettent que la gestion participative est une bonne chose pour les employés et pour l'entreprise mais qu'elle ne présente pour eux aucun avantage. Ils la perçoivent en fait comme une menace, car ils pensent qu'ils y perdraient de leurs pouvoirs. Un sondage mené auprès des contremaîtres par Janice Klein, M. S., chargée de cours à la Harvard Business School, a donné les résultats suivants : « Près des trois quarts d'entre eux (72 pour cent) pensaient que la participation des employés était une bonne chose pour l'entreprise ; un peu plus de la moitié (60 pour cent) estimait qu'elle était bonne pour les employés ; mais moins d'un tiers (31 pour cent) la jugeait intéressante pour eux. »

Dans la plupart des entreprises, l'instauration de la gestion participative était imposée aux cadres par la haute direction puis on essayait de la faire accepter progressivement par les employés. Mais en annonçant aux contremaîtres que l'entreprise avait décidé d'adopter le système de gestion participative, on leur disait aussi que s'ils n'étaient pas prêts à s'adapter, ils pouvaient aller se chercher du travail ailleurs. Après cela, il est évident que c'est sans grand enthousiasme que ceux-ci appliquaient le programme. Un comportement de ce genre n'échappe pas aux employés qui ne tardent pas à se demander si la direction ne cherche pas à les « exploiter ».

Le sondage mené par Madame Klein révèle que la plupart des contremaîtres et des cadres intermédiaires, quels que soient leur âge, leur style de direction ou leur expérience ressentent tous une profonde inquiétude face aux problèmes suivants :

1. La perte de la sécurité d'emploi.
2. La perte d'autorité.
3. L'augmentation de la charge de travail.
4. La perte de responsabilités et du pouvoir d'évaluation.
5. L'érosion de la relation personnelle qui existe entre le cadre et l'employé.
6. La perte de pouvoir.
7. L'engagement véritable de la haute direction.
8. La crainte de l'échec.

On doit prendre au sérieux les craintes et les inquiétudes concernant la perte de pouvoir, de prestige et de contrôle. En effet, les contremaîtres et les cadres intermédiaires ont mis au point et raffiné, pendant des années, des techniques qui leur ont permis de se maintenir et d'avancer dans la structure hiérarchique. Il ne serait pas réaliste de s'attendre à ce qu'ils renoncent à une expérience qui s'est révélée efficace pour se lancer du jour au lendemain dans une nouvelle aventure. Il est donc important de consacrer beaucoup de temps à les aider à acquérir un nouveau savoir-faire.

Avant même l'instauration de la gestion participative, il faut élaborer et mettre en oeuvre un programme de formation pour préparer toute l'équipe de direction au changement de style de gestion. On commencera ainsi à appliquer la gestion participative au sein de la direction avant de l'instaurer chez les employés.

Les syndicats

Les expériences passées ont amené les cadres à penser que les syndicats refusent systématiquement toute gestion participative. Mais cela n'est plus vrai. En effet, aujourd'hui, on a assisté à des changements. Au début, en collaborant avec la direction, les syndicats craignaient de perdre leur position de force à la table de négociation. Les faits ont prouvé le contraire. La direction comme le syndicat peuvent à la fois collaborer et faire preuve d'esprit d'équipe quand il s'agit de régler des problèmes et se montrer de féroces adversaires au moment de négocier les avantages ou les salaires. Mais les vieux préjugés sont longs à disparaître, et les syndicats sont prudents dans leur soutien de la gestion participative.

Comme le souligne Glenn Watts du syndicat des *Communication Workers of America*, même si les syndicats estiment que la coopération avec la direction est risquée, il est indispensable que les deux parties puissent en arriver à s'entendre à la longue. Il affirme en effet que « le seul vrai risque est le refus de participation de la part des syndicats ». Qu'en pensent les syndiqués eux-mêmes ? Et bien, ils y sont favorables. Les chefs syndicaux qui appuient le programme voient leur position politique renforcée. D'après les commentaires des chefs syndicaux de United Auto Workers, les responsables qui utilisent le thème de la qualité dans leur campagne sont presque toujours sûrs d'être réélus.

Les syndicats devraient donc participer très tôt à la planification et jouer un rôle actif en définissant comment le système de gestion participative peut être efficace. Il s'agit d'un élément déterminant, car le succès du programme est en définitive entre les mains des employés.

Comment rendre efficace la gestion participative

Voici une liste d'actions à entreprendre pour réduire au minimum les problèmes pendant l'implantation du processus de gestion participative.

1. *Formation.* Tous les dirigeants doivent disposer des mêmes outils que leurs subordonnés pour résoudre les problèmes et pour prendre les décisions. Ils doivent être familiers avec la dynamique de groupe. Ils doivent, en somme, bien comprendre le processus avant de le mettre en oeuvre.

2. *Définition des tâches.* Tous les hauts dirigeants qui supervisent les cadres supérieurs ou subalternes doivent définir ce qu'ils attendent de leurs subordonnés dans le cadre de la gestion participative et instaurer un système de mesure. Il leur faut ensuite présenter ces informations à leurs subordonnés qui devront les entériner. On redéfinira chacune des descriptions d'emploi des dirigeants dans l'optique de la gestion participative.

3. *Modification des systèmes de récompenses et de sanctions.* La direction ne peut pas récompenser un groupe et sanctionner celui qui le dirige. Dans le cadre de la gestion participative, il se peut qu'il soit plus difficile de détecter les cadres supérieurs qui ne font pas un bon travail. Mais cet inconvénient est compensé par le fait que moins d'erreurs sont commises. D'autre part, le cadre qui est un bon

gestionnaire se fait plus remarquer puisqu'il n'a plus à assumer son rôle de principal spécialiste technique du service. La haute direction doit réexaminer très soigneusement tout le système de récompenses et de sanctions qui doit refléter les nouveaux rôles assignés aux cadres supérieurs. Elle doit ensuite le réorganiser afin de faire respecter les principes de comportement qu'elle veut voir adopter.

4. *Participation immédiate de toute la direction.* Il est important de faire participer tous les niveaux à la conception et à l'implantation du processus de gestion participative. Même s'il peut sembler irréaliste de faire participer tous les contremaîtres à la conception du processus pour toute l'entreprise, il est indispensable d'en avoir au moins un groupe représentatif pour examiner la proposition et la mettre en pratique.

5. *Réseaux de collègues.* La meilleure façon de convaincre les cadres supérieurs de la validité d'un processus est d'en faire présenter les avantages par des collègues qui en ont l'expérience. Il faut organiser des réseaux qui permettront aux cadres supérieurs de se rencontrer pour examiner et échanger des idées sur la gestion participative et le processus d'amélioration. C'est ainsi qu'ils seront convaincus des avantages qu'ils représentent.

6. *Visites d'autres usines.* Les cours sont valables pour présenter la théorie mais voir sa mise en application dans des conditions réelles de fabrication est encore mieux. C'est pourquoi, pour convaincre les sceptiques, la visite d'une autre entreprise ou d'une usine au sein de votre société où la gestion participative est mise en pratique, fera plus en un jour pour convaincre les sceptiques que des cours d'une semaine.

7. *Valeur de l'exemple.* Pour arriver à convaincre leurs subordonnés de croire réellement dans le processus de gestion participative, les hauts dirigeants doivent devenir personnellement de vrais dirigeants participatifs.

8. *Délégation des pouvoirs.* Étant donné que la prise de décision doit passer aux employés, les cadres intermédiaires doivent transmettre un peu de leur pouvoir de décision aux contremaîtres pour renforcer le prestige de ceux-ci. Il faut que cette délégation de pouvoirs se fasse à tous les niveaux de la hiérarchie.

Pour appliquer avec succès un processus de gestion participative, il est indispensable de convaincre les contremaîtres et les cadres intermédiaires qu'ils en retireront beaucoup d'avantages, car ce sont eux qui en garantiront le succès, les employés faisant le travail. L'employé est en effet le pivot du processus et la direction fait fonction d'axe d'entraînement. Sans l'engagement personnel de chacun des membres de la direction et sans une réponse immédiate aux suggestions des employés, le processus se verra vite entravé. La direction ne peut se contenter d'appuyer passivement le processus, ce n'est pas suffisant et cela risque à long terme de le faire échouer.

Les précautions à prendre. Il ne faut pas confondre participation et laxisme. La direction doit affirmer son autorité même dans un système de gestion participative. Les travailleurs doivent savoir que la direction n'acceptera pas d'autre solution que celles qui améliorent la qualité, la productivité et les coûts.

FORMATION DU PERSONNEL CADRE

Aujourd'hui, le succès d'une entreprise dépend essentiellement de la formation à la qualité de tous ses cadres et de tous ses employés. Tout comme un directeur financier a besoin de formation dans cette spécialité pour remplir les objectifs financiers de son secteur, il doit également être formé à la qualité pour remplir les objectifs qualité. Le directeur des opérations au service du personnel chez Avon, parlant de la formation et du programme qualité dans cette entreprise, déclarait : « Cette formation nous a permis de recentrer notre attention sur les exigences à satisfaire et sur la nature de ce que nous voulons faire pour la réalisation d'un travail. Cela nous a permis de clairement définir pour nos employés quelles sont nos attentes vis-à-vis d'eux, étant donné qu'exigences et attentes ne sont en fait qu'une seule et même chose. »

La formation à la qualité devrait permettre de :

- faire mieux comprendre les principes essentiels de la qualité ;
- sensibiliser et offrir une meilleure perspective des problèmes de qualité tels qu'ils se posent dans la stratégie de croissance des entreprises sur le plan national et international ;
- fournir aux dirigeants des outils qui leur permettent de créer leurs propres systèmes qualité pour atteindre leurs objectifs d'affaires ;
- persuader les dirigeants de faire de la qualité un des objectifs essentiels de l'entreprise dans le processus de prise de décision.

Le processus de formation doit donner une image réaliste de votre situation actuelle et de ce qui reste à faire pour vous améliorer en matière de qualité. Il devrait comprendre des études de cas pris dans l'entreprise et portant spécifiquement sur le travail de ceux à qui l'on s'adresse. Il ne serait pas très recommandé d'étudier un cas qui concerne la fabrication quand on s'adresse à un groupe du service des finances ou des ventes. Le programme de formation à la qualité doit obligatoirement comporter deux volets. Il doit d'une part, définir ce que doit être la qualité dans l'entreprise ; et d'autre part, enseigner la méthodologie spécifique et faire connaître les différents outils qui vont permettre d'appliquer et de mettre en oeuvre la qualité dans l'entreprise.

Le cycle de formation devrait aborder les points suivants :

1. *La sensibilisation.* On doit faire comprendre aux participants la nécessité d'améliorer la qualité de leurs activités.

2. *La vraie mesure de la qualité.* Tant que la qualité reste dans le domaine des idées nébuleuses et vagues, il est impossible de la mesurer. En effet, si, pour définir la qualité, vous utilisez des superlatifs, tout le monde sera bien d'accord avec vous, car il est impossible d'être contre la qualité, mais personne ne sera vraiment porté à agir. Vous n'obtiendrez aucune amélioration réelle tant que la qualité ne sera pas quantifiée et exprimée en des termes qui seront compréhensibles pour les participants et qui leur permettront de mesurer leurs progrès.

3. *Un changement d'attitude.* Les deux points précédents visaient à préparer les participants à changer d'attitude. C'est maintenant le moment de leur fournir des données qui leur permettront de prendre des décisions personnelles. Pour ce faire, il faut leur présenter des études de cas où l'instauration de la qualité a été un succès. Cela va les inciter à changer d'attitude, soit parce qu'ils sont prêts à se lancer dans l'aventure soit parce que, s'ils refusent et que d'autres l'acceptent, ils risquent de se retrouver isolés.

4. *La qualitique.* On doit faire connaître aux participants tous les outils et la méthodologie dont ils ont besoin pour mettre en place un processus d'amélioration.

5. *L'implantation du processus.* Après cette formation, les employés retournent au travail et retrouvent leur environnement coutumier. Il leur faut alors mettre en pratique ce qu'ils ont appris dans leurs activités quotidiennes. Ils sont à présent bien préparés et confiants, car ils savent que s'ils ont des problèmes, ils pourront en discuter avec le conseil ou la direction Qualité et en obtenir des avis et de l'appui.

Le processus de formation à la qualité doit toujours s'adapter aux besoins et aux intérêts particuliers des différentes catégories de cadres auxquelles il s'adresse. Il doit comporter trois volets :

1. La formation Qualité des cadres supérieurs ;
2. La formation Qualité des cadres intermédiaires ;
3. La formation Qualité des chefs d'atelier et des contremaîtres.

La formation Qualité des cadres supérieurs et des hauts dirigeants

Plus vous vous trouvez à un échelon élevé de la hiérarchie au sein de l'entreprise, mieux vous devez comprendre les relations qui existent entre les différentes fonctions et leur interdépendance. C'est pourquoi, le programme de formation à la qualité des dirigeants a un thème commun que l'on pourrait appeler « Objectif amélioration pour les dirigeants ». Ce programme doit être multidisciplinaire, afin que l'on puisse y présenter et y discuter des sujets portant sur l'ensemble de l'entreprise. Le cours devrait présenter les grands principes de la qualité, les outils et les techniques de gestion qui permettront aux dirigeants de devenir plus conscients de la qualité et, par conséquent, plus compétents pour réaliser les objectifs d'amélioration de l'entreprise. Ce cours doit également permettre une meilleure compréhension des activités d'amélioration interfonctionnelles. Le tableau 5.1 donne la description d'un cours type.

Les cours de formation peuvent prendre différentes formes selon les entreprises. Certaines entreprises préfèrent offrir des cours d'un ou deux jours chaque semaine ; d'autres préfèrent avoir des cours d'une semaine à temps plein pour pouvoir traiter tous les problèmes en même temps. Il est souvent conseillé d'avoir un premier séminaire de deux jours qui se tient à l'extérieur de l'entreprise, dans un endroit suffisamment éloigné pour que les participants, tout en ayant la possibilité de s'y rendre en voiture, ne

TABLEAU 5.1 Objectif : amélioration pour les dirigeants

1. Sensibilisation à la qualité
   a. Principes de la qualité
   b. Le principe de la qualité à travers le monde
   c. L'influence de la qualité sur la productivité
   d. La qualité au bureau et la qualité dans l'usine
   e. Passage d'un style de gestion correctif à un style de gestion préventif

2. Évaluation de la situation de l'entreprise au point de vue de la qualité
   a. Objectifs à long terme de l'entreprise en matière de qualité
   b. Satisfaction des besoins de la clientèle
   c. Examen de la concurrence
   d. La direction Qualité de l'entreprise
   e. Le rôle de l'assurance Qualité dans l'entreprise

3. Les coûts de non-qualité et leur cycle de vie

4. Rôle de la direction dans l'amélioration
   a. Changer les modes de comportement et l'état d'esprit au sein de l'entreprise
   b. Définir les attentes du client
   c. Mesurer les réalisations en matière de qualité
   d. Fixer les objectifs qualité
   e. Établir la norme zéro-défaut
   f. Description et analyse des activités au sein d'un service (D.A.A.)

5. Présentation succincte des différents processus d'amélioration
   a. Fabrication
   b. Marketing
   c. Services
   d. Finances
   e. Administration
   f. Bureau d'étude

6. Outils de la qualité
   a. Contrôles des systèmes (méthodes statistiques de base)

TABLEAU 5.1 (suite)

Cartes de contrôle X et R
Cartes des moyennes
Cartes P – pourcentage des défectueux
Cartes NP – Nombre de défectueux
Cartes C

b. Collecte et analyse des données
Histogrammes
Diagrammes de fonctionnement
Diagrammes de Pareto
Diagrammes des causes-effet
Diagrammes de dispersion
Graphiques circulaires (en secteurs)
Stratification
Distribution de fréquence
Échantillonnage
Analyse de la capacité des processus

c. Plan d'expérience

7. Gestion participative

a. Types de groupes participatifs
b. Équipes
c. Qualité dans les services
d. Cercles de Qualité
e. Équipes d'amélioration du système
f. Groupes d'intervention

8. Contrôle du système (processus de bonne marche de l'entreprise)

9. Passage de la gestion de stocks «juste au cas» au «juste-à-temps» (zéro-stock)

10. Apprendre à diriger le processus d'amélioration

11. Les succès Qualité

puissent pas retourner au travail le soir, après les cours. Les participants doivent s'imprégner de qualité pendant toute la durée du séminaire, sans interruption et sans distractions extérieures. En effet, les discussions et les échanges sur la stratégie d'amélioration de l'entreprise qui peuvent se dérouler le soir après les cours sont un élément important du cycle de formation. Leurs résultats peuvent être encore plus déterminants que ceux des cours proprement dits. Le séminaire de formation peut commencer par un dîner réunissant tous les participants la veille du séminaire. Ce dîner peut être suivi d'une session d'analyse des forces de l'entreprise et des faiblesses qui l'empêchent d'obtenir les résultats auxquels elle pourrait s'attendre.

Ce premier séminaire de formation peut être suivi d'un certain nombre de cours d'une durée de deux heures fournissant les détails du processus. Il est difficile de déterminer précisément le nombre d'heures nécessaires à la formation Qualité des cadres supérieurs et des hauts dirigeants. Cela dépend des entreprises et de leur degré de sophistication. Le tableau 5.2 indique le temps à consacrer à chacun des sujets dans un cours de formation à la qualité des cadres supérieurs et des dirigeants donné par le Japanese Union of Scientists and Engineers (JUSE). Ce cours doit être suivi de sessions de recyclage assez fréquentes.

La formation à la qualité des cadres intermédiaires

La formation des cadres intermédiaires ne doit pas se faire avec celle des cadres supérieurs. En effet, les cadres intermédiaires ont un rôle tout particulier à jouer puisque ce sont eux qui vont former les contremaîtres et les chefs d'atelier. Ce qui signifie qu'ils doivent avoir une excellente connaissance des outils de la qualité, de la gestion participative et du processus d'amélioration. Un programme spécial doit leur être consacré dans chacune des fonctions. Normalement le cours d'introduction à la qualité n'est pas multidisciplinaire. Il ressemble à celui des cadres supérieurs mais il insiste davantage sur les méthodes de résolution des problèmes, les techniques de contrôle du processus, la gestion participative. Il traite également des normes de performance pour atteindre l'objectif zéro-défaut et des changements à accomplir pour passer de la correction des erreurs à leur prévention. Ce cours doit inclure un certain nombre d'études de cas et de mises en situation. Il doit aussi fournir un plan de formation, accompagné de documentation et destiné aux contre-maîtres, dont la responsabilité d'application reviendra aux cadres intermédiaires. Chez certains cadres, le degré d'intérêt et de participation sera plus grand si on les prévient au début du cours qu'ils auront à créer et à mettre en pratique un programme de formation à la qualité pour leurs contremaîtres.

Au début du cours d'introduction à la qualité, chacun des participants doit remplir un formulaire semblable à celui qui est représenté dans le tableau 5.3. À la fin du cours, chacune des questions fera l'objet d'une analyse et d'une discussion. Cela permet aux participants de se rendre compte de l'évolution de leurs idées tout au long du cours. Le tableau 5.4 donne les réponses à chacune des questions et les raisons qui les motivent.

TABLEAU 5.2 Cours de formation à la qualité des hauts dirigeants japonais

Sujet du cours	Heures
Rôle de la haute direction	1,5
Méthodes statistiques	3,5
Gestion du contrôle de la qualité	3,5
Contrôle de la qualité dans la fabrication	3,5
Contrôle de la qualité dans le service des achats et des ventes	3,5
Assurance Qualité	3,5
Création de nouveaux produits	2,0
Le contrôle de la qualité au Japon et dans le monde	3,5
Discussion en groupe	3,0
Compte rendu des discussions en groupe	3,0
Total	30,5

TABLEAU 5.3 Questionnaire sur la qualité

Veuillez remplir ce questionnaire au mieux de vos connaissances. Ce questionnaire ne sera pas relevé. Il doit vous permettre de voir si votre opinion correspond aux objectifs qualité.

	VRAI	**FAUX**
1. L'assurance Qualité est responsable de la qualité du produit et des services fournis par l'entreprise.	☐	☐
2. Tout le monde fait des erreurs, les normes devraient en tenir compte.	☐	☐
3. Il vaut mieux sortir un produit avec quelques erreurs mais dans les délais accordés qu'un produit parfait mais en retard.	☐	☐
4. Ce sont les employés qui sont responsables de la plupart des erreurs ou des défauts.	☐	☐
5. La direction doit motiver les travailleurs à bien faire leur travail.	☐	☐
6. C'est le manque de connaissances et le manque d'attention qui causent la plupart des erreurs.	☐	☐
7. La qualité est la conformité aux normes.	☐	☐
8. Dans notre usine, la qualité passe avant le coût.	☐	☐
9. La qualité passe avant l'échéancier.	☐	☐
10. Dans notre usine, nous avons un mauvais système d'estimation des coûts de non-qualité.	☐	☐
11. La réduction des taux d'erreurs est le meilleur moyen pour mesurer l'amélioration globale.	☐	☐
12. La qualité de la production de mon secteur peut se mesurer.	☐	☐
13. Le meilleur système de gestion est un système de prévention des erreurs.	☐	☐

TABLEAU 5.3 (suite)

14. Le processus d'amélioration est destiné à motiver les employés et la direction à faire moins d'erreurs. □ □

15. Le personnel de maîtrise tirera des avantages de la gestion participative. □ □

16. Quel est le pourcentage d'heures perdues dans votre secteur à cause de la non-qualité et des contrôles effectués pour vérifier si le produit est bon ? _____ %

Formation à la qualité du personnel de maîtrise (contremaîtres)

C'est souvent le personnel de maîtrise qui détermine l'attitude, l'état d'esprit et les comportements des employés ainsi que les normes de qualité. C'est le contremaître ou l'agent de maîtrise qui est le dernier intermédiaire entre la direction et les employés et c'est donc lui qui représente l'état d'esprit de l'entreprise aux yeux de l'employé. Il est essentiel qu'il connaisse parfaitement les principes de l'entreprise en matière de qualité, les normes de performance et qu'il sache appliquer avec efficacité le processus d'amélioration. La haute direction prépare la scène, pose le décor mais c'est le contremaître qui dirige les acteurs.

Le processus de formation de base est mis au point par les cadres intermédiaires mais il comporte de nombreux éléments qu'ils ont déjà vus pendant leur cours ou qui font également partie de celui des cadres supérieurs. Il arrive souvent que le cours destiné au personnel de maîtrise puisse se comparer au cours destiné aux cadres intermédiaires. Mais les cadres intermédiaires doivent absolument créer un programme de formation qui s'adapte aux besoins des contremaîtres travaillant sous leurs ordres, car ce sont eux qui vont se charger en dernier lieu de transmettre les connaissances sur le processus d'amélioration aux employés. Le processus de formation doit comprendre de courtes sessions pendant lesquelles on passera en revue différentes questions comme la gestion participative, les méthodes de résolution des problèmes, les outils statistiques et l'analyse des activités du service. Le programme doit souligner que c'est l'employé qui est le plus apte à déterminer les problèmes et à les corriger.

La formation à tous les niveaux

Lors de chacune des sessions d'introduction à la qualité, un dirigeant du plus haut niveau sera là pour accueillir les participants. La session doit commencer par un mot du président retransmis sur vidéo-cassette.

Pendant les cours, les participants recevront de la documentation écrite qu'ils pourront consulter plus tard. De plus, à la fin de leurs cours, les participants auront droit à un diplôme officiel, à une plaque, ou à toute autre forme de reconnaissance qu'ils pourront exposer dans leur bureau. Cela permet de reconnaître les mérites personnels et aussi de témoigner de l'engagement de la direction dans le processus d'amélioration.

Le programme de formation doit être équilibré. De nombreuses entreprises ont mis tous leurs oeufs dans le même panier en instaurant la qualité à travers une seule mesure : les cercles, la gestion participative ou les outils statistiques. Mais en agissant ainsi, on limite les possibilités d'amélioration et on impose des restrictions à l'équipe de direction. Même le Dr W. Edwards Deming, qui est connu à travers le monde comme l'un des défenseurs du contrôle statistique de la qualité, reconnaissait : « Quiconque pense que, pour instaurer la qualité, augmenter la productivité et améliorer sa compétitivité sur le marché, il faut que les salariés se mettent immédiatement à utiliser des cartes de contrôle ou autres techniques statistiques vouera sa carrière à l'échec et son entreprise à la faillite. » Clark Mozer, directeur de la production chez Hewlett

TABLEAU 5.4 Réponses au questionnaire sur la qualité

1. L'assurance Qualité est responsable de la qualité du produit et des services fournis par l'entreprise.

   Faux. Même si c'est le chef de fabrication qui en dernier recours est responsable du produit et des services fournis, la qualité incombe à chacun des membres de l'entreprise. La tâche de l'assurance Qualité est de mesurer le degré de conformité du produit et d'en faire part à la direction ou aux responsables de la correction des problèmes.

2. Tout le monde fait des erreurs, les normes devraient en tenir compte.

   Faux. Les normes de performance de l'entreprise doivent être le zéro-défaut. Si l'on tolère une norme de 1, 2 ou 3 pour cent d'erreurs, on aura 1, 2 ou 3 pour cent d'erreurs. Est-ce que cela signifie que toutes les tâches peuvent être accomplies sans aucune erreur ? Non. Dans de nombreux cas, l'employé est incapable de faire du travail sans erreur avec le processus qui est à sa disposition. C'est alors à la direction de s'en rendre compte et d'y apporter des correctifs.

3. Il vaut mieux sortir un produit avec quelques erreurs mais dans les temps requis qu'un produit parfait mais avec du retard.

   Faux. Il vaut toujours mieux faire à chaque fois du bon travail qu'avoir à le refaire plus tard au cours du processus ou même le vendredi.

4. Ce sont les employés qui sont responsables de la plupart des erreurs ou des défauts.

   Faux. Dans la plupart des entreprises, seulement 15 pour cent des erreurs peuvent être attribuées aux employés. Les 85 pour cent qui restent sont le fait de la direction.

5. La direction doit motiver les travailleurs à bien faire leur travail.

TABLEAU 5.4 (suite)

Faux. La plupart des travailleurs sont motivés et pleins d'enthousiasme quand ils commencent à travailler. Le rôle de la direction est d'entretenir leur enthousiasme.

6. C'est le manque de connaissances et le manque d'attention qui causent la plupart des erreurs.

   Vrai. Ce sont les deux principales causes des problèmes.

7. La qualité est la conformité aux normes.

   Faux. La qualité est la satisfaction des attentes du client à un prix abordable et au moment où il en a besoin. Les normes peuvent prendre la forme de spécifications, de modes opératoires ou autres consignes qui doivent refléter les attentes actuelles des clients mais elles ne le font pas toujours. De graves problèmes se posent parce que les employés croient que les spécifications reflètent les désirs du consommateur et qu'ils ne les remettent pas en question. De nombreuses entreprises ont fait faillite parce que, tout en fabriquant des produits ou en offrant des services qui respectaient toutes les spécifications et toutes les conditions requises, elles ne répondaient pas aux attentes des clients. Se conformer aux normes n'est pas suffisant.

8. Dans notre usine, la qualité passe avant le coût.

   Vrai. À long terme, si la qualité a la priorité, vous aurez un produit au meilleur prix. Le meilleur moyen d'améliorer la productivité et de réduire les coûts est d'éliminer le gaspillage. Non seulement vous produirez davantage à moindre coût mais vos clients seront prêts à payer plus cher pour vos produits, car ils sauront qu'ils peuvent s'y fier.

9. Dans notre usine, la qualité passe avant l'échéancier.

   Vrai. Si l'on a à refaire le travail, cela demande toujours plus de temps, d'effort et d'argent que si l'on fait bien du premier coup.

TABLEAU 5.4 (suite)

10. Dans notre usine, nous avons un mauvais système d'estimation des coûts de non-qualité.

    Vrai. Si votre entreprise n'utilise pas de système d'estimation des coûts de non-qualité, il faut qu'elle le fasse. Malheureusement, peu de gens connaissent ce système et savent l'utiliser efficacement. La formation devrait y remédier.

11. La réduction des taux d'erreurs est le meilleur moyen pour mesurer l'amélioration globale.

    Faux. Les taux d'erreurs sont un bon indicateur mais la vraie mesure de l'amélioration est la diminution des coûts de non-qualité.

12. La qualité de la production de mon secteur peut se mesurer.

    Vrai. La production de chacun des services et de chacun des employés peut se mesurer. Dans les secteurs de la fabrication, on a l'habitude de mesurer, mais il faudrait aussi le faire dans les bureaux et dans les secteurs administratifs. Pour mesurer une activité, il faut mesurer d'abord quelle est la valeur ajoutée du travail puis voir si cette valeur est bien ajoutée.

13. Le meilleur système de gestion est un système de prévention des erreurs.

    Vrai. Le rendement de la prévention peut être de 500 pour un. Dans toutes les entreprises, pour commencer à les prévenir.

14. Le processus d'amélioration est destiné à motiver les employés et la direction à faire moins d'erreurs.

    Faux. L'amélioration de la qualité n'est pas destinée à motiver les employés ou la direction ; il s'agit d'un état d'esprit. Les programmes sont généralement mis en place pendant 1, 2, 3 ans puis disparaissent. Mais l'amélioration du processus doit faire partie intégrante du système de gestion et avoir des effets permanents sur toutes les décisions de l'entreprise.

TABLEAU 5.4 (suite)

---

15. Le personnel de maîtrise tirera des avantages de la gestion participative.

    Vrai. En permettant aux employés de prendre davantage de décisions et d'assumer davantage de responsabilités dans leur travail, la gestion participative libérera le contremaître qui pourra alors accomplir des tâches plus importantes et accepter des responsabilités qui influeront sur les grands objectifs de l'entreprise.

16. Quel est le pourcentage d'heures perdues dans votre secteur à cause de la non-qualité et des contrôles effectués pour vérifier si le produit est bon?

    2 à 40 pour cent. Il n'y a pas de réponse type. Les coûts de non-qualité varient selon la gamme et la sophistication des produits et le style de gestion. Habituellement, dans les bureaux et les services d'entretien qui n'ont pas encore mis en place de processsus d'amélioration, les coûts de non-qualité représentent de 20 à 30 pour cent de l'effort fourni. Dans les secteurs de fabrication, il n'est pas rare d'avoir des coûts de non-qualité de 30 à 40 pour cent de valeur ajoutée. Quel que soit le coût de la non-qualité de votre entreprise, le processus d'amélioration permettra de le réduire.

Packard, disait lui aussi : « Les méthodes statistiques ne viennent qu'après une adhésion de tous à la qualité, une attribution claire des responsabilités, la collecte des données et la réaction des clients. » Les méthodes statistiques sont un outil important de la qualité mais ce n'en est qu'un parmi d'autres. Pour réussir, il faut utiliser et combiner tous les outils disponibles afin de les adapter à chacun de nos besoins. Ce n'est pas en accomplissant des changements majeurs qu'on obtient la qualité ; c'est en apportant constamment des solutions à de petits problèmes et en changeant le système de gestion de l'entreprise afin d'empêcher que ces problèmes ne se reproduisent.

La formation à la qualité doit être un processus constant, car chaque cadre doit être à la fine pointe du progrès. Des programmes de formation doivent également être mis au point pour les directeurs nouvellement engagés ou pour ceux qui accèdent à un niveau de responsabilités plus élevé.

LES ÉQUIPES QUALITÉ AU NIVEAU DE LA DIRECTION

De 70 à 85 pour cent des erreurs ne peuvent être corrigées que par la direction. Comment voulez-vous qu'un opérateur fabrique de bonnes pièces quand l'équipement est mal entretenu ? Comment voulez-vous qu'une femme de chambre nettoie correctement une chambre d'hôtel quand elle n'y a pas été entraînée et qu'elle ne sait pas ce qu'on attend d'elle ?

Avec le processus de formation, les membres de l'équipe de direction ont commencé à changer d'attitude et à gravir « l'escalier de la qualité ». Ils sont à présent sensibilisés aux problèmes de qualité et au gaspillage qui les entoure, et ils vont aider, du moins on l'espère, à corriger les problèmes. Il faut maintenant qu'ils se mobilisent en devenant des participants actifs du processus d'amélioration. Chacun des cadres supérieurs doit faire partie d'une équipe Qualité et devenir l'animateur d'une autre équipe Qualité. Les agents de maîtrise ne pourront devenir chefs d'équipe que quand tous leurs employés participeront au processus d'amélioration.

Au sommet du réseau Qualité se trouve l'équipe directoriale ; chaque vice-président forme à son tour une équipe Qualité (dite équipe Qualité directoriale) composée des directeurs des différentes fonctions qui relèvent de lui. Puis, les directeurs de fonctions forment d'autres équipes dont font partie les cadres intermédiaires qui relèvent d'eux et ainsi de suite.

Les équipes Qualité doivent se réunir régulièrement, au début, toutes les semaines ; puis, après un certain temps, les réunions peuvent n'avoir lieu qu'une fois par mois.

Dans chacun des secteurs, les équipes Qualité ont pour objectif de :

1. Définir la mission de chacun des services, mission dont les modalités doivent être négociées par la direction et le service concerné.

2. Créer un système de mesures de la qualité des produits.

3. Déterminer les besoins en formation à la qualité.

4. Résoudre les problèmes qui ne peuvent être résolus par des subalternes.

5. Élaborer des stratégies et des tactiques Qualité à court terme et à long terme.

6. Trouver des moyens pour passer de la correction des erreurs à leur prévention.

7. Repérer les employés qui se distinguent dans l'amélioration de leur travail ou la prévention des erreurs pour qu'ils soient récompensés.

8. Assurer la communication entre les différents cadres et à tous les niveaux de l'entreprise.

9. Partager les expériences relatives au processus d'amélioration.

10. Évaluer les systèmes qui sont interdépendants pour améliorer leur efficacité.

Parmi tous ces objectifs, le plus difficile à atteindre est sans aucun doute d'évaluer les secteurs qui ne sont pas des secteurs de production proprement dits. De nombreux dirigeants diront par exemple qu'il est impossible d'évaluer la qualité du rendement d'un directeur. Mais si c'était vraiment le cas, comment savoir qui promouvoir et qui renvoyer ? Il est possible de mesurer la qualité pour chaque tâche, pour chaque employé, pour chaque service. Cela peut exiger la création d'un nouveau système de mesures pour collecter toutes les données mais toutes les activités de l'entreprise peuvent et doivent être mesurées.

James Preston déclarait : « Même nos groupes de création reconnaissent maintenant que le processus d'amélioration de la qualité a eu un effet positif sur leur créativité et sur leur rendement. En passant davantage de temps au départ et en se posant les bonnes questions pour en arriver à établir un consensus sur les exigences de la conception, ils n'ont plus besoin de retourner à leur planche à dessin à cause de malentendus. »

Quand on pense que 85 pour cent des erreurs au sein de l'entreprise peuvent être corrigées au niveau de la direction, il est évident que les équipes Qualité ont un emploi du temps très chargé.

DEUX TYPES DE PROBLÈMES

La direction a deux sortes de problèmes à régler : les problèmes actuels et les problèmes à venir. Il arrive souvent que les dirigeants soient trop occupés par les problèmes quotidiens pour avoir le temps de s'occuper de prévention, qui est la seule façon d'empêcher que les problèmes ne fassent ultérieurement une détestable réapparition. Au lieu de diriger l'entreprise, ils se laissent diriger par elle. Les dirigeants dans leur ensemble passent beaucoup trop de temps à parer au plus pressé et pas assez à la prévention. La seule façon d'atteindre l'objectif zéro-défaut est de prévenir les problèmes plutôt que d'avoir à les corriger quand tout va mal.

GARDER LE CONTACT AVEC LA CLIENTÈLE

Chez General Motors, la direction a permis aux employés qui travaillaient sur la chaîne de montage de la « Fiero », de téléphoner aux clients qui en avaient acheté une, pour leur demander s'ils en étaient satisfaits et s'ils avaient des problèmes. Des employés se sont portés volontaires pour faire les appels pendant leur temps libre et l'entreprise payait les frais téléphoniques. Ces employés rapportaient ensuite ce qu'ils avaient appris à la direction et à leurs collègues. Ce contact avec les clients a eu un effet positif autant sur les travailleurs que sur les clients. Il a aussi permis de connaître rapidement la perception des clients et de voir quels étaient les problèmes principaux.

La haute direction doit elle aussi garder contact avec la clientèle et connaître ses attentes. Il faut qu'elle comprenne que les désirs des clients sont en perpétuelle évolution et que le produit ou le service qui était peut-être remarquable hier, ne fait que répondre tout juste aux exigences d'aujourd'hui et que demain il sera inadéquat.

Pour mieux connaître l'évolution des désirs de la clientèle, il faut mener auprès d'elle une enquête bien conçue, une fois par an ou, mieux encore, tous les six mois. Dans la même perspective, chaque vice-président peut également se voir attribuer un client important dont il sera responsable. Il devra comprendre les désirs de ce client et apporter les correctifs nécessaires si celui-ci se plaint. C'est un bon moyen pour rapprocher les hauts dirigeants et la clientèle, qui est le but ultime du processus de la qualité ; d'autre part, le client a l'impression qu'il est important pour l'entreprise.

DESCRIPTIONS DE POSTE ET FORMATION DES EMPLOYÉS

Il arrive trop souvent que l'on place des gens dans un nouvel environnement de travail quand on en a le plus besoin. On les met tout de suite à la tâche sans qu'ils aient reçu de formation sous prétexte que l'important c'est de produire, peu importe comment. Or, rien n'est moins vrai. En fait, cela revient à engager des employés très motivés et à briser leur enthousiasme dès le premier jour, en les plaçant dans un environnement qui ne leur est pas familier et sans l'information qui leur permettrait de réussir dans leur travail. Trop d'entreprises dépensent des millions de dollars pour essayer de motiver leurs employés alors qu'elles n'ont aucun besoin de le faire. Personne n'aurait l'idée d'engager un travailleur qui n'est pas motivé alors qu'il s'en trouve tant, actuellement, sur le marché du travail qui accepteraient l'emploi avec enthousiasme. Quand le travailleur se rend au travail le premier jour, il n'a pas besoin d'un programme de motivation. Ce qu'il faut changer c'est le système de gestion pour que les dirigeants n'en arrivent pas à démotiver le personnel. Le plus sûr moyen de démotiver l'employé est de le placer dans une situation où il ne se sentira pas à l'aise parce qu'il ne sait pas ce qu'il faut faire pour accomplir la tâche qu'on lui a confiée, ni ce que l'on attend de lui. Cela est vrai pour l'employé qui vient d'être engagé, mais cela est tout aussi vrai pour l'employé qui a 25 ans d'ancienneté et à qui l'on confie une nouvelle tâche. C'est exactement la même chose. Il arrive trop souvent que les employés reçoivent des affectations pour lesquelles ils manquent de préparation, de formation, de motivation et de confiance. Il faut que les dirigeants préparent les employés à leur travail en leur expliquant ce qu'ils doivent faire et ce qu'on attend d'eux. En ne le faisant pas, ils leur enlèvent le droit de faire leur travail au mieux de leurs possibilités. J'attends encore qu'une entreprise soit poursuivie pour atteinte aux droits de la personne, car elle a mal formé ses employés.

À Walt Disney World, tous les employés (du balayeur au plongeur en passant par le préposé aux tickets) commencent dans leur emploi en suivant un cours de formation de trois jours à la Disney University. La direction entraîne les 14 000 « comédiens de la troupe » (on ne leur donne pas le nom d'employés) à fournir à leurs « invités » (et non pas clients) un service amical. Les employés de Disney doivent « avoir l'air sain, être toujours souriants, et se montrer en toutes circonstances chaleureux et positifs à l'égard du client ».

L'une des parties essentielles du processus d'amélioration consiste à créer une description de tâche pour chacun des postes. Cette description s'accompagnera d'un plan de formation qui permettra aux employés ou aux cadres de se familiariser avec leur nouvelle affectation. Le processus de formation devrait aussi comprendre une méthode d'évaluation de l'aptitude de l'employé aux exigences du poste. Cela présente deux avantages : l'employé n'a pas à subir de formation inadéquate, ni de frustration et l'entreprise s'évite ainsi beaucoup d'erreurs.

La direction doit revoir toutes les descriptions de poste et s'assurer qu'elles soient complètes et précises. Chaque description doit indiquer le système de mesure à appliquer pour évaluer l'employé. Dans de nombreuses grandes entreprises, la description de poste sert à calculer la paie. Dans la plupart des cas, ces descriptions ne définissent pas avec assez de précision la tâche à accomplir. Il incombe donc au directeur d'élaborer avec son employé une description de tâche précise qui servira de base au contrat de travail qui les lie.

L'employé doit bien connaître et bien comprendre ce qu'il a à faire. Les besoins de formation ne devraient pas être laissés à la discrétion du directeur, pour qu'il ne lui soit pas possible de les modifier sous la pression des contraintes quotidiennes. Les besoins de formation minimum pour chacun des postes doivent être accompagnés de pièces justificatives et chaque directeur doit tenir à jour des dossiers prouvant que la formation requise a bien été donnée. La direction et la fonction vérification pourront ainsi les consulter. De plus, la haute direction doit veiller à ce que le personnel de maîtrise n'ait pas à faire des choix entre la formation et le rendement, ce qui rendrait leur situation difficile.

L'AUTOCONTRÔLE

Pour savoir si le travail est bien fait, nul n'est mieux placé que l'employé qui est en train de l'exécuter. Pour évaluer la production d'un secteur, nul n'est mieux placé que le directeur du service concerné : il en sait davantage que l'assurance Qualité. On pense habituellement que les directeurs de services, étant très proches de leurs employés, savent toujours tout ce qui passe dans ce service sans avoir à se renseigner et qu'ils sont en mesure de fournir une évaluation précise du niveau de la qualité de leur service. En fait, il arrive souvent que ce soit le directeur du service qui représente une part du problème. Il faut fournir à ces cadres un système de mesures précis et objectif qui leur permette d'évaluer correctement les activités de leur service et de pouvoir corriger immédiatement tout ce qui ne va pas avant que ne se posent de vrais problèmes. Le contremaître pourra par exemple se livrer à un autocontrôle tous les trois mois.

Listes de contrôle dans les services et les ateliers

Le contremaître est chargé de s'assurer que tout ce qui se fait au sein de son service respecte les habitudes, les procédures opérationnelles de l'entreprise et les grands principes du monde des affaires. Il doit comprendre toutes les feuilles d'enregistrement des données et les listes de contrôle de l'entreprise, leur but, et savoir les mettre en pratique. Chacun des contremaîtres doit aussi revoir périodiquement avec tous les employés les aspects concernant le contrôle de leur travail et s'assurer qu'ils les comprennent bien. Ces aspects devraient faire partie de la formation pour chacun des postes et le contremaître doit s'assurer que tous les employés respectent les exigences de contrôle en faisant des vérifications systématiques.

On peut aussi établir des listes de contrôle pour évaluer si le service respecte bien toutes les exigences en la matière et pour détecter les exigences qui sont inutilement complexes ou trop restrictives, celles qui font perdre trop de temps, ou celles qui sont ennuyeuses ou démotivantes.

Cette liste de contrôle doit indiquer tous les éléments clés à contrôler pour chacune des activités du service. Elle doit indiquer également la procédure à suivre pour les contrôles, le plan d'échantillonnage et la performance acceptable. C'est le personnel de maîtrise qui en dresse une première ébauche; puis les cadres intermédiaires la vérifieront pour s'assurer qu'elle est exhaustive et que les normes de performance sont acceptables. Le tableau 5.5 donne un exemple d'une liste d'autocontrôle dans un service de comptabilité.

TABLEAU 5.5 Liste d'autocontrôle type

1. Revoir douze notes de frais de voyage qui ont déjà été traitées par le service afin de s'assurer qu'elles ont été remplies correctement et que le calcul en est juste.

NORME DE PERFORMANCE : on peut accepter une erreur si l'on n'en a relevé aucune lors des trois dernières vérifications. Norme inacceptable: deux erreurs.

DONNÉES D'ÉVALUATION : Nombre de notes de frais contrôlées

1 _____	5 _____	9 _____
2 _____	6 _____	10 _____
3 _____	7 _____	11 _____
4 _____	8 _____	12 _____

Nombre d'erreurs :

2. Interroger huit employés pour voir quel genre de travail ils effectuent. Leur demander s'ils pensent qu'ils y sont bien préparés. Vérifier dans le registre de formation si chacun d'entre eux a bien reçu la formation correspondant au travail qu'il effectue.

NORME DE PERFORMANCE : Aucune erreur.

On peut accepter une erreur si l'on n'en a pas relevé lors des trois évaluations précédentes.

Norme inacceptable : deux erreurs.

DONNÉES D'ÉVALUATION

TABLEAU 5.5 (suite)

Noms des employés évalués

1 _____   5 _____

2 _____   6 _____

3 _____   7 _____

4 _____   8 _____

Nombre de postes évalués : _____

Nombre d'employés n'ayant pas eu de formation pour le poste qu'ils remplissent : _____

Nombre d'employés qui n'ont pas suivi de formation ou qui sont insatisfaits de la leur : _____

Nombre d'erreurs dans les registres : _____

3. La sécurité

   (a) Vérifier les registres pour voir si on a bien tenu une réunion de sensibilisation à la sécurité au cours des six derniers mois. Indiquer la date de la dernière réunion.

   (b) Vérifier 5 serrures à chiffres pour s'assurer qu'elles n'ont pas été modifiées au cours des 12 derniers mois.

   (c) Vérifier 8 bureaux après l'heure de fermeture pour s'assurer qu'on a bien fermé à clé les bureaux et les classeurs et qu'aucun document confidentiel n'a été laissé sorti.

   NORME DE PERFORMANCE : aucune erreur

   On peut accepter une seule erreur pour quatre évaluations.

   Norme inacceptable : deux erreurs pour les quatre dernières évaluations.

TABLEAU 5.5 (suite)

DONNÉES D'ÉVALUATION :

(a) Date de la dernière réunion _____

(b) Nombre de serrures à chiffres vérifiées et dates auxquelles les serrures ont été modifiées

1 _____

2 _____

3 _____

4 _____

5 _____

Nombre de bureaux contrôlés

1 _____   5 _____

2 _____   6 _____

3 _____   7 _____

4 _____   8 _____

Procédure d'autocontrôle

Chacun des contremaîtres doit se livrer personnellement à un autocontrôle au moins une fois par trimestre en consignant toutes les données nécessaires pour qu'on puisse vérifier que l'autocontrôle a bien eu lieu. Si des éléments ne correspondent pas aux normes de performance fixées, il faut prévoir des actions correctrices.

Quand la fiche d'autocontrôle est remplie, le contremaître doit revoir avec son supérieur les mesures correctrices planifiées. Ce dernier s'assure que l'autocontrôle a bien été effectué, que ses résultats sont valides, que les problèmes sont classifiés convenablement et que les plans correcteurs sont adéquats. Puis, il signe la fiche.

Tous les trimestres, ce cadre fera une liste de tous les éléments insatisfaisants de son secteur et présentera des plans d'action à la réunion de l'équipe Qualité au niveau des fonctions. Chacun des problèmes importants et des mesures correctrices correspondantes sera alors présenté à la réunion de l'équipe Qualité du vice-président par le directeur de la fonction concernée.

Il est très important de faire comprendre au personnel de maîtrise que ce système d'autocontrôle n'est pas là pour le sanctionner. Il doit au contraire lui permettre de détecter les problèmes et de mettre au point des solutions. Il faut également prévenir les contremaîtres que s'ils n'en consignent pas les résultats ou qu'ils les faussent, ils peuvent être licenciés. Le système d'autocontrôle permet de créer et de conserver un système efficace de prévention pour les contrôles de gestion. Il permet de faire connaître les problèmes à la direction qui a les moyens de les régler. L'entreprise est ainsi plus flexible, ses méthodes s'adaptant à l'évolution des besoins du client ou du marché.

Pour évaluer les opérations dans un secteur, le directeur du secteur concerné est mieux placé que n'importe quel vérificateur. Il en connaît en effet le personnel et les clients, les forces et les faiblesses ; il connait aussi les contraintes auxquelles il doit faire face et les compromis auxquels il doit arriver.

NE PAS SE DÉCOURAGER

C'est la mise en train du processus qui est la plus importante. En effet, au début, la direction investit beaucoup d'efforts, de temps et d'argent et ne voit que peu ou pas de résultats. Comme le disait William J. Weisz, président de Motorola : « Les cadres éprouvaient de la frustration et étaient très inquiets quand après avoir fourni tant d'efforts, ils n'arrivaient toujours pas à enregistrer des résultats positifs. Puis, après être venus à bout des obstacles, nous avons commencé à enregistrer une amélioration substantielle. Alors, cela a fait boule de neige. Et maintenant tout le monde a beaucoup plus d'enthousiasme qu'au début. »

CHAPITRE

6

Les groupes de travail

INTRODUCTION

Les anciennes méthodes de gestion dictatoriales ont eu leur utilité.Elles étaient efficaces au tournant du siècle, au début de l'ère de la production en grande série, quand les outils mécaniques furent remplacés par des équipements plus importants et plus sophistiqués. La majeure partie de la main-d'oeuvre n'ayant aucune instruction, les postes étaient conçus en fonction des besoins de la machine plutôt qu'en fonction des besoins des employés. Le travail se réduisait à une série de tâches simples et répétitives ne demandant qu'un minimum de formation et de spécialisation de la part des employés, qui se voyaient ainsi enlever toute liberté d'action et parfois de pensée. Aujourd'hui, le niveau d'instruction de la main-d'oeuvre a changé et on doit offrir aux employés des postes plus intéressants dans lesquels ils puissent utiliser au mieux leurs capacités intellectuelles. Il faut savoir mettre à profit tous les talents qu'ils peuvent nous offrir, que ce soit sur le plan physique ou intellectuel. Le personnel souhaite prendre part aux décisions qui le concernent et participer à la résolution des problèmes.

ARTICULER LES GROUPES DE TRAVAIL AUTOUR DE LA STRUCTURE ORGANISATIONNELLE EXISTANTE

À travers le monde, les dirigeants d'entreprise commencent à se rendre compte qu'ils n'ont pas su utiliser le vaste potentiel intellectuel que représentent leurs employés. En effet, le talent et les connaissances de ceux-ci peuvent se révéler très utiles pour améliorer les produits et les services ainsi que l'efficacité dans l'entreprise. Cela fait des années que l'entreprise Northrop Corporation utilise des groupes de travail dans sa division des environs de Los Angeles spécialisée dans la fabrication d'avions, ce qui a eu un effet majeur sur ses coûts et ses bénéfices. Voici ce qu'en dit Bev T. Moser, vice-président des opérations commerciales : « Pendant les deux ans durant lesquels nous avons insisté sur l'esprit de corps qui devait régner à travers toute l'entreprise, le coût des 747 que nous fabriquons a baissé de 50 pour cent. » Les groupes de travail ne doivent pas servir uniquement à résoudre des problèmes ponctuels. Il faut aussi leur confier plus de pouvoir de décision. C'est ainsi que de nombreuses entreprises comme IBM, TRW, Dana et Hewlett-Packard obtiennent d'excellents résultats depuis des années grâce au travail en groupe et à l'amélioration de la qualité de leur milieu de travail.

F. James McDonald, président de General Motors, parle en ces termes de l'utilité des groupes de travail : « Personnellement, je pense qu'il n'y a pas d'autre moyen à l'heure actuelle de gérer une entreprise, c'est vraiment le seul au monde. » Tom Peters, coauteur de *In Search of Excellence* (Le prix de l'excellence) affirme quant à lui : « L'erreur la plus grave des chefs d'entreprises américaines est de considérer les employés comme une part du problème et non comme une part de la solution. »

Le Dr Ishikawa, l'un des plus grands spécialistes japonais de la qualité, déclarait à propos de la stratégie des petits groupes de travail : « Une philosophie qui construit avec les gens assure le succès du programme qualité ; une philosophie qui utilise les gens en garantit l'échec. » Le travail en groupe donne l'occasion aux employés de prendre des décisions et de corriger des problèmes. En formant des équipes, la haute direction montre qu'elle fait confiance aux contremaîtres et aux employés puisqu'elle leur confie davantage de responsabilités. D'autre part, cela permet à ces derniers de prendre conscience qu'en acceptant ces responsabilités, ils s'engagent vis-à-vis de l'entreprise à améliorer la qualité, l'efficacité et les bénéfices.

Il n'est pas nécessaire de procéder à un changement des structures organisationnelles de l'entreprise pour mettre en place une stratégie participative. Dans la plupart des cas, il vaut mieux créer une structure de petits groupes de travail qui s'articulera autour du système de gestion existant. Quand les employés seront familiarisés avec le processus, on étendra le champ d'intervention de l'enca-drement de maîtrise afin de compenser pour la diminution de la charge de travail imputable aux décisions prises par les employés. John Young, président de Hewlett-Packard, déclarait : « Les équipes Qualité qui ont réussi sont celles où les cadres se sont engagés pleinement. Ils ont utilisé ces équipes pour atteindre leurs objectifs et ils ont mis en pratique ce qu'ils prônaient. »

D'autre part, il faut que les employés soient con-vaincus qu'ils peuvent faire confiance à leurs cadres. Sans un profond sentiment de confiance et de respect mutuels, il est difficile, sinon impossible, de demander au personnel de détecter les problèmes et d'y trouver des solutions.

LES CADRES D'ABORD

La stratégie des groupes de travail ne doit pas être mise en place avant que le personnel cadre au complet ne soit complètement engagé dans le processus d'amélioration.

Sinon, les employés se sentiront manipulés. Les cadres doivent auparavant témoigner du sérieux de l'engagement de l'entreprise dans la prévention des problèmes plutôt que dans leur correction. Il ne faut pas précipiter les choses ; il faut attendre que le processus d'amélioration fasse partie intégrante de la nouvelle culture de l'entreprise.

Mais attention : ce n'est pas parce que les décisions sont prises en groupe qu'elles sont forcément meilleures et voici pourquoi :

1. Les décisions de groupe sont souvent le résultat de compromis. N'oublions pas le vieil adage : « Le chameau est l'oeuvre finale d'un groupe qui avait un cheval à dessiner. »

2. Le groupe peut se laisser influencer par un participant à la personnalité plus forte et qui sait bien s'exprimer alors que celui qui possède la meilleure solution aura du mal à organiser sa pensée et à l'exprimer.

3. Les participants ont tendance à se sentir moins responsables d'une décision prise en groupe.

Le personnel cadre doit être bien conscient de ces problèmes potentiels afin d'en tenir compte tout au long du processus et lorsqu'il doit entériner une des décisions. Pour réussir, la stratégie des petits groupes de travail exige la participation de tous les cadres et de tous les employés. Elle exige aussi un programme de formation pour tout le personnel, sinon le processus ira à la dérive. Sans cette formation, les employés perdront leur temps à discuter des problèmes à traiter en priorité et de leur rôle respectif dans la résolution de ces problèmes. Les cadres et les employés se décourageront et rejetteront le processus.

QU'EST-CE QU'UNE ÉQUIPE ?

Une équipe, c'est l'association de personnes qui mettent leurs efforts en commun pour atteindre un objectif spécifique. Actuellement, dans le monde, les entreprises utilisent surtout quatre genres de groupes participatifs :

1. Les équipes Qualité
2. Les cercles de Qualité
3. Les équipes d'amélioration des processus
4. Les groupes d'intervention

Le tableau 6.1 en donne les principales caractéristiques. En les comparant, on verra que les quatre groupes n'ont qu'une constante commune : leur objectif, qui est de trouver une solution à un problème. Même s'il est possible pour une entreprise d'utiliser les quatre genres de groupes, il vaut mieux créer d'abord des équipes Qualité pour la mise en place du processus d'amélioration. Toyota a lancé son projet participatif dès le début des années 50. À présent, l'entreprise reçoit 500 000 suggestions par an dont l'application a permis d'économiser 230 millions $. Par la suite, les équipes d'amélioration du processus seront un des éléments les plus importants de l'amélioration (voir chapitre 8).

Walter A. Fallon, président de Eastman-Kodak déclarait : « Quand on a de bons employés, il est impossible d'augmenter leur charge de travail de 30 pour cent ; mais nous avons découvert qu'on pouvait augmenter leur rendement de 30, 50 ou même 150 pour cent en faisant appel à leur intelligence. »

LES ÉQUIPES QUALITÉ AU NIVEAU DU SERVICE

Comme on peut le voir sur le tableau 6.1, dans un service, c'est tout le personnel qui est appelé à participer aux équipes Qualité. Le but de ces équipes est de sensibiliser les employés à la qualité, de leur fournir les moyens de l'appliquer afin que dans toutes les activités, ils n'aient qu'un objectif : améliorer le niveau de la qualité et de la productivité de leur service. La personne qui est à la tête de l'équipe Qualité est habituellement le directeur du service ;

TABLEAU 6.1 Caractéristiques des différents groupes

Caractéristiques	Équipes Qualité dans les services	Cercles de Qualité	Équipes d'amélioration du processus	Groupes d'intervention
Participants	Membres du service	Membres du service	Membres sélectionnés parmi les services concernés	Membres choisis d'après leur expérience
Participation	Obligatoire	Volontaire	Obligatoire	Obligatoire
Encadrement nécessaire	Modéré	Minimal	Modéré	Important
Sélection des problèmes	Par le groupe	Par le groupe	Par le groupe	Par la direction
Urgence du problème	Modérée	Faible	Modérée	Grande
Champ d'application de l'activité	Dans le service	Dans le service	Inter-services	Inter-services
Identification de la solution	Par les membres	Par les membres	Par les membres	Par les membres
Contraintes de l'échéancier	Modérées	Minimes	Modérées	Importantes
Périodicité de l'activité	Réunions brèves sur une longue période	Réunions brèves sur une longue période	Réunions brèves sur une longue période	Réunions longues, une brève période, un seul objectif
Facilitateur du processus	Optionnel	À conseiller	Aucun	Aucun
Exécution	Par les membres	Par les membres	Par les membres	Par d'autres employés

mais il peut ultérieurement être remplacé par un employé compétent qui n'est pas un cadre mais qui a suivi une formation ad hoc. L'équipe Qualité détecte les problèmes qui causent des erreurs et les points qui font baisser la productivité du service. Elle élabore alors des actions correctrices et les met en oeuvre afin d'éliminer tous les obstacles qui empêchent d'augmenter la productivité et d'atteindre l'objectif zéro-défaut.

L'équipe Qualité s'occupe des activités à l'intérieur du service ou des activités qui ont des répercussions sur le service. Elle détermine les problèmes et en fixe la priorité. L'équipe est également chargée de fixer les objectifs qualité du service et de définir les activités qui permettront de les atteindre ou de les dépasser.

C'est le directeur du service qui doit former l'équipe Qualité de son service. Tout le personnel du service se doit de participer aux activités de l'équipe Qualité.

Règles à respecter pour la réunion de l'équipe Qualité de chaque service

La réunion doit rassembler tous les employés du service. Elle doit se tenir à proximité des zones de travail afin que tous les participants puissent étudier des problèmes spécifiques ou avoir facilement accès à des échantillons. Les réunions doivent être brèves mais régulières. En aucun cas, la réunion ne doit être annulée pour des raisons de production. C'est pourquoi il faut la programmer de préférence en début de semaine.

Voici une liste des règles à appliquer lors des réunions des équipes Qualité.

1. On doit préparer un ordre du jour qui sera distribué avant la réunion.

2. La réunion doit se tenir à l'heure prévue et commencer par un examen de l'ordre du jour qui sera modifié s'il y a lieu. Une fois approuvé, l'ordre du jour doit être respecté. Si de nouveaux points viennent s'y ajouter mais qu'ils ne soient pas urgents, on les remettra à la prochaine réunion. Le directeur doit s'assurer que la réunion se poursuive normalement et dans le respect de l'ordre du jour.

3. Le directeur doit diriger la réunion de façon à encourager la participation de tous les membres du service. Il interrogera, par exemple, les personnes réservées ou timides pour connaître leur

opinion sur tel ou tel point. Le directeur doit agir en véritable animateur et limiter son temps d'intervention à 25 pour cent de la durée de la réunion.

4. À chaque réunion, le procès-verbal de la réunion doit être rédigé par un participant différent. Certains directeurs peuvent penser qu'il serait plus facile et plus rapide de le faire eux-mêmes mais ils doivent s'en garder. Il y a à cela deux raisons : d'abord cela évite que cette tâche incombe toujours à la même personne, d'autre part cela permet à certains employés qui ne sont pas familiers avec la rédaction administrative d'apprendre à le faire. Le procès-verbal doit indiquer l'état actuel des mesures correctives, les suggestions des employés et les progrès de l'équipe par rapport aux objectifs qu'elle s'est fixés. Un exemplaire doit être envoyé à tous les membres du service et aux cadres supérieurs.

5. Le directeur doit éviter de faire voter le groupe sur une décision. Il doit au contraire aider les participants à en arriver à un consensus. Il doit aussi aider les participants à établir une liste des priorités pour le choix des problèmes ou des solutions à y apporter. On peut demander à l'occasion un vote à main levée. Il est essentiel que tout le service soutienne les décisions qui sont prises et que tous les employés du service aient auparavant la possibilité de donner leur opinion. Dans la plupart des cas, les problèmes dont s'occupe l'équipe Qualité n'interdisent pas le fonctionnement du service ; par conséquent, il n'est pas indispensable de trouver une solution immédiate aux problèmes. Ceux pour lesquels il est difficile d'en arriver à un consensus peuvent être confiés à des sous-groupes qui seront chargés de préparer des recommandations et de les soumettre au service dans son ensemble.

6. L'ordre du jour et la discussion des problèmes ne doivent aborder que des sujets relevant du service ou inhérents à la production du service. Si les problèmes du service sont dus à des entrées, le directeur doit prévenir immédiatement les secteurs concernés.

7. La réunion doit définir de quelles entrées dépend le service, quelle est la valeur ajoutée par le service pendant leur transformation, qui sont les clients du service et quel système de mesure adopter pour la production.

8. Le directeur du service doit exiger la présence aux réunions de tous les employés et demander qu'on le prévienne à l'avance si un employé doit s'absenter et pour quelles raisons.

L'implantation des équipes Qualité dans le service

Les premières activités de l'équipe Qualité au sein du service doivent faire l'objet d'une sérieuse réflexion. En effet, il faut former les employés afin qu'ils soient prêts à assumer davantage de responsabilités. L'équipe Qualité devra passer par trois phases de formation :

1. Sensibilisation et formation

2. Compréhension

3. Résolution des problèmes et prise de décisions

La sensibilisation et la formation

À cette étape, les points à aborder sont les suivants :

1. Compréhension des objectifs de l'entreprise

2. Compréhension du processus d'amélioration

3. Raisons de l'objectif zéro-défaut

4. Collecte et agencement des données

5. Outils de détection des problèmes (réunions de créativité, listes de vérification, etc.)

6. Outils d'analyse des problèmes (diagramme de Pareto, diagramme causes-effet, analyse des forces et des faiblesses de l'entreprise, histogrammes, etc.)

7. Consignation des progrès réalisés (graphiques, cartes de contrôle, présentations devant la direction, etc.)

8. Mesure des résultats

9. Cartes de contrôle et échantillonnage

La phase de compréhension

L'analyse des activités du service (Department Activity Analysis : D.A.A.) est une méthode qui permet aux employés de mieux comprendre leur rôle dans le processus d'amélioration. Cette analyse permet en effet de recenser toutes les activités exercées dans le service. Elle recense d'abord les activités qui composent globalement le processus, puis elle détermine quelles sont les activités principales et les décrit en détail. Elle permet de mettre en évidence les relations entre clients et fournisseurs internes et le fonctionnement du service. Dans chacun des services, l'équipe Qualité doit effectuer cette analyse et en consigner les résultats. Comme le montre la figure 6.1, l'analyse des données d'activité part du principe que chaque service et chaque employé est un client puisqu'il reçoit des entrées provenant d'un autre service ou d'un autre employé qui est son fournisseur ; le service ou l'employé traite alors ces entrées, leur ajoute ainsi de la valeur, puis transmet son produit ou son service à un autre client. Chaque employé est le client de celui qui est en amont et le fournisseur de celui qui se trouve en aval. La qualité devient donc la responsabilité de chacun.

Au départ, on doit remplir une fiche indiquant la mission du service et ses activités principales. Le directeur du service doit présenter la mission du service telle qu'elle a été définie par la haute direction. Mais cette mission peut être remise en cause à l'occasion d'une discussion franche

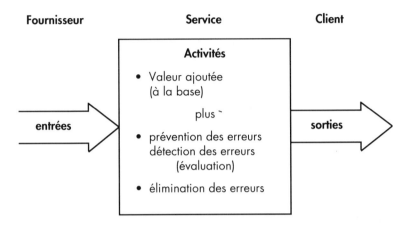

Figure 6.1 La relation client-fournisseur interne

et ouverte qui peut mener à sa redéfinition. La haute direction sera alors consultée.

On dresse ensuite une liste des activités principales du service. Peuvent y figurer :

- des études de marché ;
- une estimation des coûts ;
- des entrevues de candidats à des postes ;
- les bilans de santé des employés ;
- des prévisions ;
- la rédaction de manuels d'installation ;
- la réponse à des plaintes de clients ;
- la conception de matériel d'essais ;
- la mise à jour des rapports sur la sécurité.

La liste ne doit pas comporter plus de dix activités. Quand la liste est complète, on passe en revue toutes les activités les unes après les autres, chacune d'entre elles faisant l'objet d'un examen approfondi. On recense d'abord les entrées, en indiquant leur provenance et la forme sous laquelle elles sont reçues. Puis le service doit les examiner

163

une à une pour savoir si les spécifications sont adaptées, si le fournisseur exécute bien son travail et de quelle manière il prend connaissance des réactions de son client. S'il n'existe pas de systèmes de spécifications ou d'informations sur les réactions des clients, il faut en créer. Le service doit s'assurer que le fournisseur comprend bien comment son produit va être utilisé et ce qu'on attend de lui.

Le service doit déterminer exactement quelle est la valeur ajoutée au produit une fois toutes les activités de transformation effectuées. On peut alors définir avec précision la nature du produit qui sort du service, la forme sous laquelle il doit être offert au client et qui sont les clients.

Il faut ensuite préparer une liste de spécifications pour chacun des produits qui sort du service ; ces spécifications doivent être faites en fonction des besoins du client. L'équipe Qualité rencontre les clients internes pour leur demander quelles sont leurs attentes pour les différentes activités. Pendant cette rencontre, on doit accorder la priorité aux exigences requises par les sorties et on doit mettre au point des systèmes d'évaluation sur les réactions des clients.

C'est en effet le client qui détermine la mesure de la performance et non pas le fournisseur. Il est indispensable que clients et fournisseurs internes collaborent étroitement au sein de l'entreprise. Si on ne sait ni définir ni satisfaire les attentes du client interne, on ne saura pas plus le faire pour le client externe. Quand on a dressé la liste de spécifications et fixé les systèmes de mesure à adopter, les fournisseurs et les clients internes doivent signer le document en indiquant qu'ils l'ont rédigé d'un commun accord et qu'ils en approuvent le contenu. L'analyse des activités comporte un dernier volet. Il s'agit de répondre aux questions suivantes :

1. Est-il possible de mesurer cette activité ? Oui-Non
   Si non, expliquer pourquoi.
   Si oui, faire une liste des mesures à adopter :

2. Y-a-t-il un besoin d'amélioration ? Oui-Non
   Si oui, indiquer la date prévue pour le projet
   d'amélioration : _____

3. Combien d'heures par semaine sont consacrées à
   l'activité du service en tenant compte du :

   a. nombre d'heures consacrées à cette activité :

   _____

   b. pourcentage d'heures consacrées à la prévention :

   _____

   c. pourcentage d'heures consacrées à l'évaluation :

   _____

   d. pourcentage de temps gaspillé par suite d'erreurs :

   _____

Ces évaluations représentent un gros volume de travail
pour le service mais les résultats en valent la peine, car
elles permettent une meilleure collaboration entre les
différents services de l'entreprise. On doit les revoir tous les
six mois et les refaire tous les deux ans ou chaque fois que
le service change radicalement d'objectif.

Les indicateurs Qualité (cartes de contrôle). L'analyse
des activités du service (D.A.A.) permet de dresser la liste de
toutes les mesures de performance à consigner. L'équipe
Qualité doit choisir de trois à cinq mesures à adopter
prioritairement dans le service. Ces mesures sont appelées
indicateurs Qualité. Il faut qu'ils soient simples et qu'ils
portent sur une durée assez longue, de façon à ce qu'on ait
un certain recul pour les apprécier. Chaque carte de
contrôle doit comporter des données portant sur au moins
6 mois et indiquer le niveau de performance à atteindre. Si
ce niveau est atteint pendant 3 mois consécutifs, il faut
alors le redéfinir. Il faut se souvenir qu'il n'y a pas de honte
à ne pas atteindre l'objectif fixé ; le véritable objectif est une
amélioration constante de la qualité.

Comme le montre la figure 6.2, on fixe deux
sortes d'objectifs : d'abord, le niveau de performance auquel

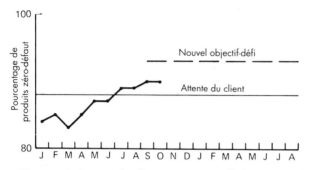

Figure 6.2 Les indicateurs Qualité (carte de contrôle)

le client s'attend et ensuite, des objectifs plus difficiles à atteindre, appelés « objectifs-défis ». Ce sont des objectifs intermédiaires entre la performance attendue par le client et l'objectif zéro-défaut. On évite ainsi que les entreprises cessent leurs efforts d'amélioration quand les objectifs sont atteints. La direction doit voir les objectifs sous un nouvel angle. Elle doit exiger que le niveau de performance auquel le client s'attend soit toujours atteint ; mais elle peut se montrer plus indulgente pour les objectifs-défis.

L'élaboration des indicateurs Qualité doit être très sérieuse, car ce sont ces indicateurs qui vont permettre d'améliorer la performance et la sensibilisation du personnel et des cadres ainsi que leur productivité. Les indicateurs doivent être mis à jour et revus lors des réunions de l'équipe Qualité.

Phase de résolution des problèmes et de prise de décisions. Les employés du service sont maintenant prêts à passer à la phase la plus productive des activités d'amélioration. L'équipe choisit les objectifs-défis pour certains indicateurs de la mesure. Il s'agit généralement de problèmes qui ont fait l'objet d'une carte de contrôle (indicateurs Qualité). Elle utilise alors les techniques de résolution des problèmes pour mettre au point un programme en indiquant quels en sont les délais d'application. Ce plan doit permettre au service d'atteindre ou de dépasser les

166

nouveaux objectifs-défis. On mettra alors le programme à exécution en l'adaptant si nécessaire afin de remplir les objectifs définis. Une fois les objectifs atteints, la direction doit récompenser l'équipe pour ses efforts. Puis, on définit de nouveaux objectifs et le cycle recommence. La boucle de la qualité (Figure 6.3) décrit les activités d'amélioration dans un service.

Chaque fois qu'un changement est apporté ou un problème résolu, l'équipe doit préparer une estimation écrite des résultats obtenus en matière de qualité et l'économie nette réalisée qui doit ensuite être soumise au conseil Qualité.

L'efficacité de l'équipe Qualité dans le service

L'équipe Qualité permet à tous les employés du service de mieux comprendre leur rôle au sein de l'entreprise et de se

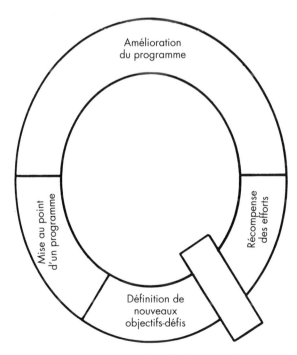

Figure 6.3   La boucle de la qualité

rendre compte que la direction est vraiment engagée dans le processus d'amélioration non seulement en paroles mais aussi dans ses actes et ses priorités. L'équipe Qualité permet aussi aux employés, c'est-à-dire aux gens qui connaissent le mieux leur travail, de modifier le système utilisé et par conséquent d'avoir un mot à dire sur ce qu'ils font.

La mise sur pied d'une équipe Qualité a une autre conséquence : la performance de l'employé se modifie sous la pression de ses collègues. Il s'agit d'un facteur subtil mais très important. En effet, quand le service est mesuré en tant qu'équipe, les employés se mettent à aider et à remettre au pas ceux qui portent atteinte à la performance globale et la qualité et le produit s'en trouvent améliorés. Un ancien travailleur de l'automobile se souvient : « Je travaillais beaucoup à l'atelier de peinture. C'était un travail d'équipe et nous étions payés d'après les résultats globaux que nous obtenions. Si l'un d'entre nous travaillait mal, cela diminuait notre productivité et tout le monde s'en prenait à lui. Nous faisions donc tous des efforts. » De plus, l'équipe Qualité permet à des animateurs de groupe informels d'influencer la direction pour la fixation des objectifs, des normes de performance et de la planification des activités. Auparavant, il arrivait souvent que ces animateurs, craignant de perdre une part de leurs pouvoirs, résistent au changement et créent ainsi une hostilité générale vis-à-vis de la qualité. En les faisant participer au processus, la direction s'en fait des alliés qui, dans certains cas, auront une influence décisive sur les autres employés.

Bénéfices et avantages

Voici une liste des bénéfices et avantages que présente l'instauration d'une équipe Qualité dans un service :

1. Tous les employés participent activement au processus d'amélioration.

2. Les employés qui contribuent au succès du processus d'amélioration peuvent être récompensés par la direction.

3. La capacité de commandement de tous les employés est augmentée.

4. De nouvelles méthodes de résolution des problèmes sont mises au point et les problèmes sérieux sont résolus.

5. Le directeur du service conserve ses pouvoirs.

6. Les employés se réalisent davantage dans leur travail.

7. Les employés commencent à appliquer l'auto-contrôle dans toutes les activités du service.

8. Le système fournit des spécifications réalistes qui correspondent exactement aux besoins du client et qui ont été négociées entre les clients et les fournisseurs internes.

9. Un système de mesures est adopté pour les principales activités du service.

10. On aide les employés à faire coïncider leurs objectifs avec ceux du service et de l'entreprise.

11. Les problèmes qui ne peuvent être réglés dans le service peuvent être traités efficacement à des échelons plus élevés de la hiérarchie.

12. Les relations entre cadres et employés s'améliorent, les employés voyant les cadres s'intéresser à leurs problèmes et essayer de les résoudre.

13. L'entreprise se construit avec ses employés.

Le travail en groupe a été très profitable chez Motorola où de l'or se perdait pendant la transformation du produit. Sur chaque livre d'or utilisée, seulement 9,6 onces atteignait le produit final. En seulement 4 mois, les employés ont diminué les pertes, réalisant ainsi des économies de 3 millions $ dès la première année. Chez Hewlett-Packard, qui a mis en oeuvre un programme de gestion intégrée de la qualité (GIQ), les groupes de travail se sont occupés du problème du traitement des commandes. Les clients paient désormais plus rapidement. La moyenne des jours avec impayés est passée de 62 à 54. Cela représente une économie de 150 millions $ par an.

Les groupes de travail peuvent être mis sur pied dans toutes les fonctions. Ed Kane, directeur Qualité chez IBM, rapporte par exemple : « Pour diminuer le nombre des gros comptes-clients en défaut, on a mis en place un processus d'amélioration à l'intérieur et à l'extérieur de l'entreprise. On a eu ainsi 10 fois moins de débiteurs en défaut, on a réduit de 85 pour cent le temps que le client consacre (mensuellement) à la facturation, on a économisé 18 000 $ en frais d'administration et 100 000 $ par an grâce à l'amélioration des mouvements de trésorerie. »

Il arrive souvent que lorsqu'on parle de mobilisation et de participation des employés, on ne pense qu'aux employés des secteurs de production en oubliant les employés des bureaux. Or, dans la plupart des entreprises, les coûts inhérents au travail de bureau et à l'administration représentent plus du double du coût de la main-d'oeuvre directe des secteurs de production. Chez Westinghouse, par exemple, les cadres administratifs et les employés de bureau représentent la moitié de la main-d'oeuvre et comptent pour 70 pour cent des frais de personnel. Des études ont montré que plus de 80 pour cent des documents administratifs contiennent des erreurs qui auraient pu être décelées par ceux ou celles qui les avaient rédigés. Ce gaspillage coûte à l'entreprise plus de 25 pour cent de la productivité des secteurs des services. Le travail en groupe est donc un excellent moyen d'améliorer la qualité et la productivité de ces secteurs.

Inconvénients

Le principal inconvénient du travail en groupe dans les services est que tout le personnel d'un service doit arrêter ses activités pour participer aux réunions. Malgré tout, la plupart des services s'adaptent à ce système et, en deux mois, la production hebdomadaire est bien meilleure.

LES CERCLES DE QUALITÉ

Un cercle de Qualité regroupe de 6 à 12 employés, tous volontaires, qui se réunissent régulièrement pour résoudre des problèmes rencontrés dans leurs activités quotidiennes. Dans la plupart des cas, son animateur n'est pas le directeur du service.

Les cercles de Qualité ne s'occupent que de problèmes relatifs à la production. Le groupe se constitue avec l'accord de la direction pour éliminer des goulots d'étranglement dans la production ou apporter des solutions à des problèmes qu'ils ont détectés. Le cercle de Qualité se dissout quand le problème est réglé à la satisfaction de tous ses membres.

Les employés doivent définir le problème à régler, choisir leur animateur, établir leur calendrier de réunions et obtenir l'approbation de la direction pour leur projet. Ils doivent ensuite collecter toutes les données pertinentes, analyser le problème, évaluer toutes les solutions possibles, recommander celles qu'ils ont choisies à la direction, puis, après approbation de cette dernière, les appliquer si elles relèvent de leur secteur.

La constitution de cercles de Qualité doit suivre des règles bien définies :

1. Les cercles se rencontrent fréquemment.

2. Les membres du cercle sont des volontaires.

3. Les problèmes traités sont des problèmes propres à leurs activités.

4. Les problèmes doivent être formulés, évalués puis corrigés et les résultats doivent être mesurés.

5. Le cercle de qualité se dissout quand le problème est réglé.

Au Japon, la stratégie des cercles de qualité s'inscrit dans un courant ascendant, soit de la base au sommet de l'entreprise. Elle commence avec les contremaîtres et les employés et non pas avec la haute direction. Son instauration est donc plus lente, mais elle reçoit l'appui de tous les travailleurs. C'est cet appui qui lui a permis de durer si longtemps.

Le faciliteur du programme

Le faciliteur est choisi pour coordonner tout le programme des cercles de Qualité de l'entreprise. Il s'agit d'une fonction à plein temps sauf dans les petites entreprises. Le faciliteur doit :

1. diriger le programme des cercles de Qualité ;
2. préparer le matériel qui doit servir à présenter les avantages du programme aux cadres et aux employés ;
3. préparer et diriger les programmes de formation ;
4. accroître l'intérêt des employés pour les cercles de Qualité ;
5. aider les cercles de Qualité à apporter des solutions aux problèmes ;
6. organiser des rencontres avec des spécialistes en qualité qui pourront conseiller les cercles, si nécessaire ;
7. donner une formation spéciale aux animateurs de cercles ;
8. animer les réunions jusqu'à ce que l'animateur choisi se sente à l'aise dans son rôle.

Participation des syndicats

La participation des syndicats au programme des cercles de Qualité est indispensable. Aujourd'hui, la plupart des syndicats connaissent bien les cercles de Qualité et y sont très favorables. Il faut obtenir leur soutien avant de présenter le programme aux employés du service.

La réunion du service

Pendant les réunions qui rassemblent tous les employés du service, le faciliteur doit expliquer en détail le fonctionnement du programme des cercles de Qualité et ses avantages ainsi que la formation à suivre pour pouvoir y participer. Il doit également expliquer que les réunions sont prises sur le temps de l'entreprise et que les employés ne doivent pas le comptabiliser dans leurs heures de travail. Le directeur du service quant à lui incite les employés à réfléchir au programme afin de décider s'ils veulent participer au travail de groupe et à la résolution des problèmes du service. Il doit insister sur l'aspect volontaire de cette participation.

L'animateur du cercle de Qualité

Le directeur et les employés du service qui ont suffisamment de volontaires pour former un premier cercle doivent choisir un employé qui sera formé au travail d'animateur. Cette formation doit porter sur les points suivants :

1. Activités du cercle de Qualité
2. Organisation du cercle de Qualité
3. Initiation à la dynamique de groupe
4. Méthodes et techniques de résolution de problèmes
5. Méthodes de gestion participative
6. Relations interpersonnelles

L'animateur du cercle de Qualité doit :

1. encourager la participation des employés aux cercles de Qualité ;
2. organiser les réunions à venir et en préparer l'ordre du jour ;

173

3. aider le faciliteur à former les membres du cercle ;

4. présider les réunions du cercle ;

5. préparer tous les documents nécessaires pour les réunions ou les activités du cercle.

Les réunions des cercles de Qualité

Les réunions du cercle de Qualité doivent durer au moins une heure et se tenir dans un endroit calme et tranquille. Les sept ou huit premières réunions seront des séances de formation. Voici une liste des sujets à traiter :

1. Initiation aux cercles de Qualité

2. Réunions de créativité, étude des relations causes-effet et diagramme d'Ishikawa

3. Histogrammes, graphiques, feuilles de contrôle

4. Présentation des résultats devant la direction

Par la suite, l'ordre du jour des réunions doit porter sur les nouvelles méthodes et l'analyse des problèmes. L'analyse des problèmes permet de compléter la formation donnée lors des réunions précédentes. Voici une liste des sujets à traiter :

1. Méthodes de collecte, d'analyse et de présentation des données (diagrammes de distribution, plans d'expérience, stratification)

2. Contrôles statistiques du processus (cartes de contrôle et échantillonnage)

3. Analyse des forces et des faiblesses de l'entre-prise, schémas conceptuels

Les techniques de résolution de problèmes doivent faire l'objet d'une étude sérieuse et méthodique et certaines réunions doivent porter exclusivement sur l'analyse des problèmes et leurs solutions. Après chaque réunion, l'ani-mateur prépare le procès-verbal et en distribue des exem-plaires à tous les membres du cercle et au directeur du service. À la fin du projet, on en présente les résultats à la haute direction.

Reconnaissance des mérites

Un système d'encouragement doit être mis en place par la direction pour reconnaître les mérites des membres des cercles de Qualité. Un des moyens les plus utilisés est la présentation officielle des résultats du projet à la haute direction par les membres du cercle. Plus les résultats sont importants pour l'entreprise, plus cette présentation a lieu à un niveau élevé de la hiérarchie. Elle doit indiquer :

1. quel était le problème ;
2. quelles méthodes d'analyse du problème ont été utilisées ;
3. quelle a été la solution retenue ;
4. l'efficacité de la solution ;
5. quelle a été l'économie réalisée.

Le bulletin de l'entreprise doit annoncer environ une fois par mois les succès remportés par les cercles de Qualité. De plus, la direction doit organiser une fois par an une journée « cercle de Qualité » destinée à célébrer les cercles qui se sont le plus distingués.

Les cercles de Qualité sont complémentaires de l'équipe Qualité du service. Par exemple, si un problème apparaît à l'ordre du jour de la réunion du service mais qu'il ne touche qu'un des secteurs et qu'il ne représente pas assez d'économies potentielles pour faire partie des priorités, des volontaires peuvent former un cercle pour l'étudier séparément. Normalement, les équipes Qualité du service n'ont pas de nom particulier, mais la plupart des cercles ont des surnoms.

Bénéfices et avantages

1. Seuls les employés qui désirent y participer activement font partie d'un cercle ; leur motivation est donc très élevée.
2. La formation s'étend à tous les membres du cercle.

3. Les employés résolvent des problèmes relatifs à leur propre travail.

4. Les membres du cercle s'engagent à ce que les solutions soient efficaces.

5. Le programme des cercles permet de vaincre la résistance au changement.

Inconvénients

1. Le service ne participe pas dans son ensemble.

2. Les employés qui ne sont pas membres du cercle peuvent n'accepter les suggestions du cercle qu'à contrecoeur.

LES ÉQUIPES D'AMÉLIORATION DU PROCESSUS

Une équipe d'amélioration du processus est créée pour définir le processus, améliorer la qualité, réduire le gaspillage et améliorer la productivité des processus inter-fonctionnels. Elle se compose d'employés de tous les services et de tous les secteurs concernés par le processus, y compris les services administratifs. Ces employés doivent être expérimentés, avoir reçu une formation spéciale et connaître les techniques de résolution de problèmes. Ils sont nommés par la direction et leur fonction principale est de s'occuper de l'amélioration des processus. L'animateur de l'équipe est nommé lui aussi par la direction.

Les activités de l'équipe se limitent à la mission spécifique qui leur a été confiée par la direction. Chacun des membres représente son service, à qui il doit fournir toutes les ressources nécessaires pour atteindre les objectifs fixés. Il s'agit habituellement d'activités à long terme.

Normalement, il faudrait que l'équipe d'amélioration se constitue avant la conception et la mise en place du processus. Elle pourrait ainsi mettre à profit toutes les connaissances et l'expérience de ses membres pour se concentrer sur la prévention des problèmes. Son rôle est d'optimiser la rentabilité du processus dont elle s'occupe, de s'assurer que les délais d'exécution soient respectés et que le produit se rapproche de l'objectif zéro-défaut. La performance des membres de l'équipe d'amélioration du processus influe sur les salaires et l'évolution de toute l'entreprise.

L'équipe prend toutes les mesures nécessaires pour maîtriser le processus et optimiser son efficacité globale. On trouvera au chapitre 8 une description plus détaillée des activités de l'équipe d'amélioration du processus.

Bénéfices et avantages

1. Étant donné que la planification est multidisciplinaire, on peut effectuer une analyse des causes/effet pour toute l'entreprise.

2. Étant donné que les membres de l'équipe sont déjà des experts dans leur domaine, ils n'ont pas besoin de formation ni d'entraînement et sont tout de suite efficaces.

3. Puisque l'équipe s'occupe du processus à travers tous les services de l'entreprise, elle en connaît toutes les interactions. Ses décisions permettent d'optimiser l'efficacité globale du processus et d'en minimiser la sous-optimisation.

4. Les liens entre les différentes fonctions sont renforcés du fait qu'elles ont un objectif commun.

5. Le gaspillage et les coûts peuvent être réduits de manière efficace.

6. Si l'équipe d'amélioration du processus est créée avant la conception du processus, cela permet de se concentrer sur la prévention des problèmes.

7. Les membres de l'équipe se familiarisent avec les objectifs socio-économiques de l'entreprise.

Grâce à ses équipes d'amélioration du processus, un des centres de distribution d'IBM a réussi à réduire le nombre d'erreurs dans ses stocks, les faisant passer de 30 à 0,08 pour cent, une amélioration de 300 pour cent.

Inconvénients

1. Des employés très expérimentés doivent consacrer beaucoup de temps à ces activités et cela peut avoir des effets sur les autres activités de l'entreprise.

2. Certains employés perdent leur temps quand l'équipe discute de problèmes qui ne relèvent pas de leur secteur.

LES GROUPES D'INTERVENTION

La direction crée un groupe d'intervention quand un problème majeur se produit dans l'entreprise et qu'il faut alors fermer l'usine ou arrêter une chaîne de production. Ce groupe se compose de cadres hautement qualifiés qui sont chargés d'étudier et de régler un problème spécifique. Ils sont temporairement relevés de leurs fonctions habituelles pour faire partie du groupe d'intervention.

Les membres du groupe d'intervention doivent régler sur-le-champ un problème ponctuel puis, quand ils ont terminé, retourner à leurs fonctions habituelles. Le groupe se charge de trouver puis d'appliquer une solution temporaire ; mais il doit aussi élaborer un plan pour régler définitivement le problème. Normalement, la solution définitive est appliquée par les travailleurs du secteur concerné. Les techniques de résolution de problèmes qu'utilise le groupe sont les mêmes que celles dont on a déjà parlé. Les groupes d'intervention ne sont pas considérés comme très utiles dans le cadre d'un processus d'amélioration, car leurs activités sont de trop courte portée.

La haute direction accorde beaucoup d'attention aux problèmes dont s'occupent les groupes d'intervention. Les activités du groupe étant de la plus haute importance, tous les employés de l'usine doivent leur accorder la priorité et coopérer pleinement. Des rapports quotidiens sur les progrès de l'intervention doivent être fournis à la haute direction. Le groupe d'intervention discutera avec la direction des différentes solutions à apporter avant qu'elles ne fassent l'objet d'une évaluation complète.

Bénéfices et avantages

1. Du personnel hautement qualifié se concentre sur un problème spécifique.

2. Ayant été dégagés de leurs autres fonctions, les membres du groupe peuvent se consacrer entièrement à leur tâche.

3. Le problème est réglé rapidement.

4. Tous les employés collaborent aux activités du groupe.

Inconvénients

1. Le travail se fait sous tension.

2. Ce n'est généralement pas le groupe d'intervention qui applique la solution.

LA MESURE

L'une des activités les plus importantes de l'équipe d'amélioration du processus est de mettre au point un système de mesures pour établir des priorités et pour évaluer les progrès. La qualité se définit comme la réponse aux attentes du client. Il faut quantifier ces attentes et en enregistrer les données afin que les employés soient en mesure de s'y conformer.

De nombreux services et de nombreux employés pensent que leur travail ne peut pas se mesurer. Ce n'est pas vrai. Tout travail qui ne peut pas faire l'objet de mesures ne vaut probablement pas la peine qu'on le fasse et devrait être éliminé. Le problème est que la plupart des employés ne font pas la différence entre leurs activités et leur rendement. Si, par exemple, vous demandez aux employés d'un service d'informatique quel est leur travail, ils vous diront qu'ils remplissent des formulaires, chargent des programmes et entrent des données. En fait, leur travail réel est de créer des rapports consolidés et organisés. Chez IBM, dès que le groupe d'informatique a déterminé que dans son travail, la mesure de l'excellence était le pourcentage de rapports acceptables remis à temps, les choses ont commencé tout de suite à s'améliorer. En moins de 24 mois, le pourcentage de bons rapports remis dans les délais a augmenté, passant de 86 à 97,4 pour cent. Tout travail consistant à recevoir une entrée, à lui ajouter de la valeur, puis à la remettre au client peut être mesuré. Voici le commentaire d'un contremaître de l'entrepôt chez Avon : « J'ai appris comment mesurer ; cela nous a permis d'abord d'évaluer notre performance. J'ai pu ainsi non seulement définir moi-même les exigences, mais aussi mettre en place tout un système de mesures. »

La plupart des activités peuvent faire l'objet de deux mesures principales, la mesure de la productivité et la mesure de la qualité. La productivité se calcule généralement en divisant le total des sorties par le total des entrées. La qualité, d'autre part, se mesure en termes de pourcentage de bons produits. On peut dire qu'il y a une réelle amélioration quand les mesures de la productivité et les mesures de la qualité s'améliorent toutes les deux ou quand l'une de ces deux mesures s'améliore et que l'autre reste inchangée. Par exemple, une comptable traite 25 000 pièces justificatives par mois avec un taux d'erreur de 0,5 pour cent. Par la suite, elle décide de produire davantage et en traite 35 000 avec un taux d'erreur de 5 pour cent. La productivité est améliorée certes, mais les résultats globaux ne sont guère concluants.

La mesure idéale de l'amélioration serait la somme de tous les éléments d'entrée divisée par la quantité de produits qui répondent aux attentes du client. Malheureusement, ce genre d'indicateurs est souvent difficile à calculer. C'est pourquoi, la mesure de la productivité et celle de la qualité, tout en restant distinctes, doivent pouvoir se comparer pour évaluer le degré d'amélioration.

Chez General Dynamics, la mesure est au coeur du processus d'amélioration de la qualité (PAQ). Oliver C. Boileau, président de General Dynamics, rapporte : « Il y a jusqu'à 60 paramètres qui permettent d'évaluer le processus d'amélioration de la qualité et des centaines de projets d'amélioration de la productivité (PAP). Tous les directeurs généraux sont évalués d'après les résultats du processus d'amélioration de la qualité et de la productivité. Puis, à leur tour, ils évaluent leur équipe de cadres d'après leurs performances Qualité-Productivité. » Le tableau 6.2 indique quelques-unes des mesures utilisées chez General Dynamics.

TABLEAU 6.2 Mesures et objectifs chez General Dynamics

Mesures et objectifs chez General Dynamics (Haute direction : éléments communs)	
Organisation	Paramètres
Bureau d'étude	Changements évitables, %
Bureau des programmes	Distorsions/Dispenses
Matières	Livraisons à la production dans les délais
	Articles achetés acceptés, %
Production	Rebuts (travail)
	Rebuts (matériel)
	Retouches et réparations
	Production initiale (rendement)
Centre informatique	Demandes de changement de logiciels
Assurance Qualité	Lots ayant échappé au contrôle
Logistique	Temps de réponse des rapports de service
Directeur général	Heures supplémentaires

FORMATION DES GROUPES DE TRAVAIL

Comme on l'a dit, une équipe est un groupe d'employés qui travaillent en collaboration pour atteindre un objectif commun. Dans le sport, il y a des bons joueurs et de bonnes équipes mais ce n'est pas du tout la même chose. En effet, ils ne s'y prennent pas du tout de la même manière pour atteindre leur but.

Les membres d'une équipe idéale : caractéristiques

Avant de parler de la formation au travail en groupe, passons en revue les caractéristiques des membres d'une équipe de travail :

1. Ils veulent comprendre ce que fait l'équipe dans son ensemble et les activités de tous les autres membres afin de pouvoir les aider.

2. Ils veulent savoir ce qu'on attend de l'équipe et pas seulement ce qu'on attend d'eux personnellement ; ils veulent comprendre quel est leur rôle dans l'entreprise.

3. Ils veulent participer à la fixation des objectifs du groupe et à la planification des actions permettant de les atteindre.

4. Ils ont confiance dans les autres membres de l'équipe et travaillent dans un respect mutuel.

5. Ils participent aux décisions.

6. Ils acceptent de partager les récompenses et les succès de l'équipe. Étant donné que tous les membres travaillent en collaboration, personne ne peut s'attribuer les idées de l'équipe.

Pendant la formation au travail en groupe, il faut insister sur les interactions qui se créent au sein du groupe et le respect mutuel dont les membres doivent faire preuve. Nous pouvons en effet les former aux techniques de résolution de problèmes et de contrôle du procédé les plus sophistiquées mais, s'ils n'ont pas appris à collaborer dans le respect, cela n'aura servi à rien.

Les techniques et les méthodes utilisées pour la formation à la dynamique de groupe et à la résolution des problèmes sont à peu près les mêmes pour les quatre groupes de travail dont nous avons parlé. Certains problèmes peuvent être plus difficiles à régler, certaines techniques peuvent être un peu plus sophistiquées dans un groupe que dans un autre, mais la façon de les aborder reste la même. On présentera ici les exigences de formation et de préparation valables pour les quatre groupes de travail. Voici une liste des points à traiter pendant la formation :

1. Interactions au sein du groupe et responsabilités des membres (dynamique de groupe et constitution de l'équipe)
2. Prise de décision
3. Mesures quantitatives
4. Collecte et analyse des données
5. Maîtrise des processus
6. Résolution des problèmes
7. Plans d'expérience

Chacun des membres doit comprendre son rôle au sein de l'équipe. Ce sujet doit faire l'objet d'une séance d'une heure consacrée à la présentation de ses règles de base. L'animateur doit recevoir une formation d'environ huit heures à la dynamique de groupe et à la constitution de l'équipe. Elle doit comporter des cours théoriques, mais aussi des études de cas et des mises en situation.

La formation au sein de l'entreprise ne diminue pas les profits, au contraire elle les accroît. À long terme, c'est l'ignorance qui coûte cher à l'entreprise. James E. Preston, président de Avon, rapporte : « L'an dernier, nous avons investi environ 300 000 $ dans la formation du personnel et dans la mise en place du processus d'amélioration de la qualité et de la productivité (PAQP) mais ces investissements nous ont permis d'économiser plus de 10 millions $. Deux des services du siège social ont économisé à eux seuls 2,5 millions $. » L'expérience de F. James

McDonald, président de GM, est la même : « Nous avons formé plus de 30 000 employés aux techniques de contrôle statistique de la qualité. Et je dois dire que l'une des plus belles expériences que j'aie eues chez General Motors a été de les voir appliquées par les employés dans toute l'entreprise. »

Les États-Unis et le Japon ne sont pas les deux seuls pays où l'on forme les travailleurs à la qualité. Voici ce qu'en disait Zhao Ziyang, premier ministre de la République populaire de Chine, en octobre 1985 :

> Selon nos dernières statistiques qui sont encore incomplètes, nous avons organisé 29 000 conférences sur la qualité totale, auxquelles ont assisté 4 100 000 personnes. Nous avons également organisé 250 000 cours sur la qualité totale qui ont été suivis par 16 millions de personnes. La gestion intégrée de la qualité a été mise en oeuvre dans 38 000 entreprises. Plus de 590 000 cercles de Qualité ont été créés, ce qui a permis d'augmenter le revenu des entreprises et de diminuer leurs dépenses, faisant ainsi économiser plus de 89 milliards de yuans. Nous avons ainsi fabriqué des produits de grande qualité et mis au point des projets pour la qualité tout en faisant des profits considérables.

RÉSOLUTION DES PROBLÈMES

Les obstacles à la résolution des problèmes

Quand on découvre un problème, un défaut, une situation non productive, on peut y réagir de trois manières. On peut considérer le problème comme un fardeau; on peut l'ignorer avec l'espoir qu'il va disparaître ; ou on peut le considérer comme un moyen de contribuer au succès de l'entreprise. En fait, il fournit une occasion d'améliorer les choses et de contribuer au succès de l'entreprise. Malheureusement, de nombreux cadres et employés construisent eux-mêmes les obstacles sur le chemin qui mène au succès. Ces obstacles peuvent être de plusieurs ordres :

1. *Le manque de temps.* « En ce moment, je n'ai pas le temps. » Si aujourd'hui on n'a pas le temps de régler le problème, c'est parce qu'hier on n'a pas pris le temps de bien faire son travail.

2. *Le manque de responsabilité.* « Ce n'est pas mon problème. C'est Joe qui a fait l'erreur, qu'il a répare. » Les problèmes subsistent donc alors qu'ils auraient pu être résolus de façon simple.

3. *Le manque de reconnaissance des mérites.* « Bien sûr, j'aurais pu prévenir Joe que ce qu'il faisait n'allait pas et lui montrer comment faire ; mais qu'est-ce que cela m'aurait donné de plus auprès du patron. Le seul résultat c'est que j'aurais pris du retard et que Joe se serait fait bien voir. » La direction doit instaurer un système de reconnaissance des mérites pour les employés qui se sont distingués dans la correction des problèmes et qui se sont efforcés de toujours bien faire leur travail.

4. *Les erreurs sont normales.* « Des erreurs, il y en a toujours, l'erreur est humaine. » Voilà le genre d'attitude qui représente le commencement de la fin pour l'entreprise.

5. *L'ignorance de la gravité du problème.* « C'est pas bien grave, ça va s'arranger tout seul. » Et que va-t-il se passer s'il s'agit d'un système de servo-commande qui sert à diriger un avion et que le petit problème en question bloque le mécanisme. Tout travail est important, s'il ne l'était pas, on ne le ferait pas. Une erreur qui se répète est impardonnable.

6. *Croire que certains problèmes sont insolubles.* Dire quand se pose un vrai problème « On ne peut rien y faire » n'est pas une solution. La prévention du problème peut coûter très cher, mais que cela ne vous empêche pas d'évaluer ce que cela coûterait.

185

7. *Des priorités mal définies par la direction quant au calendrier, au coût et à la qualité.* Si la direction choisit la qualité comme priorité, les problèmes de calendrier et de coûts seront réglés. Et rappelez-vous que l'amertume d'avoir envoyé des pièces de mauvaise qualité survit à la satisfaction d'avoir respecté le calendrier.

8. *Les gens qui se protègent.* Souvent, les gens passent plus de temps à prouver qu'ils ne sont pas responsables du problème qu'à le régler. Quand les gens se rendent compte que le problème va leur échoir, ils essaient de s'en décharger, quitte à ce que cela prenne plus de temps pour le résoudre.

9. *La recherche d'un coupable.* Si la direction s'intéresse plus à trouver un coupable qu'à éliminer le problème, c'est la ruine du programme de prévention des erreurs.

Pour que le programme de prévention soit un succès, il faut éliminer ces obstacles et bien faire comprendre qu'avec la prévention, tout le monde y gagnera, les employés, l'entreprise et le client.

Les éléments indispensables pour la correction des problèmes

Pour éliminer les problèmes de façon permanente et à long terme six éléments sont indispensables :

1. *La sensibilisation.* L'élimination des erreurs et des coûts qu'elles occasionnent doit devenir une préoccupation majeure de la direction et des employés. Dans de nombreuses entreprises, l'élimination des erreurs peut réduire les coûts de plus de 30 pour cent.

2. *La motivation.* Il faut motiver le personnel à ne plus faire d'erreur. Personne n'aime être dans

l'erreur, il suffit de permettre au personnel de pouvoir bien faire.

3. *La formation à la résolution de problèmes.* Les employés qui s'occupent de l'élimination des erreurs doivent être des experts dans la résolution des problèmes. Ils ne doivent pas se contenter de présenter les problèmes, il leur faut aussi en évaluer le coût et collecter toutes les données pertinentes. Ils doivent également proposer un certain nombre de solutions de rechange et savoir choisir la meilleure.

4. *L'analyse des défaillances.* Il faut créer un système qui permette de traduire les symptômes du problème en données précises grâce auxquelles on aura une définition claire des causes du problème (modes de défaillance). Ces données sont indispensables pour éviter d'avoir à chercher des solutions à l'aveuglette en utilisant des méthodes longues et coûteuses.

5. *Un système de suivi.* Le système de prévention global doit comporter un système de détection des problèmes et il exige l'adhésion de tous les employés. Il doit comporter également un système d'évaluation de l'efficacité des mesures de prévention.

6. *Un système généreux de reconnaissance des mérites.* On doit reconnaître les mérites de tous les employés qui participent.

Les cinq phases de la résolution des problèmes

Chaque problème doit faire l'objet d'une enquête minutieuse qui doit comporter cinq phases (voir Figure 6.4).

Choix du problème

Il faut choisir un problème qui provoque un goulot d'étranglement au niveau du processus ou du gaspillage dans un des secteurs de l'entreprise. Au départ, l'équipe

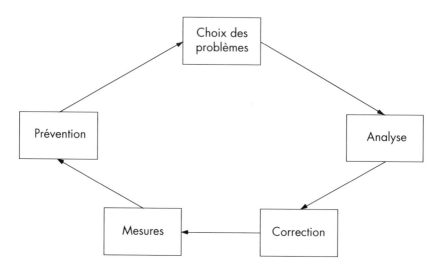

Figure 6.4 Les 5 phases de résolution des problèmes

doit dresser une liste de tous les problèmes qui se posent. Pour chacun des problèmes, elle collecte ensuite toutes les données qui permettront d'en évaluer la gravité. Pour résoudre un problème, il est d'abord indispensable de savoir le reconnaître. Le principe de Pareto permet ensuite de déterminer quels sont les problèmes à régler en priorité. Selon ce principe, 20 pour cent des types de défauts sont à l'origine de 70 à 80 pour cent des problèmes majeurs. Le diagramme de Pareto permet de déterminer les problèmes, de les chiffrer et de classer les activités par ordre d'importance. La figure 6.5 en donne un exemple.

Dans le diagramme de Pareto, les colonnes verticales représentent tous les problèmes relatifs à un secteur ou à une situation, ou les types de défauts d'un produit. Les problèmes sont classés par ordre d'importance décroissante de gauche à droite. La courbe cumulative représente la somme de toutes les valeurs obtenues dans les colonnes verticales.

On constate que seulement trois types d'erreurs (l'encrassement, les ébarbures et les défauts de soudure)

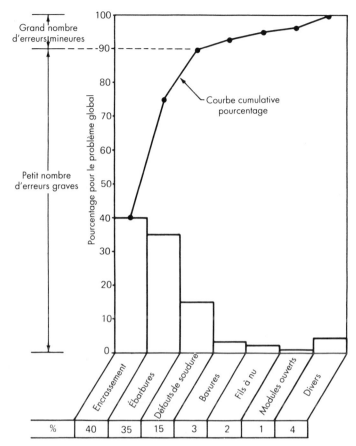

Figure 6.5 Diagramme de Pareto

sont à l'origine des 90 pour cent d'erreurs (petit nombre d'erreurs graves). Les 10 pour cent qui restent sont des erreurs mineures qui peuvent attendre. On commencera donc par corriger les plus graves.

Dans ce cas, on utilisera les données sur la fréquence des problèmes dans un temps donné pour composer le diagramme. Il arrive souvent que la quantité d'erreurs puisse fausser les résultats ; dans ce cas, il faut utiliser les données sur les coûts. Par exemple, on peut facilement éliminer le problème d'encrassement au coût de 1 cent par pièce, mais pour éliminer le problème des défauts de soudure, on devra dépenser au moins 100 $ par pièce. Dans le premier cas, on économisera seulement 0,40 $ pour cent pièces transformées, tandis que dans le second cas l'économie sera de 750 $ les cent unités.

La phase d'analyse. Il faut maintenant effectuer une analyse détaillée pour collecter le plus d'informations possibles sur le problème. On commence par vérifier l'exactitude de toutes les données relevées. Cette vérification est indispensable, car certaines données ne sont pas exactes et on risque d'y passer beaucoup de temps pour rien.

Une fois que l'on est sûr de toutes les données de base, il faut déterminer les modes de défaillance. On effectue une analyse détaillée des défaillances sur les articles qui comportent des défauts ou on fait des essais contrôlés destinés à trouver la source exacte du problème.

La phase d'analyse est une phase passionnante. C'est un peu un travail de détective et on a l'impression d'être un nouveau Sherlock Holmes. Il n'y a pas de méthode type pour trouver le criminel (la cause principale du problème). Il y faut beaucoup de travail, un relevé de données minutieux et une bonne compréhension de tous les indices. Il faut que l'équipe sache rassembler toutes les données pour avoir une définition claire du mode de défaillance réel.

La phase de correction. Une fois que l'équipe a déterminé la cause principale de l'erreur, elle est prête à élaborer un plan d'action afin d'empêcher définitivement que le problème ne se reproduise. Si c'est impossible, elle essaie d'en réduire la gravité pour pouvoir parvenir à ses objectifs. La phase de correction comporte six étapes. Il faut :

1. Déterminer si on peut trouver une solution temporaire. Cela permet parfois d'attendre jusqu'à la résolution permanente du problème tout en respectant les besoins du client. Mais normalement, une solution temporaire demande plus d'évaluation (contrôles). D'autre part, un

problème qui est éliminé par le contrôle doit être éliminé à chaque fois qu'il se produit et cela risque de coûter cher.

2. Rechercher toutes les solutions possibles. À cette étape, toutes les idées semblent bonnes et il faut savoir résister à la tentation d'accepter la première qui est proposée. Les idées les moins bonnes disparaîtront d'elles-mêmes tout au long du processus mais elles peuvent en faire naître d'autres qui mèneront à la bonne solution.

3. Choisir la meilleure solution. L'équipe doit maintenant éliminer certaines solutions pour n'en retenir que deux ou trois. Pour ce faire, elle utilisera les méthodes de fixation des priorités apprises au cours de sa formation. Quand les deux ou trois solutions sont choisies, il faut alors procéder à une analyse des causes-effet pour savoir quelle est la meilleure. L'analyse des causes-effet permet d'évaluer les solutions potentielles au point de vue :

   a. Coût de mise en oeuvre

   b. Efficacité de la solution

   c. Effets secondaires négatifs (s'il y en a)

   d. Facilité de mise en oeuvre

   Il est évident qu'à ce moment-ci, il ne peut s'agir que d'une estimation approximative des effets mais cela suffit pour faire la sélection.

4. Élaborer un plan d'action pour mettre en oeuvre la solution. Il doit comporter un échéancier. Si d'autres groupes sont concernés, ils doivent être consultés et approuver le plan d'action. Le plan d'action doit permettre de répondre aux questions suivantes :

   a. Que doit-on faire ?

   b. Qui s'en chargera ?

    c. Quand et comment le fera-t-on ?

    d. Quelle est la mesure du succès ?

Nombreux sont les plans qui doivent comporter un plan d'essai pour prouver leur faisabilité.

5. Obtenir l'approbation de la direction. La solution proposée doit être présentée à la direction.

6. Mettre le plan en oeuvre. Dès que le plan d'action est approuvé par la direction, l'équipe commence à le mettre en oeuvre. L'équipe doit respecter l'échéancier. Si l'équipe ne peut prendre les mesures nécessaires, elle doit demander l'aide de la direction.

La phase des mesures. L'effet des mesures correctives doit être mesuré afin de s'assurer que la solution a bien permis de régler le problème. Si la solution n'a pas permis de le régler ou si la correction ne permet pas d'atteindre les objectifs, l'équipe doit recommencer la phase de correction pour trouver une autre solution. Si le plan d'action réussit, l'équipe doit alors faire un rapport décrivant la nature du problème, les méthodes utilisées pour le régler et les résultats positifs obtenus en matière de coûts, de qualité et de productivité. Elle doit également annuler les mesures de prévention temporaires.

La phase de prévention. Quand le problème est résolu, les membres de l'équipe abordent la phase de prévention ; ils travailleront alors en collaboration avec le conseil Qualité. À cette étape, ils doivent revoir tout ce qu'ils ont appris en traitant le problème et mettre en pratique ces connaissances pour régler les problèmes du même ordre qui se posent sur la chaîne de production ou dans les autres activités de l'entreprise. La résolution d'un problème en particulier permet ainsi d'en arriver à des solutions valables pour toute l'entreprise. Cette phase de prévention a pour objectif de modifier les systèmes afin que les problèmes soient définitivement réglés. Il s'agit d'une des étapes les plus difficiles, car ses conséquences sont cruciales. Le tableau 6.3 illustre la méthodologie de résolution des problèmes.

La prévention doit se concentrer sur tous les processus concernés par le problème (les spécifications de conception, les procédures opérationnelles de fabrication, les processus de gestion, etc.). Ces processus doivent être modifiés en fonction des solutions trouvées.

TABLEAU 6.3 Illustration de la méthodologie de résolution des problèmes

---

POSER LE PROBLÈME

Un petit fil se casse pendant la connexion d'une plaquette à circuits imprimés, ce qui cause un circuit ouvert.

ANALYSER LE PROBLÈME

La chaleur nécessaire pour faire fondre l'étain à braser provoque dans certains cas une fragilisation du fil si l'on applique trop longtemps le fer à souder sur le raccord ou si l'on refait la jonction par brasage.

CORRIGER

On augmente la taille du tampon de soudure pour obtenir une meilleure répartition de la chaleur.

MESURER

Les taux de défaillance des fils diminuent de 0,01 à 0,005 pour cent dans le cycle de fabrication. Lors de l'utilisation par le client, les taux de défaillance diminuent, passant de 100 parties par million à 0,5 par millions pour 10 000 heures d'utilisation.

PRÉVENIR

L'équipe découvrit que quatre autres plaquettes à circuits imprimés risquaient d'avoir le même problème sur deux autres chaînes de montage. Elle modifia donc la conception des quatre plaquettes. Le manuel de normes techniques fut également modifié indiquant les différentes tailles de tampon à utiliser selon la taille des fils.

Il arrive souvent que l'équipe, ne connaissant pas l'ensemble des activités de l'entreprise, éprouve de la difficulté à définir à quelles autres applications pourrait servir leur solution. La direction doit repérer les solutions qui peuvent être utiles dans d'autres secteurs ou activités. Ces solutions doivent être publiées régulièrement dans le «bulletin de résolution des problèmes» qui est envoyé à tous les cadres. Les cadres peuvent ainsi prendre connaissance d'une liste d'idées nouvelles.

La méthodologie de résolution des problèmes permet ainsi de résoudre les problèmes de façon systématique et d'empêcher définitivement qu'ils ne se reproduisent. Il arrive trop souvent que certains employés choisissent de traiter un problème, qu'ils en analysent les causes principales, qu'ils les corrigent et qu'ils passent au problème suivant sans prendre la peine de mesurer l'effet de leur solution ou de profiter de leur expérience pour l'appliquer dans d'autres situations. La prévention passe par l'application des connaissances qu'on a acquises ; résoudre les problèmes un à un ne suffit pas.

Les résultats obtenus par l'entreprise Sunciti Manufacturing Ltd de Hong-Kong donnent un bon exemple des actions correctrices qui peuvent être mises en oeuvre dans des bureaux. En juin 1983, une équipe du service du personnel décida de réduire les erreurs dans le calcul des salaires. Les taux d'erreurs étaient d'environ 6 pour cent alors qu'ils auraient dû être inférieurs à 5 pour cent. L'équipe mit au point un système de données et utilisa un diagramme de Pareto qui donna les résultats suivants :

Cause des erreurs	Pourcentage
Manque d'attention	52,4
Vérification insuffisante	23,8
Horloge de pointage	15,8
Remarques de la part des contremaîtres	8,0

Une fois faite l'analyse du problème, il fut facile d'y apporter des solutions. En septembre, le taux d'erreurs dans le calcul des salaires tomba à 0,4 pour cent et n'a pas augmenté depuis.

Chez IBM, le service informatique avait chaque mois à réexécuter des programmes pour le secteur de la conception. Après une analyse systématique du problème, on fixa de nouvelles exigences et on mit au point un système d'information sur l'effet rétroactif des performances On réussit ainsi à réduire de 50 pour cent les réexécutions de programmes, soit une économie annuelle de 70 000 $. La durée d'utilisation de l'unité centrale diminua de 30 pour cent, ce qui équivaut à l'économie d'une année de salaire d'un employé.

LA RECHERCHE DE L'EXCELLENCE AU NIVEAU DU SERVICE

Dans un service, la recherche de l'excellence comporte deux niveaux :

1. Satisfaire les attentes du client
2. Atteindre l'excellence dans toutes les activités du service

Satisfaire les attentes du client (niveau 1)

Avant de se lancer dans la recherche de l'excellence, un service doit commencer par répondre aux attentes de son client. Tant qu'il ne satisfait pas les besoins de son client, le service ne respecte pas les exigences minimum requises. Cette phase du processus d'amélioration doit s'inspirer des informations fournies par les clients.

1. Le service doit rencontrer son client afin d'obtenir des informations précises sur ses attentes et établir avec lui un système de mesures qui permette de répondre à ces attentes.
2. Le service doit rencontrer ses fournisseurs pour s'assurer qu'ils sont bien au courant de ses attentes et pour se mettre d'accord sur le

système de mesures à utiliser pour évaluer la production.

3. Le service effectue son travail et ajoute de la valeur au produit.

4. Le service met au point un système de mesures pour calculer la valeur ajoutée au produit lors de ses activités et pour évaluer la qualité des éléments de sortie de son fournisseur.

5. Si le service prend conscience qu'il est à l'origine de certaines erreurs, il en élimine les causes.

6. Si c'est le fournisseur qui est responsable des erreurs, le service doit lui fournir toutes les données nécessaires pour qu'il puisse prendre des mesures correctrices.

7. Le client évalue les éléments de sortie du service. S'il constate des erreurs, il doit fournir au service toutes les données nécessaires pour permettre à ce dernier d'en éliminer les causes.

8. Le service prend des mesures pour éliminer les causes d'erreurs ; il améliore le système de mesures de ses produits en cours pour pouvoir détecter les erreurs avant que le produit ne soit remis à son client.

Note : On doit répéter les étapes 4, 5 et 6 jusqu'à ce que le système de mesures indique une maîtrise complète du processus afin que le produit satisfasse les besoins du client. On doit répéter les étapes 7 et 8 jusqu'à ce que les besoins du client soient satisfaits. On doit répéter de temps à autre les étapes 1 et 2 afin de s'assurer qu'il y ait une bonne compréhension entre le service et ses clients, le service et ses fournisseurs.

La recherche de l'excellence au travail (niveau 2)

Quand le niveau minimum est atteint, le service est prêt à se lancer à la recherche de l'excellence (niveau 2). C'est le service qui dirige ces activités dont l'objectif est d'arriver à l'excellence.

Le service est maintenant prêt à suivre le long chemin de l'excellence qui doit le conduire au zéro-défaut. Dans la plupart des cas, le service ne reviendra pas au niveau 1, car la qualité des éléments de sortie devancera les attentes du client, mais cela ne veut pas dire qu'il faille en arrêter les activités. Il faut bien au contraire les continuer afin que le service sache où il en est en ce qui concerne les attentes de son client.

Au niveau 2, le service doit s'efforcer de faire mieux aujourd'hui qu'hier, et demain qu'aujourd'hui. Il atteint cet objectif en mettant en oeuvre les différentes étapes de la boucle de la qualité (Figure 6.3).

LA COMMUNICATION AU SEIN DES GROUPES DE TRAVAIL

La communication est essentielle pour que les groupes de travail se sentent responsables des activités de l'entreprise dans son ensemble et pour qu'ils adhèrent pleinement au programme Qualité.

Les réunions quotidiennes

Au début de chaque quart de travail, le directeur du service et ses employés doivent se réunir pendant 10 minutes. Le directeur doit profiter de la réunion pour passer en revue le travail à faire et les problèmes de qualité actuels ou potentiels. Il doit également faire part aux employés des changements qui se sont produits à l'intérieur ou à l'extérieur de l'entreprise et qui sont susceptibles de les toucher ou de les intéresser. C'est aussi le moment où il s'adressera directement aux employés. Par exemple, il pourra demander si quelqu'un a eu des problèmes dans son travail au cas où il n'aurait pas été prévenu. Il peut aussi demander à un des employés de faire un rapport des résultats obtenus la veille dans le cadre des objectifs-défis.

Réunions d'information sur la conjoncture économique et les projets de l'entreprise

Ces réunions doivent avoir lieu tous les trois mois ou lorsque l'entreprise annonce le lancement d'un nouveau produit ou des modifications de gestion. Ces réunions ont pour objectif de renseigner les employés sur la place de l'entreprise sur le marché. Elles doivent donner de l'information sur les résultats de l'entreprise et les défis qu'elle aura à relever dans l'avenir. Cette réunion doit rester simple et les présentations doivent se faire dans un langage que tous les employés peuvent comprendre.

Réunions de présentation des succès Qualité

Quand l'équipe Qualité d'un service atteint ses objectifs-défis, elle doit préparer un rapport et le présenter aux directeurs de fonction lors de la réunion de leur équipe Qualité. Le rapport doit présenter la méthodologie utilisée pour améliorer les résultats obtenus et une estimation des économies réalisées grâce à cette amélioration. Tous les employés du service doivent être invités à assister à cette présentation.

Chez Avon, l'équipe Qualité dirigée par Alvor Brown, directeur de l'estimation et de l'évaluation des tendances dans le domaine des imprimés, chercha à régler le problème des surplus de catalogues. Elle réussit à réduire le nombre des catalogues, les faisant passer de 1,3 millions en 1983 à seulement 4 000 en 1984, une économie de 2,4 millions $ en deux ans. Tel est le type de résultats qui doivent être présentés à l'équipe d'amélioration au niveau de la fonction.

7

Engagement individuel

INTRODUCTION

Partout dans le monde, les gens désirent réussir et voir leurs réalisations reconnues. Tout individu est une personne distincte et tient à être traité comme telle. Les gens veulent qu'on les appelle par leur nom plutôt que par une interjection du genre « Hé ! vous, là-bas ! » Ils veulent leurs choses à eux, leur propre famille. Ils veulent que l'on remarque ce qu'ils font et, surtout, ils veulent réussir. Bien sûr, le travail d'équipe est satisfaisant et efficace mais n'oublions pas que les inventions qui ont fait progressé l'humanité étaient le fait d'individus et non de groupes. Quand les dirigeants perdent de vue l'aspect humain, ils perdent de vue la réalité.

Même le Japon qui, pendant de nombreuses années, a fait passer la solidarité et l'interdépendance avant tout, commence à changer, les Japonais voulant que l'on reconnaisse leurs mérites personnels. Depuis la Deuxième Guerre mondiale, la compétition dans les écoles n'a fait que s'intensifier. Malgré le caractère collectif de la société nipponne, chaque enfant japonais doit faire face à une concurrence que l'on peut qualifier de féroce.

Cette rivalité au niveau scolaire a fait de la nouvelle génération de Japonais une génération troublée, car l'esprit de compétitivité qui a prévalu au cours de leurs premières années de formation les suit nécessairement à l'âge adulte, une fois parvenus sur le marché du travail. Aujourd'hui, il existe une grande insatisfaction parmi la population active japonaise. Les ouvriers commencent à désapprouver un système où le salaire dépend de l'âge plutôt que de la contribution individuelle.

Même dans un pays comme la Chine, des modifications ont été apportées au système pour encourager le travail individuel. Au cours de la dernière décennie, le succès remporté par un projet de rémunération au rendement dans le domaine agricole a incité les autorités à l'étendre à tous les travailleurs. Elles se sont en effet rendu compte que la reconnaissance individuelle était le meilleur moyen d'améliorer la qualité et la productivité.

LE RESPECT DE LA PERSONNE

L'un des premiers devoirs d'un dirigeant consiste à respecter la dignité humaine et à considérer ses employés comme des associés. Ce n'est qu'en traitant chacun avec considération que la direction pourra les inciter pleinement à participer au processus d'amélioration. Les dirigeants ne doivent surtout pas oublier qu'une idée est toujours très personnelle et qu'en dévoilant ses pensées les plus secrètes, chacun court le risque de se voir rabaissé. Il est donc important pour les dirigeants de savoir écouter et d'aider leurs employés à s'exprimer.

C'est en tenant compte de chacun et en créant une atmosphère de travail où la peur de l'échec était absente que Lewis Lehr, directeur général de 3M, a réussi à faire de son entreprise le chef de file qu'elle est aujourd'hui. Il fait remarquer que : « Les idées ne sont pas uniquement la prérogative de la haute direction. Nous devons favoriser les innovations en appuyant tous ceux qui ont de nouvelles conceptions et eux-mêmes doivent être assurés qu'ils ne seront pas pénalisés si leur idée ne peut aboutir. » Chez 3M, on encourage les 5000 chercheurs à consacrer jusqu'à 15 pour cent de leur temps de travail à des projets non officiels.

Le dirigeant autocratique a fait place au conseiller. Il ne commande plus, il est au service d'autrui. Son rôle consiste à montrer de la considération à chacun, à être à l'écoute des besoins de son personnel et à y répondre.

LA FORMATION DE LA PERSONNE

La première responsabilité de la direction consiste à fournir à chacun les outils nécessaires à son travail, un environnement qui lui donne envie de donner le meilleur de lui-même en tout temps et une formation assez complète pour lui permettre de s'adapter rapidement aux changements.

La formation ne doit en aucun cas être laissée au hasard ou dispensée par un collègue de travail. Les exigences de formation pour chaque activité doivent être clairement formulées et consignées par écrit.

Les grandes sociétés se sont aperçues que la formation était rentable et y ont investi des sommes considérables. Chez IBM, par exemple, 3000 personnes s'occupent de l'éducation aux adultes et de la formation professionnelle. « Notre programme éducatif de part le monde nous coûte des centaines de millions de dollars par année », nous dit Ray AbuZayyad, président de la division General Products. « Chaque année, les employés d'IBM consacrent l'équivalent de 4 millions de journées scolaires à la formation, ce qui correspond à un corps étudiant de 40 000 personnes. »

Le programme de Polaroid est un parfait exemple de formation poussée. Voici ce qu'en dit Harold Page, vice-président au siège social : « Il s'agit d'un véritable engagement de la part des dirigeants. En effet, ce cours est de 176 heures, soit une journée de huit heures par semaine où le travail ne se fait pas, et ceci pendant 22 semaines. »

Mais il sait aussi qu'investir dans la formation, c'est investir dans l'avenir de l'entreprise.

LA FIXATION DES OBJECTIFS INDIVIDUELS ET LEUR ÉVALUATION

D'après William J. Weisz, directeur d'exploitation chez Motorola, « l'expérience n'a fait que confirmer le principe selon lequel si vous fixez des objectifs élevés à vos employés et leur fournissez le soutien et les moyens dont ils ont besoin pour les atteindre, ils réussiront ».

Les gens aiment qu'on leur dise qu'ils font du bon travail mais comment peuvent-ils donner le meilleur d'eux-mêmes si la direction ne leur dit pas ce qu'elle attend d'eux ? Pour que la relation employé-direction soit harmonieuse, il faut que l'employé ait une vision claire des objectifs de la direction et que cette dernière comprenne les attentes des employés. Deux conditions sont nécessaires pour en arriver à une compréhension mutuelle :

1. La direction et l'employé doivent s'entendre sur un programme de rendement.

2. Un programme de développement personnel doit être élaboré pour chaque employé.

Planification du rendement

Chaque année, un contrat de rendement individuel définissant clairement les normes de rendement liées à sa tâche devrait être passé entre chaque employé et son supérieur. Pour que ce contrat soit valable, les objectifs de l'entreprise doivent être communiqués de façon claire à l'employé. Ces objectifs correspondent à une série de tâches à effectuer sur lesquelles le supérieur et l'employé se sont entendus. Seul impératif, le programme de rendement individuel doit s'inscrire dans la stratégie globale de l'entreprise.

Expliquer les objectifs de l'organisation peut se révéler une tâche fastidieuse pour les cadres, mais ils se rendront compte par la suite que cela les aide à :

1. déléguer les tâches ;
2. mieux comprendre ce qu'ils font ;
3. élaborer de meilleurs programmes ;
4. aligner le programme de rendement de l'employé sur celui du service ou sur les objectifs de l'entreprise ;
5. justifier les décisions de leurs employés vis-à-vis de la haute direction ;
6. se sentir plus à l'aise lors de l'évaluation annuelle de leurs employés.

L'employé doit toujours contribuer à fixer les exigences de sa tâche et à définir les moyens à mettre en œuvre pour y parvenir. C'est une étape très importante du processus, car elle permet de s'assurer que l'employé comprend ses responsabilités. Chaque tâche doit être définie de façon à ce qu'on puisse évaluer :

- la qualité du produit final ;
- le coût du produit par rapport à sa valeur ;
- si le calendrier a été respecté.

Il s'agit pour le cadre comme pour l'employé de fixer des critères permettant de juger si un objectif en particulier a été rempli et s'il l'a bien été. De cette façon, tous les deux penseront en termes de résultats. Ensuite, il leur faut se mettre d'accord sur les exigences à atteindre et sur les moyens à prendre pour les dépasser.

Pour un ouvrier par exemple, l'évaluation des résultats se fera sur la quantité (40 %), la qualité (40 %) mais aussi l'attitude vis-à-vis du travail (20 %). N'entreront pas en ligne de compte dans cette évaluation, la sécurité ni les heures de présence, qui découlent de réglements et ne constituent pas des choix de comportement. Ces règles qui entraînent un renvoi si elles ne sont pas respectées, n'ont par ailleurs aucun effet sur l'ensemble de l'évaluation des résultats.

La plupart des traits de caractère n'ont qu'une influence indirecte sur un objectif et il serait superflu de les prendre en considération si les objectifs sont remplis. Cependant, on doit en tenir compte si les objectifs ne sont pas atteints, car ils peuvent expliquer certaines faiblesses de l'employé qui devront être corrigées. Par exemple, on expliquera qu'un employé ne fasse pas le travail à temps ou que la qualité laisse à désirer par le fait que les notes de service envoyées par un autre sont si mal rédigées qu'elles sont incompréhensibles.

Le programme de rendement doit être adapté à chaque employé et à sa tâche. Ce peut être un simple formulaire que le responsable et l'employé rempliront ensemble et qui comprendra :

1. le titre du poste ;
2. sa description ;
3. les exigences qui s'y rattachent.

Le programme de rendement de l'employé doit être établi conjointement avec le chef de service en s'appuyant sur la description de tâches de l'employé. Il doit définir par écrit les exigences du poste. L'employé qui s'en tient uniquement aux clauses du contrat sans essayer de faire mieux satisfait aux exigences du poste mais sans plus. Une fois les termes du programme de rendement arrêtés, le directeur et l'employé le signent et chacun en conserve une copie. Pour chaque employé on préparera, en plus du programme de rendement annuel, des programmes à court terme touchant des activités spécifiques. Si le programme annuel donne des orientations générales, les objectifs trimestriels, eux, peuvent être très précis.

Une fois déterminés les objectifs annuels et tri-mestriels, c'est au chef de service de superviser conti-nuellement le travail de l'employé et de lui fournir la rétroaction voulue, pas seulement une fois par trimestre, mais tous les jours, de manière à encourager l'employé à atteindre les résultats désirés et à l'aider à corriger ce qui ne va pas. Il s'agit d'assurer le suivi qui permettra d'éviter les surprises désagréables au moment de l'évaluation annuelle ou des évaluations trimestrielles.

Évaluations trimestrielles

Une fois tous les trois mois, le chef de service et l'employé ont un entretien confidentiel pour évaluer si les progrès réalisés correspondent aux objectifs annuels et trimestriels. Le supérieur et l'employé doivent se préparer à cette entrevue en remplissant un formulaire d'évaluation des résultats (voir Figure 7.1.).

On dresse d'abord la liste des tâches ou objectifs du trimestre ainsi que les priorités. Puis, chacun de leur côté, le chef de service et l'employé évaluent chaque élément de la liste en fonction des six niveaux de performance.

Ensuite, le supérieur et l'employé discutent des tâches pour lesquelles leur évaluation est différente. L'en-tretien doit leur permettre d'en arriver à un point de vue commun. S'ils n'arrivent pas à s'entendre sur l'une des tâches, ils doivent en redéfinir ensemble les paramètres pour le trimestre suivant de façon à résoudre leur différend. Si l'employé s'est évalué trop sévèrement, c'est l'évaluation plus favorable du chef de service qui prévaut.

Dès que ce dernier et l'employé se sont mis d'accord sur la cote à accorder à chaque tâche et sur l'évaluation globale pour le trimestre, ils élaborent un nouveau pro-gramme pour les trois mois suivants.

Étant donné le caractère informel de ces évaluations trimestrielles, elles ne donnent pas lieu à un rapport mais elles servent à établir le rapport d'évaluation annuel qui équivaut à la moyenne des quatre évaluations de l'année.

TABLEAU 7.1 Formulaire d'évaluation des résultats trimestriels

ÉVALUATION DES RÉSULTATS TRIMESTRIELS

Nom de l'employé _____ Date _____

I. Résultats de l'employé pour les trois derniers mois

Tâche	Priorité	Dépasse de beaucoup les exigences	Dépasse régulièrement les exigences	Dépasse de temps en temps les exigences	Répond aux exigences	Fait le minimum	Ne répond pas aux exigences
1.							
2.							
3.							
4.							
5.							
6.							
Total (niveau de performance)							

II. Principales contributions de l'employé depuis l'évaluation précédente

_____

_____

_____

_____

III. Principaux objectifs de l'employé pour le trimestre à venir

_____

_____

_____

_____

Préparé par _____

L'un des principaux problèmes auquel on se heurte est la surévaluation, le supérieur, préfèrant surestimer le rendement de l'employé que d'affronter une situation embarrassante. Cette façon de procéder nuit non seulement à l'entreprise mais à l'employé pour les raisons suivantes :

1. C'est injuste pour l'employé parce qu'il a une perception fausse de lui-même et ne peut compter sur la rétroaction qui lui permettrait de s'améliorer.

2. C'est injuste pour l'entreprise parce qu'en fait l'employé ne remplit pas sa tâche aussi bien que le supérieur le prétend.

3. Enfin c'est injuste pour les autres employés qui font correctement leur travail et reçoivent la même évaluation.

Habituellement les évaluations se répartissent comme à la Figure 7.2. Si les résultats semblent trop élevés, elles doivent être remises en question par la haute direction.

UN SALAIRE LIÉ AUX RÉSULTATS

Le salaire doit dépendre non seulement du type de responsabilités mais de la façon dont elles sont remplies. Différents niveaux d'efficacité, de productivité et de qualité

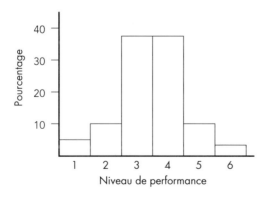

Figure 7.1 Répartition des résultats

peuvent caractériser la même tâche, c'est pourquoi il serait logique que chacune soit associée à une gamme de salaire. L'employé qui travaille beaucoup et dont la qualité du travail est excellente devrait recevoir un salaire plus élevé que l'employé qui se contente de répondre aux exigences et commet de nombreuses erreurs. L'évaluation annuelle des résultats est l'occasion idéale de faire le lien entre les salaires et les résultats (voir Tableau 7.2).

En faisant le lien entre l'évaluation de l'employé et la qualité du produit puis entre le niveau de performance et le salaire, vous fournissez à l'employé un stimulant financier qui le motive à s'améliorer. C'est tout aussi valable pour le chef de service. Pourquoi ne serait-il pas responsable des résultats de son service et rémunéré en conséquence ?

ÉLABORATION D'UN PLAN DE CARRIÈRE

Les ressources humaines ont un rôle crucial à jouer dans le succès d'une entreprise. Le personnel cadre doit non seulement encourager son personnel à faire de son mieux aujourd'hui mais aussi à gérer ces ressources pour plus tard. Le plan de carrière est une part importante de la gestion des ressources humaines. Il consiste à :

- identifier les forces, préférences et besoins de chacun des employés ;
- prendre des mesures pour tirer le meilleur parti des premières et satisfaire les derniers.

TABLEAU 7.2 Un salaire lié aux résultats. N.B. Ceux qui répondent aux exigences du poste recevront entre 550 $ et 575 $ par semaine.

525 $	550 $	575 $	600 $	625 $	650 $
laisse à désirer	fait le minimum	satisfait aux exigences	dépasse parfois les exigences	dépasse régulièrement les exigences	résultats exceptionnels

Le plan de carrière ne permet pas d'obtenir un nouveau travail, pas plus qu'il ne peut garantir une promotion ou une réaffectation. Par contre, il contribue au développement à la fois personnel et professionnel de l'employé et fait ressortir sa valeur pour l'organisation et les compétences qui lui permettront de se qualifier si l'occasion se présente.

Il y a une différence très nette entre le plan de carrière et le programme de rendement. Le programme de rendement concerne la tâche immédiate et les responsabilités qui s'y rattachent. Le plan de carrière s'intéresse aux aptitudes individuelles et aux priorités présentes et futures de l'employé. Bien que la responsabilité du plan de carrière soit partagée, elle relève plus directement de l'employé, le rôle du supérieur se limitant à encourager, informer et appuyer son employé.

Qu'est-ce que le plan de carrière ?

Un plan de carrière peut se définir comme une série d'étapes à franchir pour réaliser ses aspirations professionnelles. Le chef de service demandera au nouvel employé quel poste il aimerait occuper au moment de sa retraite et l'aidera à élaborer un plan qui rende cet objectif accessible. La première tendance à éviter est de viser l'objectif le plus évident, soit l'échelon supérieur. Ce qui paraît le choix le plus évident peut se révéler pour la personne une impasse ou une perte de temps si l'on tient compte de ses objectifs réels. C'est au supérieur qu'il revient de fournir le temps et la motivation nécessaires à l'employé pour établir son plan de carrière mais il ne peut le faire pour lui. C'est à l'employé de définir ses objectifs, les sacrifices qu'il est prêt à consentir et les moyens à prendre compte tenu de ses besoins personnels et de ceux de sa famille. Il doit se fixer des priorités, car rien de ce qu'on fait n'est gratuit, pas même les échecs qui, eux aussi, contribuent au succès final. Le plan de carrière fournit à l'employé l'itinéraire à suivre et le calendrier à respecter pour réaliser ses objectifs.

Pourquoi un plan de carrière?

Le plan de carrière permet d'aligner le développement individuel sur les objectifs de l'entreprise. Il a pour but de faire naître chez les employés et les cadres un sentiment d'appartenance. Ils n'occupent plus un simple emploi, ils mènent une carrière. Comme ils se sentent partie de leur entreprise, ils ont envie d'en connaître les rouages et de participer à sa croissance, d'autant plus qu'ils en sont les bénéficiaires. De plus, le plan de carrière renforce la relation employé-cadre en plaçant le cadre dans un rôle de conseiller.

Le plan de carrière a pour but de :

1. aider les employés à développer leur potentiel et à se réaliser dans leur travail ;
2. fournir une réserve constante de personnel qualifié ;
3. faire le meilleur usage possible des aptitudes de chaque employé maintenant et plus tard ;
4. faire prendre conscience à chacun de sa valeur personnelle ;
5. s'assurer de ressources qui permettront les promotions internes ;
6. montrer que l'entreprise respecte la personne.

Comment établir un plan de carrière?

Trois intervenants contribuent à faire du plan de carrière un succès :

- L'entreprise, qui doit créer un environnement propice à la croissance de l'employé en assurant sa formation continue pendant et après les heures de travail. Ceci permet à l'employé d'acquérir les aptitudes nécessaires pour développer son potentiel, de se tenir au courant des possibilités de carrière dans les autres secteurs de l'entreprise et surtout, d'accéder à une promotion interne. La plupart des nouveaux employés commencent aux échelons inférieurs.

- Le chef de service, qui joue un rôle de catalyseur. Il encourage l'employé à planifier son avenir. Et comme il comprend le mode de fonctionnement et les objectifs de l'entreprise, il peut guider l'employé dans la direction qui offrira les meilleures possibilités de carrière. Il connaît les aptitudes de ses employés et est à même de juger si leurs aspirations sont réalistes. Enfin, le chef de service tient ses employés constamment au courant des nouveaux besoins de l'entreprise et des conséquences pour leur plan de carrière. Le supérieur est donc celui qui encourage, félicite et conseille l'employé à mesure qu'il se prépare à franchir les étapes fixées dans son plan de carrière.

- L'employé, sur qui repose bien entendu la plus grosse responsabilité. Il lui faut faire des choix difficiles puisqu'il doit se fixer des objectifs qui tiennent compte à la fois de ses besoins et de ceux de ses proches. Il peut être appelé à faire des sacrifices. L'employé doit déterminer ses forces et ses faiblesses et analyser comment et pourquoi il occupe sa position actuelle. Enfin, il lui faut envisager l'étape suivante, définir des critères qui lui permettent d'évaluer ses progrès et établir des plans d'urgence.

Le Dr. Walter D. Sporey, auteur de *Career Action Planning*, écrit : « Plus quelqu'un a de la difficulté à organiser son plan de carrière, plus il a besoin, non pas de direction, mais d'aide. » De nombreux ouvrages et exercices peuvent aider ceux qui ont des difficultés de ce genre à déterminer leur intérêt dans une carrière et à se fixer des objectifs à long terme. Voici trois exercices couramment utilisés :

1. *Exercice de définition des valeurs.* Cet exercice aide à déterminer ce qui est important pour la personne, dans la vie et au travail. Des facteurs tels que le prestige, l'endroit, la variété, le stress, la stimulation intellectuelle et le pouvoir sont

notés en fonction de leur valeur pour cette personne.

2. *Analyse d'un travail satisfaisant.* Dans cet exercice, la personne doit décrire plusieurs expériences de travail satisfaisantes et se demander pourquoi elles l'étaient. Après avoir analysé de près les tâches qui lui procurent de la satisfaction, la personne est habituellement en mesure d'établir quel genre de travail lui convient le mieux.

3. *Croissance personnelle et enthousiasme.* Il s'agit d'une série d'exercices qu'on peut utiliser pour évaluer les facteurs importants d'un poste, comme ses possibilités de croissance, son utilité, les défis qu'il comporte, ses débouchés, son importance, etc.

On trouve quantité de cahiers d'exercices permettant de s'auto-évaluer dans les librairies ou chez les éditeurs. En voici deux exemples : *Voyage : A Chart Book for Career / Life Planning* de Margaret Anstim (Kendall / Hunt Publishing Company) et *Coming Alive from Nine to Five* de Betty Neville Michelozzi (Mayfield Publishing Company).

Les cadres doivent se rendre compte que certains employés sont tout à fait satisfaits du poste qu'ils occupent et qu'on ne devrait pas leur imposer un développement de carrière. Cependant, il est du devoir du supérieur de les tenir au courant des autres possibilités qui s'offrent à eux.

Plan de progression personnelle

Une fois par an, chaque employé doit préparer avec son supérieur un plan de progression personnelle dans lequel il déterminera les besoins les plus immédiats plutôt que les objectifs à long terme. Ce plan comprendra :

- les ambitions professionnelles (objectifs à long terme) de l'employé et l'étape suivante (objectifs à court terme) ;

- les besoins d'amélioration les plus urgents pour passer à l'échelon supérieur ;
- ce que l'employé compte faire pendant l'année pour être mieux préparé pour l'étape suivante de sa carrière et les objectifs à long terme (exemples : cours de rédaction administrative et de rédaction technique, cours du soir, société professionnelle, rôle communautaire) ;
- ce que l'entreprise compte faire pour aider l'employé à bien aborder l'étape suivante (exemples : formation au travail, cours à l'extérieur payés par l'entreprise, conférences, rotation d'emplois, affectation à des tâches spéciales, mutation temporaire dans d'autres services).

Une fois le plan de progression personnelle rédigé, le supérieur et l'employé le signent tous les deux et en conservent une copie. Plusieurs fois par an, le supérieur et l'employé se rencontrent pour évaluer les progrès réalisés.

Le processus de planification de carrière est utile à l'entreprise pour développer le potentiel de ses employés et pour créer chez eux un sentiment d'appartenance. Il aide l'employé à considérer son travail comme une carrière et non comme un simple emploi. Cette attitude encourage les progrès dans tous les secteurs et réduit de manière significative le taux de roulement de la main-d'œuvre.

PROGRAMME DE SUGGESTIONS

Le programme de suggestions a été adopté pour la première fois aux États-Unis en 1896 par la National Cash Register Company. Il a pour but de permettre à la personne directement engagée dans une activité de proposer des améliorations qui permettront d'utiliser les actifs de façon plus rationnelle, d'accroître la productivité, de réduire les rebuts et le coût de production et d'améliorer la qualité. Pour l'employé, le programme de suggestions est un moyen non seulement d'améliorer son salaire mais de s'exprimer, de se réaliser, de voir ses mérites reconnus et de se sentir utile à l'organisation. Paul Petermann, directeur du programme de suggestions chez IBM, affirme que « les idées constituent l'élément moteur de toute entreprise et c'est grâce au programme de suggestions que ces idées peuvent être diffusées ».

Les programmes de suggestions permettent à quantité d'entreprises à travers le monde d'économiser des milliards de dollars chaque année et de faire profiter de ces économies les employés qui ont permis de les réaliser. Selon la National Association of Suggestions Systems (association nationale des programmes de suggestions), les sociétés membres aux États-Unis auraient économisé 800 millions $ en 1984 et versé 98 millions $ de primes à leurs employés, l'épargne moyenne par employé se montant à 12 657 $. La société IBM à elle seule a distribué 60 millions $ à ses employés entre 1975 et 1984, une bonne affaire si l'on considère que ces suggestions lui ont permis d'éco-nomiser 300 millions $.

Comment fonctionne le programme de suggestions ?

Habituellement, chaque employé fait parvenir son idée par écrit au service responsable du programme de suggestions, lequel choisit ensuite la division qui lui paraît la plus apte à évaluer la suggestion et à la mettre en œuvre. Si le secteur concerné décide de retenir la suggestion, il commence par évaluer à combien se monteront les économies. Il se peut aussi qu'il accepte la suggestion même s'il est impossible d'en évaluer précisément les retombées, si elle lui paraît avantageuse pour l'entreprise.

Toutes les suggestions, retenues ou non, sont ensuite retournées au responsable du programme de suggestions qui les revoit et les complète au besoin. Une lettre est ensuite envoyée au chef de l'employé pour lui faire part des mesures qui ont été prises en relation avec la suggestion. Si la suggestion a été retenue, un chèque accompagne habituellement la lettre. Ensuite, le cadre revoit la suggestion avec l'employé. Quand le montant de la récompense est important, elle est décernée officiellement au cours d'une réunion spéciale. C'est un moyen de reconnaître publiquement les mérites de l'employé et d'inciter les autres membres du service à fournir aussi leurs suggestions.

Récompenses en argent

Bien que tous les employés puissent soumettre leurs suggestions, certains n'ont pas droit aux primes. Ce sont :

1. les responsables du programme de suggestions et le personnel cadre ;

2. les employés non admissibles, si leurs suggestions s'appliquent à des activités faisant partie de leur tâche habituelle ;

3. les employés admissibles, quand leurs suggestions font partie de leurs fonctions telles que décrites dans leur description de tâches ou leur programme de rendement. Par exemple, un analyste ne pourra recevoir de récompense pour avoir suggéré des modifications au système de procédure qu'il est chargé de rédiger alors que la même suggestion faite par quelqu'un de la chaîne de montage pourra donner droit à une prime.

Chaque entreprise doit établir son propre barème de primes. Dans certaines, toutes les suggestions donnent droit au même montant mais dans de nombreuses sociétés de premier plan, la prime équivaut à un pourcentage des bénéfices nets réalisés par l'entreprise sur une période spécifique. IBM, par exemple, verse actuellement à ses employés 25 pour cent de son bénéfice net pendant les deux années suivant la mise en œuvre de la suggestion, avec une prime minimale de 50 $ et maximale de 100 000 $. Même chose pour Eli Lilly. Partout ailleurs, la prime est en moyenne de 17 pour cent.

Les programmes de suggestions au Japon

C'est dans les années 50 que les Japonais ont adopté à leur tour les programmes de suggestions pour en généraliser l'application de la même façon qu'ils l'avaient fait pour le contrôle statistique et la gestion totale de la qualité. Aujourd'hui, ces programmes constituent le principal moyen pour s'assurer la participation des employés, bien avant les cercles de Qualité. Dans une étude récente, l'association japonaise des programmes de suggestions a établi que : « Pour chaque solution à un problème proposée par un cercle, on a 50 fois plus de suggestions. En ce qui concerne les brevets, le rapport est de 1 pour 2500. »

Aujourd'hui, au Japon, le nombre de suggestions par employé est 100 fois supérieur à ce qu'il est aux États-Unis et les retombées économiques par employé admissible sont environ quatre fois supérieures. On ne se contente pas d'attendre que les employés soumettent leurs suggestions, on leur apprend comment le faire et on les encourage en leur proposant des objectifs à atteindre. Par exemple, on commence par donner à l'employé l'habitude de faire des suggestions en lui montrant comment rassembler les données pertinentes et comment formuler son idée pour qu'elle soit convaincante. On détermine les objectifs pour lesquels les employés devront faire des suggestions et la liste des participants et non-participants est publiée. Ceci a pour but d'encourager chacun à participer activement au programme de suggestions. Les employés qui ne participent pas sont incités à le faire par leur supérieur et, partout au Japon, les grandes sociétés essaient de créer un environnement qui favorise la participation de tous.

Les résultats ont été significatifs. En 1983, 2 410 000 personnes ont soumis 40 980 000 suggestions, soit en moyenne 17 suggestions par employé participant et deux de plus que l'année précédente. Cette moyenne est bien supérieure à celle d'un employé américain. Le programme de suggestions de la société Sanyo, mis sur pied en 1965, est très représentatif de la méthode japonaise. La première année, il a donné lieu à 12 389 suggestions ; en 1983, à 356 104, la moyenne par employé étant passée de 6 à 37,7 pour la même période. Ce n'est pas seulement le nombre mais la qualité des suggestions proposées qui a augmenté : en 1965, seulement 21,6 pour cent étaient acceptées ; en 1983, 92,9 pour cent. Quant à la participation, elle a doublé pour atteindre 67,2 pour cent au cours de ces mêmes années. Au début, le programme visait à faire participer tous les employés et à obtenir un maximum de suggestions, indépendamment de la qualité. Les Japonais pensaient que la qualité viendrait d'elle-même mais ils se sont rendu compte que c'était faux. Aujourd'hui, leur programme de suggestions vise plutôt la qualité en éduquant les employés, si bien que, dans un certain nombre de sociétés comme Hitachi, Fuji Electric, Toyota, Fuji Heavy Industry et Sumitomo Metals Industries, on assiste à une diminution du nombre de suggestions.

Le programme de suggestions a permis au Japon d'économiser 1952 millions $ en 1983, un accroissement significatif par rapport aux 1305 millions $ de l'année précédente (le dollar valait alors 200 yens).

Les primes versées par les entreprises japonaises sont loin d'atteindre celles des États-Unis. En 1983, elles se montaient seulement à 59 millions $, soit une moyenne de 1,44 $ par suggestion et environ 24,48 $ par participant par année. Ce qui n'empêche pas le programme de suggestions de prendre rapidement de l'ampleur.

LE PROGRAMME D'AMÉLIORATION DES TÂCHES

Le programme d'amélioration des tâches permet aux employés de voir leurs mérites récompensés quand ils apportent des améliorations à leur tâche habituelle sans que cette contribution soit admissible aux primes du programme de suggestions. Il a pour but de :

- fournir un système de reconnaissance à l'employé qui améliore sa tâche ;
- créer un environnement favorable aux innovations ;
- accroître la qualité et la productivité.

Procédure d'amélioration des tâches

Chaque fois qu'un employé a une idée à proposer, elle est d'abord évaluée pour voir si elle est admissible au programme de suggestions. Si tel n'est pas le cas, elle l'est certainement au programme d'amélioration des tâches. Toutes les idées qui relèvent de ce programme doivent être mises en œuvre avant que leur auteur puisse soumettre un formulaire de demande. Ce formulaire doit répondre aux questions suivantes :

1. Comment s'effectuait la tâche auparavant ?
2. Comment procède-t-on maintenant ?
3. Quels avantages espère-t-on en tirer des points de vue qualité, rendement, main-d'œuvre et coût de production ?
4. À combien estime-t-on le coût de mise en œuvre ?
5. Quelles économies peut-on réaliser?

Le formulaire doit être rempli et signé par l'employé puis transmis au chef du service qui en vérifie les données, le signe à son tour et le fait parvenir au coordonnateur du programme d'amélioration des tâches. Ce dernier procède à une dernière vérification puis verse l'information recueillie dans la banque de données du programmme.

Les améliorations à portée générale ou variée doivent aussi être signalées. Elles doivent faire l'objet d'un rapport trimestriel à l'intention des cadres. Bien souvent, ce rapport sert de stimulant à de nouvelles améliorations tout à fait inattendues. Le coordonateur du programme est aussi chargé de mettre sur pied des séances de formation sur des sujets comme la simplification du travail ou les techniques de valorisation, de façon à permettre aux employés d'acquérir de nouvelles aptitudes à soumettre des idées créatrices.

Objectifs d'amélioration des tâches

Parce que l'amélioration des tâches est la responsabilité de tous les employés, le chef de service doit fixer des objectifs d'amélioration pour l'année et évaluer ses propres résultats et ceux du service par rapport à ces objectifs. Il peut, par exemple, « se donner pour but de réaliser des économies de 100 000 $ en 12 mois et faire participer tous les employés en exigeant de chacun au moins une suggestion d'amélioration. » Ceci peut aussi servir de base pour les cartes de contrôle ou encore constituer l'un des points des programmes de rendement de tous les employés étant donné que cela concerne directement leurs tâches.

Le même processus a lieu à tous les niveaux du personnel cadre jusqu'à ce que des objectifs d'amélioration des tâches aient été fixés à l'échelle de l'entreprise pour l'année à venir. La direction doit prendre ces objectifs très au sérieux et inclure les économies prévues dans la stratégie globale de l'entreprise.

Reconnaissance pour l'amélioration des tâches

Il existe autant de systèmes pour récompenser l'amélioration des tâches qu'il y a d'entreprises. Le système idéal comprend des concours trimestriels, des prix ne dépassant pas 100 $, des repas avec les cadres, des certificats, etc. De plus, le programme d'amélioration des tâches fournit à la direction les données qui permettront ultérieurement d'offrir une récompense plus importante à l'employé.

DEMANDE D'ACTION CORRECTIVE

Il arrive souvent qu'un employé ait un problème et ne sache pas comment le résoudre. La meilleure chose à faire dans ce cas serait d'en discuter avec son supérieur. Mais certains employés se refusent à le faire et il arrive aussi que cette démarche ne donne rien, parce que le chef d'atelier n'a ni le temps ni les moyens de corriger le problème ou encore ne sait pas comment le résoudre.

Le formulaire de demande d'action corrective est un moyen efficace de reconnaître les problèmes avant qu'ils ne deviennent trop sérieux. Tout employé qui fait face à un problème ou est conscient d'un problème peut remplir ce formulaire et l'envoyer à la fonction assurance Qualité. Il peut demander à ce que la demande reste anonyme jusqu'à ce que l'employé concerné décide de lui-même de discuter du problème avec l'enquêteur. L'assurance Qualité transmet la demande à la fonction la plus qualifiée pour résoudre le problème. Une fois un plan d'action élaboré, on en informe la personne qui a constaté le problème (à condition toutefois qu'elle se soit identifiée).

Les entreprises qui ont adopté ce système indiquent qu'elles ont pu résoudre 90 pour cent des problèmes soumis à leur attention.

UN PRINCIPE ESSENTIEL

Il ne peut y avoir de processus d'amélioration efficace sans relations humaines. Une simple lettre d'appréciation aura plus d'effet que toutes les affiches ou slogans dont on peut couvrir les murs.

Le personnel cadre a encore trop souvent tendance à rechercher de nouveaux systèmes ou de nouvelles méthodes pour faire progresser l'entreprise en oubliant qu'elle est composée de personnes qui désirent toutes sensiblement la même chose :

- Être appréciées
- Accomplir quelque chose de valable
- Progresser au rythme de leur entreprise et avoir un sentiment d'appartenance
- Avoir un supérieur qui sache se mettre à leur niveau
- Être traitées humainement et non comme des numéros.

8

L'amélioration du système

INTRODUCTION

C'est seulement en modifiant son système de contrôle des opérations qu'une entreprise pourra vraiment tirer profit du processus d'amélioration et l'intégrer de façon définitive. La plupart des erreurs ne sont pas attribuables aux employés : ils ne sont que des pions sur l'échiquier, qui travaillent au sein de structures le plus souvent rigides et dépassées. Elles ne sont pas non plus imputables aux cadres dirigeants : la seule chose qu'on puisse leur reprocher, c'est de laisser leur entreprise continuer à utiliser un système qui ne tient pas compte des nouveaux besoins. Ce n'est pas en s'attaquant aux gens qu'on éliminera les erreurs. Le problème n'est pas là. Ce qu'il faut modifier, c'est le système qui gouverne la performance même de l'entreprise de façon à pouvoir ensuite mettre en place des méthodes qui permettront d'en assurer la mise à jour régulière et le suivi.

Lors d'un sondage effectué par l'Institut des ingénieurs industriels, presque 45 pour cent des entreprises interrogées ont répondu qu'elles avaient apporté des modifications à leur structure de fonctionnement au cours des cinq années précédentes. Sur ce nombre, 70 pour cent ont constaté une amélioration de la qualité et de la productivité directement attribuable à ce changement.

GESTION DU PROCESSUS

Pour parvenir à une économie de marché, la plupart des entreprises ont opté pour une organisation fonctionnelle verticale avec à sa tête une équipe d'experts de formation similaire mettant en commun leur expérience et leurs aptitudes pour réaliser n'importe quelle tâche liée à leur domaine. Ce type d'organisation solide et efficace est parfait pour les besoins du travail en groupe. Malheureusement, la plupart des activités s'effectuent dans le sens horizontal et non vertical.

L'association travail horizontal et organisation verticale donne lieu à de nombreuses lacunes et chevauchements qui ont un effet négatif sur l'efficacité et la qualité du travail. Prenons le cas d'un service de traitement des commandes qui déciderait de ne plus vérifier si le numéro de l'article commandé correspond à sa description (même si on relève 3,3 pour cent d'erreurs) sous prétexte que c'est la responsabilité du vendeur, que cela représente une perte de temps et qu'on ferait mieux d'utiliser les 40 heures de travail que cela représente à rattraper les commandes en souffrance. L'effet sur l'enregistrement des données est très positif. En éliminant la vérification, on peut remplir les commandes en 12 heures plutôt que 38.

Comme on peut s'en douter, le résultat serait désastreux, deux pour cent des clients recevant la mauvaise commande. La sous-optimisation doit être évitée à tout prix. Dans ce cas-ci, les objectifs et les critères de performance d'un groupe en particulier sont contradictoires par rapport aux besoins globaux de l'entreprise. Malgré tout, l'organisation fonctionnelle comporte de nombreux avantages : il suffit d'adopter une stratégie qui permette d'en tirer le meilleur parti possible et de veiller à ce que toutes les activités soient profitables. Cette stratégie, c'est la gestion du processus.

Que signifie gestion du processus ?

La plupart des activités qui se répètent (que ce soit en usine ou dans un bureau) peuvent être considérées comme des processus et contrôlées de la même façon que n'importe quel processus de fabrication. Les activités d'un bureau d'étude, des secteurs distribution, ressources humaines ou même service informatique constituent des processus aussi complexes à gérer que les processus industriels. Auparavant, on s'intéressait surtout au contrôle du processus de fabrication. Aujourd'hui ce qui est payant c'est d'appliquer ces techniques de contrôle et de rétroaction éprouvées à toutes les entités fonctionnelles de l'entreprise et de considérer l'entreprise comme un seul processus avec de multiples sous-processus, la production n'en étant qu'un parmi d'autres.

On définira donc le processus comme :

Un ensemble d'activités caractérisées par des entrées, une valeur ajoutée et des sorties (le traitement du produit entrant par chacun des services lui conférant une valeur ajoutée).

Si la définition est simple, la plupart des processus ne le sont pas, comme l'explique Edward J. Kane, directeur de la qualité chez IBM, qui a appliqué ce concept aux services administratifs :

Le simple fait de prendre la commande d'un client, de la transmettre à l'usine et de répartir les différentes tâches entre les ateliers nécessite trente et un sous-processus, le traitement des factures en exige plus de vingt. Quant au traitement informatique, il représente à lui seul toute une fonction avec ses propres processus et défis. Par conséquent, il n'y a pas que la production qui donne lieu à des processus complexes.

Rôle du responsable du processus

Dans la plupart des entreprises étudiées, l'organisation verticale tend à neutraliser le processus d'amélioration et à multiplier les risques de sous-optimisation. Pour contrer cette tendance, il est nécessaire de nommer un directeur pour chaque processus important, qui en prendra l'entière responsabilité et n'hésitera pas à passer par dessus les structures au besoin. Ses fonctions consisteront à s'assurer que l'accent est bien mis sur le processus à tous les échelons de l'organisation, à le gérer et à veiller à ce que toute modification apportée au processus ait un effet positif sur l'ensemble.

Dans la plupart des cas, il ne s'agit pas d'une mission à plein temps. En fait, une fois le processus entamé, le responsable disposera probablement de plus de temps qu'avant, n'ayant plus à repérer les problèmes. La personne choisie pour remplir cette fonction devrait être celle qui est le plus directement concernée par la réussite du processus.

Pourquoi nommer un responsable du processus? La plupart des processus ne relèvent de personne en particulier ou au contraire dépendent de plusieurs, ce qui revient au même. Si personne ne se charge personnellement du processus, jamais on ne parviendra à l'améliorer.

La première responsabilité du responsable du processus consiste à définir le cadre du processus, c'est-à-dire tout ce qui en fait partie, depuis la livraison du premier fournisseur jusqu'au produit fini, prêt pour la livraison. Le processus d'embauche, par exemple, commence quand le directeur des ressources humaines se rend compte qu'il a besoin d'un nouvel employé et prend fin une fois que ce nouvel employé a franchi toutes les étapes de sa période de probation. Ce n'est qu'une fois le processus délimité qu'il est possible de mettre sur pied une équipe d'amélioration.

LES ÉQUIPES D'AMÉLIORATION DU PROCESSUS

Le responsable du processus est chargé de mettre sur pied une équipe d'amélioration du processus composée de représentants de chaque fonction concernée. Chaque membre de l'équipe est désigné par le directeur de son service, qu'il représente et au nom duquel il s'engage. L'équipe est responsable de l'élaboration et de la mise en œuvre des activités d'amélioration pour son propre processus. Ses fonctions consistent à :

1. dessiner un diagramme de flux du processus ;
2. établir des indicateurs de mesure et des boucles de rétroaction ;
3. qualifier le processus ;
4. élaborer et mettre en œuvre des programmes d'amélioration ;
5. rendre compte des changements au niveau de la qualité et de la productivité ;
6. élaborer et mettre en œuvre le système de zéro-stock.

Pour les secteurs administratifs, cette conception est tout à fait nouvelle, mais elle est très familière à ceux qui sont issus des secteurs manufacturiers, où elle fait ses preuves depuis le début des années 50.

Dessiner un diagramme de flux du processus

Le première tâche de l'équipe chargée de l'amélioration du processus consiste à dessiner un diagramme de flux du processus qui indique toutes les fois qu'une personne vient en contact avec le processus. Voici par exemple les cinq premières étapes du processus d'embauche :

1. Un directeur remplit un premier formulaire.
2. La secrétaire le tape.
3. Le directeur le vérifie et le signe.
4. La secrétaire l'envoie à l'échelon supérieur pour révision.

225

5. Le cadre supérieur vérifie si le formulaire est dûment rempli et si le directeur a bien le droit à du personnel supplémentaire ; puis, il signe la demande.

Tout le processus peut être décomposé de cette façon.

Ensuite l'équipe doit définir les procédures propres à chaque opération ainsi que les besoins de formation nécessaires pour chacune. Pour s'assurer que le diagramme de flux est à la fois complet et exact, l'équipe procède à des essais de production à plusieurs étapes du processus. Les questions à poser pour chacune sont les suivantes :

1. Quels sont les documents qui régissent cette activité ?
2. Quelle formation avez-vous reçue ?
3. Cette formation était-elle adéquate ?
4. D'où vous viennent les entrées nécessaires à votre activité ?
5. Comment savez-vous que vous faites votre tâche correctement ?
6. Quels genres d'erreurs rencontrez-vous le plus souvent ?
7. Votre activité vous pose-t-elle des problèmes ?
8. Avez-vous des suggestions pour améliorer votre activité ?
9. Qu'est-ce qui rend votre tâche difficile ?

Ce survol permet à l'équipe chargée de l'amélioration du processus de se faire une nouvelle idée de ce dernier, de prendre connaissance des problèmes soulevés par les employés et des solutions proposées pour améliorer le processus, d'évaluer si la formation est suffisante et de cerner le processus, en particulier ses forces et ses faiblesses. Cette méthode appliquée à l'industrie automobile fera ressortir qu'il est impossible d'installer les modules intérieurs une fois les portes posées. Aux États-Unis, on pose les portes une fois, puis on les ajuste. Au Japon, on fabrique des portes qui s'installent sans qu'on ait à les ajuster pour pouvoir les enlever facilement au moment d'installer l'intérieur du véhicule. Les résultats sont les suivants : l'intérieur est mieux fait et on perd moins de temps. Dans l'usine de Fremont, en Californie, bâtie conjointement par General Motors et Toyota pour fabriquer la Nova, on installe les portes deux fois.

Établir des indicateurs de mesure et des boucles de rétroaction

L'équipe chargée de l'amélioration du processus doit tout d'abord définir les sources d'erreurs potentielles, puis les indicateurs de mesure qui permettront d'évaluer le rendement le plus près possible de la source d'erreur, et finalement, créer une boucle de rétroaction permettant à chacun de corriger les erreurs qui sont de son ressort. Ce système de données fournit aussi à l'équipe l'information nécessaire pour permettre aux directeurs d'investir dans l'équipement et la formation ou de modifier les procédures de façon à empêcher que l'erreur ne se reproduise.

Dans la plupart des sociétés de service, les indicateurs de mesure sont pratiquement inexistants et, quand ils existent, c'est la rétroaction qui la plupart du temps manque. Il y a bien sûr des exceptions : American Airlines, par exemple, mesure constamment le temps qu'il faut à son personnel du service réservations pour répondre au téléphone (la moyenne est de 20 secondes) ainsi que les heures de départ et d'arrivée. La compagnie tient à s'assurer que 85 pour cent de ses vols n'aient pas plus de 5 minutes de retard au départ et 15 minutes à l'arrivée et que 85 pour cent des personnes qui viennent chercher leur billet soient servies dans les 5 minutes. Elle mesure aussi le temps qu'il faut pour décharger les bagages des avions ainsi que tout ce qui touche à l'amélioration du service.

Les cadres et les employés ont tendance à se fier à leur instinct pour résoudre les problèmes. Il arrive que cette méthode marche, mais la plupart du temps elle échoue. Il est nécessaire d'avoir une vision impartiale du problème et de bien le comprendre avant d'essayer de la résoudre. Ce qui signifie que l'évaluation est un préalable à l'amélioration. La méthode quantitative est préférable à la qualitative mais s'il n'existe pas de critères de mesure, comme c'est parfois le cas, il faut s'en remettre au jugement des clients. Rien n'empêche de leur demander ce qu'ils pensent de votre gestion, de votre personnel et de vos produits.

Il est essentiel que les indicateurs de mesure soient pris aussi près que possible de l'activité en cours. Idéalement, il devraient faire partie intégrante de l'activité. En réduisant le cycle de rétroaction, on y gagne sur deux plans : l'employé arrête de faire des erreurs et la valeur ajoutée ne vient pas se greffer sur un article défectueux. Des études réalisées chez Hewlett-Packard ont révélé que jeter un rhéostat défectueux avant qu'il ait été utilisé ne coûte que 0,02 $ mais 10 $ si le défaut est découvert lors du montage et des centaines de dollars s'il n'est détecté qu'une fois le produit entre les mains de l'utilisateur. Chez IBM, on s'est aperçu qu'il était 50 fois plus difficile de détecter un défaut dans le bureau du client que lors des tests de fabrication, et 80 fois plus difficile dans le cas des logiciels.

Tout système de mesure et de rétroaction doit pouvoir compter sur un système de vérification indépendant qui fera respecter les procédures. On ne peut accepter de données les yeux fermés sans procéder auparavant à des vérifications et à des recoupements. Non pas que les gens falsifient délibérément l'information (c'est exceptionnel), mais parce que la plupart des employés veulent tellement satisfaire leurs supérieurs qu'ils ont tendance à leur communiquer uniquement ce qu'ils veulent entendre.

L'équipe d'amélioration du processus doit aussi s'assurer que les spécifications du produit sont décrites en détail et qu'elles reflètent véritablement les attentes du client. Les boucles de rétroaction doivent être aussi présentes pour pouvoir mesurer le niveau de satisfaction du client et reconnaître au besoin ses nouvelles attentes.

CONTRÔLE STATISTIQUE DU PROCESSUS (CSP)

Une fois les indicateurs définis et le système de mesure mis en place, l'équipe d'amélioration du processus doit procéder à une analyse minutieuse de l'ensemble du processus pour identifier les caractéristiques qui se prêtent à des techniques de contrôle statistiques.

Pour la plupart des entreprises, le CSP représente un changement radical, même si cette méthode est techniquement très au point et repose sur des données mathématiques très rigoureuses. Les instruments de mesure du processus et de la production sont de plus en plus exacts et économiques, à tel point que les outils permettant de mesurer automatiquement et en temps réel les produits en cours et les cartes de contrôle sont aujourd'hui largement utilisés.

CYCLE DU PROCESSUS

Les premières activités d'entrée ont pour but de maîtriser le processus de façon à pouvoir mettre en œuvre ces activités. Le cycle d'un processus typique comporte quatre phases :

Phase A : Variabilité √

Phase B : Stabilité √

Phase C : Amélioration pas à pas

Phase D : Satisfaction du client (amélioration continue)

Phase A : Variabilité

Au cours de cette phase de son évolution, il arrive fréquemment que le processus connaisse des dérives, indiquées sur la figure 8.1 par de petits cercles. La première priorité de l'équipe d'amélioration du processus est de s'interroger sur la cause réelle de chacune de ces déviations et de mettre en place des outils permettant de contrôler les éléments qui en sont la cause. En comprenant la raison de ces écarts et en les maîtrisant, c'est le processus que l'équipe commence à comprendre. Quand il se stabilise, on

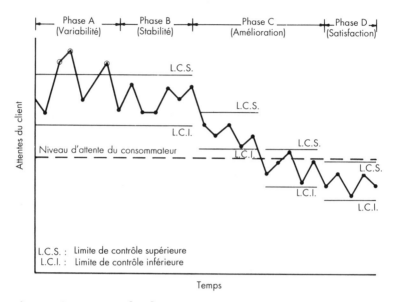

Figure 8.1 Le cycle du processus

entre dans la phase B et l'on peut s'attaquer aux problèmes chroniques. Il est impératif de maîtriser le processus avant d'aborder cette étape.

Phase B : Stabilité

Au cours de cette phase le processus montre un rendement statistiquement stable mais le résultat final ne correspond pas encore à l'attente des clients. C'est déjà un bon point de parvenir à stabiliser le processus mais ce n'est pas encore suffisant. C'est uniquement le signal pour l'équipe qu'il est temps de se pencher de façon systématique sur les problèmes chroniques et de définir un plan d'action qui permette de produire des résultats satisfaisants pour le client.

Phase C : Amélioration pas à pas

Une fois le processus maîtrisé, il convient de l'analyser en détail de façon à donner priorité aux améliorations potentielles, en fonction du coût, de la facilité de mise en œuvre ainsi que de l'impact prévu. Ensuite on élaborera un plan permettant d'intégrer ces améliorations potentielles et de les évaluer une par une (voir figure 8.2). Dans cet exemple, quatre mesures différentes ont été adoptées, une à la fois, en vue d'améliorer la gestion des stocks de façon à satisfaire le client.

Après chaque mesure, on donne au processus le temps de se stabiliser de façon à pouvoir évaluer l'impact de cette décision sur l'ensemble du processus. Il ne faut surtout pas évaluer l'impact uniquement sur l'élément modifié. La mesure 3 par exemple (normalisation des contenants) a eu un impact négatif sur le processus et augmenté les coûts. Si on avait intégré ces quatre mesures au processus toutes en même temps, il aurait répondu aux attentes du client mais il aurait fallu conserver les contenants plus chers pour toute la durée du processus.

Phase D : Satisfaction du client

Nous avons maintenant la preuve statistique que le résultat final répond aux attentes des clients et nous sommes pratiquement assurés de pouvoir leur fournir des produits

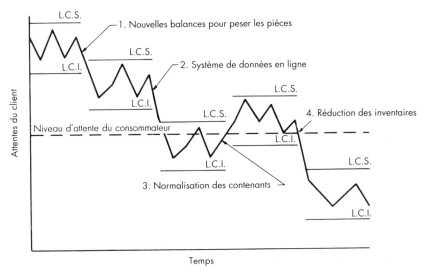

Figure 8.2 Amélioration pas à pas de la gestion des stocks

et services qui les satisferont. Toutefois, souvenez-vous ! Ce n'est pas parce qu'un client est satisfait aujourd'hui que le même produit le satisfera encore dans six mois même si la qualité est demeurée la même. Les exigences du client sont de plus en plus élevées et, pour y répondre, il faut continuer à améliorer le résultat du processus. C'est pour cette raison qu'on appelle parfois cette phase l'amélioration continue.

CONCEPTION SYSTÉMIQUE

Le processus utilisé a bien souvent évolué au cours des années. Le premier projet qui paraissait valable lors de sa conception peut sembler à présent inutilement complexe, lent et peu fiable, n'ayant subi que quelques correctifs destinés à remédier rapidement à des problèmes d'organisation, d'équipement ou de personnel, ou encore à modifier le produit. Si c'est le cas, il est temps d'adopter des techniques systémiques pour rationaliser le processus.

La conception systémique consiste à essayer de trouver la meilleure manière d'atteindre l'objectif visé en adoptant une démarche globale plutôt que modulaire. Il s'agit de privilégier l'objectif par rapport aux moyens d'y parvenir.

Grâce aux méthodes systémiques, l'équipe d'amélioration du processus est en mesure de concevoir le système le plus efficace pour parvenir à l'objectif principal. Elle accordera une moindre importance aux divers sous-objectifs dont la seule fonction consiste à soutenir l'objectif principal. Ainsi, on pourra avoir comme objectif principal d'« assurer aux actionnaires un rendement élevé et régulier sur leurs investissements » et comme objectif secondaire dépendant du premier, d'« assurer qu'un produit homologué par le client est expédié à moindre frais » (objectif du processus de qualité). La revue de conception, les études de validation du processus, les inspections en cours de processus et l'homologation des prototypes sont tous des sous-processus du processus, plus large, de qualité.

232

Pour élaborer un processus efficace à partir de cette conception, on procède en quatre étapes :

1. *Élaboration des spécifications du processus.* La spécification définit les objectifs à atteindre par le processus.

2. *Analyse des sous-processus.* Au cours de cette phase, les divers processus possibles ainsi que leurs structures communes sont analysés pour déterminer quels consensus adopter pour parvenir au meilleur processus global.

3. *Élaboration de voies de transmission des données.* Étant donné que la plupart des processus sont composés de sous-processus interdépendants, la rétroaction – vers le haut, vers le bas et horizontale – doit faire partie intégrante de chacun des sous-processus.

4. *Documentation.* Cette phase permet de réunir toute la documentation relative à la circulation des données et aux activités de maintenance nécessaires pour entretenir le processus. Elle comprend aussi un essai du production pour s'assurer que le « maillage » se fait bien avec les sous-processus. Cette documentation s'établit à partir de diagrammes de flux, de procédures et de tables de décision.

Cette technique systémique met l'accent sur l'ensemble du processus plutôt que sur les sous-processus pris individuellement et donne la priorité aux objectifs socio-économiques de l'entreprise.

Applications pratiques de la conception systémique

Appliquons cette technique au processus de fabrication d'une nouvelle pièce de prototype. Le principal objectif consiste à permettre à ce processus d'évaluer le produit et de s'assurer que les produits non conformes soient éliminés. L'un des sous-processus est le processus d'homologation de ce prototype par l'assurance Qualité, validation qui vise à assurer que l'objectif conception correspond aux exigences du processus et à vérifier que le prototype fonctionne selon les spécifications.

De nombreux processus peuvent être créés pour satisfaire à l'objectif d'homologation mais cette tâche revient surtout à :

1. L'assurance Qualité, qui est responsable de toutes les activités d'homologation.

2. Le bureau d'études, qui procède à certaines activités d'homologation spécifiques et soumet le plan et les données recueillies à l'assurance Qualité pour s'assurer qu'elles concordent.

Le tableau 8.1 illustre les activités nécessaires pour homologuer un prototype et le temps alloué à chacune d'entre elles, en prenant pour modèle le programme d'homologation de l'assurance Qualité qui exige 100 heures de travail.

Tableau 8.1 Activités d'homologation de l'équipement

Phases du programme	Sous-système I : homologation par l'assurance Qualité	Sous-système 2 : homologation par le bureau d'études
1. Définition du problème a. Conception et objectif du prototype b. Construction du prototype et calendrier des essais	15 heures	0 heures
2. Revue de conception	20	1,7
3. Planification de l'évaluation	40	14,0
4. Évaluation	20	10,0
5. Rapports d'analyse	5	7,0
Temps total requis par sous-système	100	32,7

Examinons maintenant pourquoi il est préférable que ce soit le bureau d'études qui procède à l'homologation.

- La main d'œuvre nécessaire pour mener à bien l'homologation est réduite de 67,3 pour cent.

- L'ingénieur du bureau d'études est seul responsable du prototype (quand l'homologation relève de l'assurance Qualité, cette responsabilité revient au directeur général de l'usine).

Le désavantage, par contre, c'est que ce processus donne lieu à moins de vérifications et de recoupements. Mais du fait que l'assurance Qualité s'occupe de la revue de conception des prototypes, de leur évaluation et des résultats de cette évaluation, il n'y a pas de péril. De plus, un programme de données et de retour des pièces défectueuses est créé dès le début du programme pour assurer que toutes les pièces trouvées défectueuses au moment des essais soient remises en circulation, de façon à vérifier que le prototype peut détecter les erreurs.

C'est un exemple classique d'amélioration de processus destiné à alléger la bureaucratie, mais les mêmes problèmes existent à divers degrés un peu partout. Intel Corporation rapporte qu'il leur a fallu passer par quatre-vingt-quinze étapes administratives et remplir douze formulaires pour se procurer un simple stylo-bille. En analysant systématiquement le processus d'approvisionnement, ils sont parvenus à réduire ces étapes à huit avec un seul formulaire à remplir. Intel estime que de telles améliorations peuvent leur permettre d'accroître leur productivité de 30 pour cent, soit une économie de 60 millions $ par année. Ces 60 millions $ économisés en frais d'exploitation équivalent à une augmentation de leur chiffre d'affaires de 277 millions. L'effet de levier est incroyable. Ce qui rapporte, c'est de concentrer l'effort d'amélioration sur le processus et non sur les personnes qui l'utilisent.

QUALIFIER LE PROCESSUS

Un processus est qualifié quand on a fait la preuve que toutes les procédures nécessaires, la formation, la documentation, les systèmes de mesure et de contrôle ainsi que de vérification sont en place pour assurer que le processus donne un produit ou un service de haute qualité, même dans des conditions contraignantes ou d'extrême tension. Une fois ce niveau de performance démontré, la conception du produit et du processus est terminée, et le programme doit être maintenu et amélioré.

Cela ne veut pas dire que le processus a atteint sa performance optimale ou son objectif zéro-défaut. C'est seulement le signe que le processus d'amélioration peut véritablement commencer le début du voyage vers le zéro-défaut. L'un des meilleurs moyens d'aider une entreprise à passer de la phase d'évaluation à la phase préventive est de mettre en œuvre un plan de qualification du processus.

Sa complexité varie en fonction de celle du processus. Pour bien comprendre ce qui est en jeu, nous examinerons les étapes à suivre pour qualifier un processus complexe, celui de la fabrication de minuscules composantes électroniques. Habituellement un cycle de fabrication de ce type comporte trois phases :

1. Des ébauches sont d'abord conçues en laboratoire à partir d'un équipement complexe pour confirmer une théorie ou un concept.

2. Une chaîne pilote est ensuite préparée pour fabriquer un large échantillonnage de produits qui feront l'objet d'une évaluation interne.

3. La chaîne de production définitive est montée pour fabriquer le produit fini destiné au client.

Le plan de qualification

Il est nécessaire d'établir clairement la distinction entre homologation et qualification.

1. *L'homologation* s'applique à une simple opération ou pièce d'équipement. On parle d'homologation quand on a la quasi-certitude qu'en suivant la documentation, l'opération ou l'équipement donne un résultat conforme aux spécifications.

2. *La qualification,* c'est l'acceptation de l'ensemble d'un processus composé de nombreuses opérations qui ont déjà été homologuées individuellement. Pour qu'un processus soit qualifié, il faut que chacune des opérations qui le composent et tout l'équipement utilisé soient certifiés. De plus, il faut pouvoir démontrer que le processus peut produire continuellement des produits ou services de haute qualité répondant aux attentes des clients.

En ce qui concerne les secteurs de fabrication, c'est habituellement l'assurance Qualité qui est responsable de la qualification du processus. Pour les autres secteurs, cette qualification relève de l'équipe d'amélioration du processus et ne passe probablement pas par les quatre niveaux de qualification indiqués ci-dessous. Le niveau 1 évalue l'acceptabilité du processus de développement. À cette étape, il est important de fixer les contrôles de base, de rassembler les données pertinentes et d'étudier la faisabilité sans interférer avec le caractère créatif de l'environnement de travail. Le niveau 2 concerne le processus pilote qui sert à fabriquer les échantillons qui permettront l'évaluation interne et l'élaboration des spécifications. Il a pour but de :

1. Caractériser le matériel et les processus utilisés pour soumettre les produits aux évaluations techniques.

2. Fournir un environnement planifié pour évaluer le processus et les paramètres de performance.

3. Établir une base de données pour le processus de fabrication.

4. S'assurer que le processus est prêt à passer du bureau d'études à la chaîne de production.

5. Fournir à la direction une évaluation objective de faisabilité et un échéancier réaliste.

Après la chaîne pilote, la prochaine étape du processus consiste à concevoir et à installer une véritable chaîne de production. Le niveau 3 du plan de qualification évalue ce nouveau processus pour s'assurer qu'il correspond aux attentes du client et de l'entreprise.

Dans la plupart des cas, le niveau 3 s'applique à une chaîne élémentaire qui peut rarement fabriquer un produit fini prêt à être livré. Une fois cette chaîne initiale établie, le processus continue à s'étendre à mesure que du nouvel équipement vient s'ajouter aux premières installations. Les dispositifs de base remplacent les anciens et le processus de fabrication s'automatise. Pendant cette période de croissance, on fabrique suffisamment d'échantillons pour pouvoir évaluer, au moyen d'études de capacité du processus, aussi bien les paramètres de prototypes spécifiques que les variations dans le matériel des fournisseurs. C'est alors que débute le niveau 4 du plan de qualification.

Jusque-là, les activités de qualification du processus ont uniquement servi à mettre le processus sous contrôle avant de commencer à expédier les produits aux clients. Le niveau 4 a pour but de caractériser le processus pour s'assurer qu'il est maîtrisé et peut produire de façon continue un produit ou un service répondant aux besoins du client.

Activités de qualification

Pour mieux comprendre ces quatre étapes du processus de qualification, examinons les trois activités essentielles à la qualification d'un produit.

1. Homologation de chaque opération

2. Qualification par lots

3. Vérification indépendante du processus

Homologation de chaque opération. Elle porte sur quatre aspects de chaque opération :

1. *La documentation.* La documentation permet de transmettre l'expérience et les connaissances acquises au cours des activités précédentes à la personne en charge. Dans la plupart des entreprises, la paperasserie est telle qu'elle exige de plus en plus de personnel de bureau, tout simplement parce que ces organisations ont une conception erronée de ce qui est important. En fait, la documentation concernant chaque tâche doit être limitée et ne retenir que l'essentiel. Plus important encore, elle doit être facile à comprendre.

2. *Le matériel d'essai.* Le matériel d'essai utilisé dans le processus joue un rôle important dans la qualité et la productivité. L'homologation de l'équipement détermine la faisabilité de la tâche et sa maintenabilité.

3. *Conditions de fonctionnement.* À cette étape des activités d'homologation, les systèmes de soutien de chaque opération sont évalués pour déterminer leur adéquation.

4. *Approbation finale.* Les trois premières facettes de l'homologation contribuent à assurer que le produit sera approuvé de façon continue. On procède alors à l'évaluation du résultat final de l'activité.

Qualification par lots. Une fois que chacune des activités du processus a été homologuée, on procède à des qualifications par lots pour évaluer si la conception du processus est efficace. Cette qualification partielle a pour but d'évaluer la continuité de l'ensemble du processus, de mesurer son rendement et d'identifier les limites quantitatives du processus dans le cas de paramètres précis. Un essai de qualification du processus de niveau 3, par exemple, prendra cinq semaines, dont une pour mesurer les capacités de l'équipement et le débit réalisable. On évaluera au moins cinq lots différents au cours des opérations de production.

Vérification indépendante du processus. La prochaine étape du processus de qualification consiste en une vérification détaillée du processus. L'équipe chargée de la vérification est présidée par le responsable de l'équipe d'amélioration du processus et rassemble des personnes n'ayant aucun lien avec le processus et issues de fonctions aussi variées quel ingénierie des produits, le bureau d'études, le bureau des méthodes, la vérification des produits et les ventes. Le rôle de cette équipe est de faire le constat du processus :

1. La faisabilité du produit et du processus a-t-elle été prouvée ?

2. Le processus a-t-il fait l'objet d'une documentation et est-il bien compris ?

3. La conception a-t-elle tenu compte les problèmes rencontrés sur un produit similaire et les a-t-elle corrigés ?

4. La nouvelle norme de performance a-t-elle amélioré la fiabilité et la qualité de ce produit par rapport au précédent ?

5. L'échéancier est-il raisonnable et a-t-il tenu compte des effectifs et des moyens de production de tous les secteurs de soutien ?

6. Le programme ou les technologies de soutien comportent-elles des éléments techniques importants ?

7. Les activités d'homologation et de qualification ont-elles été mises en œuvre comme prévu et tous les aspects importants ont-ils été mis en évidence ?

8. Les systèmes de mesure et de rétroaction sont-ils en place et fonctionnent-ils de façon efficace ?

9. Le produit final correspond-il aux attentes du client ?

Une fois leur évaluation terminée, les vérificateurs rencontrent l'équipe d'amélioration de la qualité pour lui faire part de leurs résultats et rédigent un rapport avec pièces justificatives à l'appui. L'équipe d'amélioration de la qualité prend alors les mesures qui s'imposent pour corriger les problèmes soulevés dans le rapport.

LE SYSTÈME ZÉRO-STOCK

À mesure que s'établit le contrôle statistique du processus et que s'améliore la qualité des fournisseurs, il est possible de réduire graduellement les importantes quantités de stocks de sécurité pour adopter le système zéro-stock. Il permet de limiter et même d'éliminer :

- l'inspection à la réception ;
- les coûts d'inventaire ;
- l'entreposage ;
- le cycle de stockage.

De nombreuses sociétés américaines de plus ou moins grande envergure utilisent cette méthode, IBM, Ford, GM, Chrysler, Hewlett-Packard, Motorola et Westinghouse, entre autres. Non seulement elle exige un effort concerté, mais il faut aussi :

1. Prévoir un temps de montage minimum.
2. Établir un système de mesure des produits en cours qui permette de détecter les pièces défectueuses juste avant leur arrivée sur la chaîne.
3. Planifier le travail des ateliers de façon à réduire au minimum le transport des pièces.
4. Synchroniser les opérations de manière à supprimer les temps morts et à parvenir à un flux continu.
5. Exiger des fournisseurs qu'ils livrent des pièces de qualité et respectent les délais.

6. Passer avec eux de nouveaux contrats, spécifiant les délais de livraison et le temps nécessaire pour obtenir de nouvelles pièces si certaines sont trouvées défectueuses.

L'équipe d'amélioration de la qualité devrait sélectionner un petit échantillonnage des meilleures pièces pour commencer et étendre la production à mesure que le processus et la qualité des pièces fournies s'améliorent. Pour être acceptable une pièce doit avoir fait la preuve qu'elle est sans défaut sur vingt lots.

LA PHASE D'AMÉLIORATION CONTINUE

Au cours de cette phase, l'équipe d'amélioration du processus et les équipes d'amélioration de la qualité des divers services jouent un rôle actif. Les responsabilités de la première s'étendent à plusieurs fonctions et services. En conséquence, elle est directement influencée par l'analyse de coût et de performance de l'ensemble du processus et s'occupe seulement des problèmes urgents, se concentrant sur ceux qui touchent à plusieurs fonctions. Il arrive fréquemment qu'un problème qui ne peut être résolu par l'équipe d'amélioration d'un service soit soumis à l'équipe d'amélioration du processus du fait que la solution du problème concerne plusieurs fonctions ou services.

Autre caractéristique qui différencie l'équipe d'amélioration du processus : elle gère les problèmes plutôt que de leur trouver une solution. Il est rare, par exemple que cette équipe fasse appel à des techniques comme les séances de créativité ou les analyses des forces et des faiblesses de l'entreprise pendant ses réunions. Habituellement, après avoir détecté un problème, elle demande à un groupe d'experts de s'en charger et de lui faire part de ses résultats. Ceci permet à l'équipe d'amélioration du processus de traiter plusieurs problèmes importants en même temps sans faire perdre de temps à ses membres. Elle repère chacun des problèmes et s'assure que quelqu'un accepte de s'en charger et d'y trouver une solution. À mesure que les données s'accumulent, il arrive fréquemment que le problème soit confié à quelqu'un d'une autre section que l'on juge plus en mesure de pouvoir le résoudre.

L'équipe d'amélioration du processus doit fournir la dynamique, décrite au chapitre 6, qui permet à chaque équipe de suivre la méthodologie de résolution des problèmes, que ce soit dans la fabrication ou les services. Joseph M. Juran, l'un des spécialistes de la qualité, parle d'amélioration de la qualité projet à projet. Il croit que la meilleure façon d'améliorer la qualité consiste à identifier un problème à la fois et à en confier la résolution à un responsable précis. Il offre de nombreux exemples démontrant que ce concept a réussi dans de nombreuses entreprises comme Bethlehem Steel, Owatonna Tool Co., Tektronix Inc., Motorola Inc., Union Carbide Corp., et bien d'autres. Lors d'une présentation en juin 1985, à Lisbonne, Joseph M. Juran affirme : « Ces projets ont permis de réaliser d'importantes économies et l'amélioration du processus a constitué un investissement très rentable. On estime que chaque projet a rapporté au moins 100 000 $ et jusqu'à des millions. À mon avis, chaque projet a fait économiser en moyenne 100 000 $. » Le Dr. Juran fait aussi remarquer que pour une entreprise au chiffre d'affaires de 5 milliards, dont les coûts de non-qualité s'élèvent à un milliard (soit 20 pour cent), 5000 projets seraient nécessaires pour réduire les coûts de non-qualité de moitié.

L'équipe d'amélioration du processus a une autre responsabilité non moins importante : celle d'assurer que tous les changements apportés au processus aient un résultat positif sur l'ensemble du processus sans créer de sous-optimisation. Toute modification à apporter au processus doit auparavant être évaluée par l'équipe d'amélioration du processus, accompagnée de documents prouvant qu'elles aura des effets bénéfiques sur la qualité, la productivité ou les deux. Pour obtenir ces données irréfutables, il est souvent nécessaire de procéder à des essais planifiés.

L'équipe d'amélioration du processus doit d'abord approuver le contenu de cet essai. À cet égard, la revue de sa conception empêche que l'on ait à rejeter les résultats en fin d'essai à cause d'un échantillonnage insuffisant ou de lacunes importantes.

L'équipe d'amélioration du processus est d'autant plus efficace qu'elle est composée de professionnels expérimentés connaissant bien le processus et prêts à réagir dès qu'un problème urgent se présente.

LA CONCEPTION DU PROCESSUS

Toutes ces activités ont pour but d'encourager la hiérarchie et les cadres à considérer les méthodes de conception du processus comme un outil destiné à améliorer le système qu'ils utilisent tous les jours. Pour ce faire, ils doivent :

1. définir les attentes du client ;
2. définir les sources d'entrée et les attentes des utilisateurs ;
3. rassembler des données sur les activités et le déroulement des opérations ;
4. élaborer des méthodes d'évaluation et de rétroaction ;
5. qualifier le processus ;
6. optimiser le processus.

Une équipe d'amélioration du processus d'IBM a procédé de cette façon pour améliorer un processus difficile : la présentation d'offres d'achat spéciales aux clients. Le processus prenait habituellement 90 jours, ce qui était trop long. Les vendeurs pensaient avoir de meilleures possibilités de vente en réduisant ce cycle à 30 jours. Ed Kane, directeur de la qualité, raconte :

Il a fallu prendre plusieurs mesures : redéfinir le processus de décision et en réduire les étapes, déléguer un peu plus de responsabilités au personnel et supprimer les retards en automatisant la collecte des données et le processus d'homologation.

Au bout d'un an, les progrès étaient très nets et le cycle d'homologation réduit à 15 jours tandis que pour la même période, le taux de clôture des offres passait de 20 à 65 pour cent.

DIFFUSION DE L'INFORMATION

Étant donné l'envergure et la complexité des problèmes traités par l'équipe d'amélioration du processus, il est important de tenir un journal de bord indiquant les progrès réalisés pour chacun. Les entreprises qui n'ont pas suivi la méthodologie de résolution des problèmes seront étonnées du temps qu'il faut pour résoudre la plupart de leurs problèmes. En élaborant un système qui assure le suivi des problèmes graves et inclut le nom de la personne responsable des mesures correctives, on peut réduire ce cycle de 50 pour cent. Voici l'information à inclure dans la base de données :

1. Définition du problème ; où et quand il a été détecté
2. Fondement du problème
3. Calendrier d'exécution de l'activité
4. Responsable des mesures correctives et depuis quand
5. Résultats espérés de l'application de ces mesures
6. Résultats réels après évaluation
7. Procédures de contrôle ayant été modifiées
8. Économies prévisibles
9. Autres secteurs ayant bénéficié de mesures correctives

L'équipe d'amélioration de la qualité est le groupe le mieux placé pour tenir les cadres au courant des performances du processus et de son rendement final. Les besoins d'information sont fonction de la complexité du processus. Examinons, par exemple, la marche à suivre en ce qui concerne un produit livré à un client externe. Le suivi exigera alors la tenue :

1. d'un procès-verbal après chaque réunion de l'équipe d'amélioration du processus ;

2. d'un journal de bord retraçant l'évolution du problème ;

3. de courtes réunions hebdomadaires pour faire le point avec le directeur de l'usine et parler des principales mesures et dispositions qui feront l'objet de la semaine ;

4. de comptes rendus de rendement hebdomadaires pour aider à définir les nouveaux problèmes et d'évaluer l'efficacité des mesures correctives déjà prises ;

5. de rapports mensuels du personnel cadre, dont les points importants seront discutés avec la haute direction au cours d'une réunion officielle à laquelle participera toute l'équipe d'amélioration du processus ;

6. de formulaires d'évaluation pour déterminer si les activités de l'équipe d'amélioration du processus ont permis une amélioration des tâches.

Ces comptes rendus et réunions aident l'entreprise à concentrer son attention sur les problèmes prioritaires mais peuvent vite constituer une perte de temps (et de papier) s'ils ne sont pas utilisés à bon escient. La majeure partie des réunions et des rapports devrait être consacrée aux problèmes exceptionnels ou qui ne s'améliorent pas selon les prévisions, mais aussi à souligner les secteurs performants. On consacrera environ un quart de la réunion à présenter les améliorations avant de signaler les problèmes et les échecs.

Le rapport mensuel du personnel cadre est d'un autre genre. Il doit être soigneusement conçu de façon à retenir l'intérêt du lecteur et suivre un plan très strict.

1. Présentation

    a. Principaux problèmes et mesures correctives adoptées

    b. Secteurs du processus non maîtrisés et nécessitant une action corrective de la part de l'encadrement

    c. Comparaison des coûts de non-qualité avec la moyenne des six mois écoulés

2. Évaluation des performances des clients internes

3. Bilan du rendement du processus, y compris les rendements initiaux et de production

4. Cartes de contrôle indiquant dans quel sens se fait l'amélioration

5. Évaluation de la qualité des entrées

6. Coût de non-qualité du processus

La présentation (point 1) doit renvoyer au numéro de page correspondant dans le corps même du rapport mensuel où chaque point sera développé plus en détail. Chaque carte de contrôle indiquant une tendance négative ou un niveau de satisfaction inférieure à ce qu'attend le client, doit donner lieu à un rapport proposant des mesures correctives.

9

Participation des fournisseurs

INTRODUCTION

Le succès de nombreuses techniques de production modernes, telles que la robotique, la réduction et la rotation plus rapide des stocks, l'informatisation et la sophistication des systèmes de suivi et de gestion de la production, dépend souvent des pièces et des matières d'entrée, qui doivent être de très haute qualité. Par exemple, pour que les robots tiennent compte des petites différences qui existent dans les pièces et les matières, ce que tout opérateur fait très facilement, il faut mettre au point des programmes de commandes très complexes. Or, il est souvent plus économique d'uniformiser les pièces que d'adapter les robots, même pour des opérations aussi simples que l'insertion d'une vis.

Pour réussir à réduire les stocks, la qualité est également indispensable. Auparavant, l'un des éléments de la gestion globale des stocks était le « stock de sécurité », destiné à se protéger contre un certain nombre de calamités, y compris la découverte de matières défectueuses ou inutilisables sur la chaîne de fabrication ou dans l'entrepôt. Malheureusement, il arrivait souvent que l'on découvre juste à ce moment-là que le stock de sécurité, qui allait enfin servir, était tout aussi inutilisable que les pièces qu'il devait remplacer. Pour tout arranger, on constatait aussi que ces pièces défectueuses n'étaient que la partie visible de l'iceberg, la partie cachée étant le processus du fournisseur qui était à reconcevoir d'un bout à l'autre. Le stock de sécurité donnait un faux sentiment de sécurité alors qu'en fait, il empêchait les entreprises de mettre au point des mesures efficaces de prévention des défauts.

Face à cette situation, on a tout de suite tendance à penser que le contrôle doit devenir de plus en plus important et qu'il faut agir afin de réduire le nombre de pièces défectueuses parvenant à la chaîne de fabrication. Mais il faut savoir que l'inspection des pièces finies exige des techniciens expérimentés et un équipement coûteux, qu'elle se fait dans des laboratoires éloignés de la chaîne de production, qu'elle interrompt l'acheminement des pièces jusqu'à la chaîne de fabrication et qu'elle est souvent source d'erreurs. Pire encore, l'inspection ne permet pas de fabriquer des pièces de qualité ; seul le processus de fabrication le permet. Une stratégie Qualité fondée sur le contrôle de réception deviendra vite trop coûteuse et ne pourra en aucun cas fournir des pièces sans défaut comme l'exigent les procédés de fabrication à haut rendement avec des stocks réduits.

Si les entreprises veulent faire fonctionner leurs chaînes de production sans problème, tout en réduisant de beaucoup leurs stocks, il faut absolument qu'elles trouvent des moyens pour s'assurer que les pièces et les matières qu'elles reçoivent soient utilisables chaque fois. On trouvera dans ce chapitre, un ensemble de techniques qui permettent de parvenir à cet objectif.

RÉDUCTION DU NOMBRE DES FOURNISSEURS

On a longtemps pensé que plus l'entreprise avait de fournisseurs, dans les limites du raisonnable, évidemment, mieux c'était. Avoir un grand nombre de fournisseurs présente des avantages évidents. Plus les fournisseurs sont nombreux, plus dures sont les négociations avec eux et meilleures sont les conditions du contrat en termes de prix, de livraison et autres. D'autre part, si un fournisseur de pièces ou de marchandises connaît des problèmes de finances, de livraison ou de qualité, l'entreprise peut alors se tourner vers un autre fournisseur. En ayant plus de fournisseurs, l'entreprise peut aussi faire face rapidement à une augmentation de la production.

Mais pour tous ces avantages, l'entreprise paye très cher. En effet, plus l'entreprise a de fournisseurs, plus cela représente de travail administratif, de personnel pour passer les commandes et en assurer le suivi, et d'occasions de faire des erreurs.

L'entreprise se verra donc contrainte de réduire le nombre de ses fournisseurs. En effet, quand elle décide de travailler en collaboration avec eux pour améliorer la qualité des pièces qu'elle reçoit, le fardeau imposé à son équipe technique est tel qu'elle est vite obligée de réduire le nombre de ses fournisseurs, les quelques ingénieurs de fabrication et de qualité dont elle dispose ne pouvant suffire à répondre à la demande d'aide. C'est particulièrement vrai pour les entreprises à haute technologie qui doivent se procurer des composantes très complexes. Pour certains marchés, l'entreprise qui réduit le nombre de ses fournisseurs peut rencontrer des problèmes d'ordre juridique à la fois dans le domaine des contrats et des lois antitrust. Elle doit alors demander l'avis d'avocats avant de prendre sa décision.

Mais que feront au juste ces ingénieurs en abordant le monde de la très haute qualité ? Quels seront les changements à apporter à leurs méthodes de travail ? D'abord, les entreprises ne pourront plus se fier essentiellement au contrôle, même rigoureux, pour s'assurer que les pièces achetées sont acceptables. Dans le cadre d'une production à haut rendement, le contrôle de réception fait surtout appel aux plans d'échantillonnage, tout simplement parce qu'il est impossible de vérifier chaque pièce, ce qui reviendrait beaucoup trop cher. (Même si c'était possible, une inspection de chacune des pièces ne signifierait pas que toutes les pièces sont acceptables, différents facteurs intervenant, comme la fatigue des opérateurs par exemple.) Aujourd'hui, les normes de qualité devenant toujours plus élevées, les niveaux de qualité obtenus par plans d'échantillonnage ne sont plus assez bons. Les procédés de fabrication à haut niveau de rendement et à haute productivité exigent que les taux d'erreurs soient inférieurs à quelques pièces par million, il ne s'agit plus de pourcentage.

Le fait d'avoir à abandonner l'inspection des entrées représente un défi pour les ingénieurs de fabrication et les ingénieurs qualité qui s'occupent de l'approvisionnement. Auparavant, ils se fiaient surtout aux inspections et au travail de mise en oeuvre du processus avant la fabrication pour s'assurer que les fournisseurs fabriqueraient des pièces de bonne qualité. Une fois leur confiance accordée, ils donnaient l'autorisation aux fournisseurs de commencer la production en série. Par la suite, c'est en continuant à inspecter les pièces à la réception qu'ils s'assuraient que le processus produisait toujours des pièces de bonne qualité.

Dans l'avenir, on demandera toujours plus d'efficacité. Après avoir vérifié que les processus des fournisseurs sont en mesure de fournir des pièces acceptables, il faudra continuer à les surveiller et à les adapter pour qu'ils ne produisent jamais de pièces de mauvaise qualité, ne serait-ce que quelques heures. Les ingénieurs devront élaborer de nouvelles procédures opérationnelles et créer des dispositifs de contrôle et de surveillance du processus beaucoup plus sophistiqués. Il faudra également que la collaboration technique intensive entre le fournisseur et son client puisse durer tout au long du programme quand il s'agit de processus essentiels. Cet effort technique est si exigeant que les entreprises ne s'y livreront que lorsqu'il sera nécessaire pour assurer la continuité de l'approvisionnement.

LES CONTRATS À LONG TERME

Aujourd'hui, la haute qualité est requise de façon permanente et pour des périodes prolongées, et le fournisseur ainsi que son client ont intérêt à signer des contrats à long terme. L'intérêt du fournisseur est encore plus évident que celui du client. En effet, pour s'assurer d'un très haut niveau de qualité pendant tout le cycle de vie du programme, le fournisseur doit faire d'importants investissements. Il doit par exemple acheter de l'outillage pour la fabrication, de nouveaux dispositifs de contrôle pour la surveillance du processus, de l'équipement pour l'automation du processus, l'automation des voies de transfert par exemple, et pour la robotique. Dans certains cas, le fournisseur devra construire de nouvelles installations comme des salles d'une netteté impeccable, ou même une toute nouvelle usine.

Mais la liste des investissements que le fournisseur doit effectuer ne se borne pas aux biens immobilisés. Le fournisseur doit aussi investir dans la formation de son personnel, à commencer par l'équipe de direction. Cette dernière doit bien comprendre au départ que l'engagement de l'entreprise dans un processus de qualité ne va pas à l'encontre des objectifs en matière de coûts et de calendrier d'exécution, mais qu'au contraire, il s'agit d'une condition préalable pour minimiser les coûts et le plus sûr moyen de respecter l'échéancier. Si la direction n'en est pas intimement convaincue, tous les efforts pour instaurer un processus d'amélioration ne seront qu'éphémères et céderont le pas aux contraintes de réduction des coûts et d'augmentation de la production.

La direction doit aussi investir dans tout son personnel de soutien, des dessinateurs du bureau d'études aux techniciens du service d'entretien. Ils doivent bien comprendre les objectifs qualité de l'entreprise et savoir précisément quel sera leur rôle dans le processus d'amélioration. L'équipe de soutien d'ingénierie et de fabrication doit mettre au point de nouveaux concepts et de nouveaux programmes spécifiques pour mettre en oeuvre le processus d'amélioration : études pour la qualité et la fabrication, nouvelles technologies pour la surveillance du processus, méthodes modernes de prédiction pour l'entretien, etc. Il est probable que de nombreuses entreprises, en voyant l'envergure des projets à réaliser pour atteindre les objectifs Qualité, prendront conscience qu'elles manquent de personnel de soutien expérimenté dans la fabrication, comme des ingénieurs de fabrication et des qualiticiens. Elles devront investir temps et argent pour former leurs ingénieurs ou en engager de nouveaux.

Enfin, les entreprises qui décident d'instaurer un processus d'amélioration se rendront compte que l'engagement de la direction et la formation des équipes techniques ne serviront à rien si les employés qui fabriquent le produit ne comprennent pas le concept Qualité ou s'ils ne l'appuient pas. Il est donc indispensable de mettre au point un programme de formation pour tout le personnel afin que les opérateurs comprennent les enjeux du programme et ses avantages pour eux-mêmes et pour l'entreprise. Ils doivent être bien préparés à leurs nouvelles responsabilités telles que la collecte des données concernant la mesure, la construction des cartes de contrôles et la participation aux équipes Qualité.

Il est évident qu'avant d'investir temps, argent et personnel dans un processus de qualité, le fournisseur doit être absolument sûr que le programme de fabrication durera un certain temps. Il est déjà arrivé que certains fournisseurs, après avoir élaboré un nouveau processus de fabrication avec un client, se voient damer le pion par un de leurs concurrents qui n'avait pas dépensé le moindre sou dans des frais de développement. Les contrats à long terme soigneusement mis au point par le fournisseur et son client et protégeant les deux parties devraient dissiper les inquiétudes à ce sujet. Là encore, l'entreprise doit demander l'avis d'avocats pour rédiger ces contrats. Quand la concurrence est vive entre fournisseurs, il peut être déconseillé de signer ce genre de contrats.

Au premier coup d'oeil, il peut sembler que les contrats à long terme favorisent uniquement le fournisseur et que dans les faits, ils désavantagent le client. Il faut bien reconnaître que les contrats à long terme interdisent les négociations libres et continues entre le client et son fournisseur. Mais ils présentent également des avantages pour le client. Par exemple, des services d'achat sophistiqués ont inclus dans leurs contrats des clauses garantissant des réductions de prix automatiques ou des renégociations. Aujourd'hui, certains contrats comportent même des clauses qui obligent le fournisseur à chercher constamment de nouvelles occasions de réduire les coûts et ces réductions vont profiter autant au fournisseur qu'à son client.

Les contrats à long terme permettent aussi au client de passer beaucoup moins de temps à renégocier, à reconcevoir les procédures opérationnelles, à donner de la formation, etc. Ils lui donnent également la possibilité de négocier des contrats de développement avec certains fournisseurs dès la phase initiale de conception du nouveau produit. Le client peut ainsi profiter de l'expérience de fournisseurs clés au moment où il est encore possible de modifier la conception du produit sans trop de frais. Le fournisseur, quant à lui, connaît très tôt les exigences fondamentales du processus il peut commencer tout de suite la planification des réalisations à long terme, réduisant ainsi le temps de préparation et de mise en route entre la conception du produit et sa disponibilité.

En somme, le contrat à long terme consolide la collaboration des deux parties qui est indispensable si l'on veut atteindre de hauts niveaux de qualité.

REVUE DE CONCEPTION DU PRODUIT

Les clients qui décident de faire participer leurs fournisseurs dès la revue de conception du nouveau produit réussiront à réduire leurs coûts de façon phénoménale, et ce, pendant toute la durée du programme. Mais pour y parvenir, il ne suffit pas que l'ingénieur du bureau d'études du client aille voir le fournisseur avec quelques dessins sous le bras et qu'ils en discutent vaguement un jour ou deux. Il doit s'agir bien au contraire d'une vraie collaboration technique qui doit durer au minimum plusieurs mois et pendant laquelle on doit envisager un grand nombre de possibilités. Dans certains cas, le fournisseur aura de gros frais de développement s'il doit par exemple se procurer de nouveaux outillages, ou mettre au point des processus prototypes. Il doit alors avoir un contrat de développement. Certains fournisseurs sont prêts à participer à l'installation d'un nouveau processus à leurs frais, dans l'espoir d'obtenir un contrat de production à long terme mais, dans ce cas, c'est à leurs risques et périls.

La signature d'un contrat en règle entre le client et son fournisseur se justifie à d'autres titres : le problème de la confidentialité, par exemple. Avant le commencement de toute revue de conception, il est indispensable de faire signer au fournisseur un accord de non divulgation dont les termes seront choisis avec soin. Le client doit aussi signer un accord de ce genre qui protégera les processus du fournisseur. Il est également important d'établir par contrat que les résultats de la revue de conception sont la propriété du client, afin d'éviter que ce dernier ne s'aperçoive, à la fin de la revue, que pour se procurer une des composantes essentielles, il est désormais obligé d'avoir le même fournisseur pour toute la durée de vie du produit, en raison de droits de propriété sur le processus. Le contrat doit aussi stipuler clairement que la réalisation de la revue de conception et le contrat de développement de prototypes ne garantissent pas au fournisseur un contrat de production à long terme. Le client se réserve ainsi le droit de faire des appels d'offre pour le contrat de production. Quant au fournisseur, il a néanmoins plusieurs avantages sur ses concurrents : le produit a été conçu pour des processus dont il a une grande expérience et il a une meilleure connaissance des exigences du client et de son personnel clé.

LES SÉMINAIRES DESTINÉS AUX FOURNISSEURS

Personne ne peut « se conformer aux exigences » si celles-ci ne sont pas clairement définies. C'est pourquoi le séminaire destiné aux fournisseurs est un instrument décisif dans les communications actuelles entre clients et fournisseurs.

Les exigences du client ne se bornent pas aux caractéristiques des pièces qu'on doit lui fournir. Elles portent aussi sur leur coût, les délais de livraison, le conditionnement, les méthodes de résolution de problèmes et bien d'autres détails.

Les séminaires destinés aux fournisseurs ont pour objet de compléter l'information qui leur a déjà été fournie dans différents documents : les informations techniques apparaissant dans les dessins du bureau d'études, les spécifications et les exigences commerciales stipulées dans les contrats et les ordres d'achat. Même s'il est difficile de contester l'importance de ces documents, on a constaté qu'ils ne suffisaient pas. Ces séminaires permettent de rassembler régulièrement le personnel clé du client et du fournisseur. Les séminaires qui réunissent plusieurs fournisseurs sont également très utiles. En effet, les questions ou les problèmes soulevés par les différents fournisseurs, et qu'il leur est possible de discuter franchement entre eux, sont mieux compris et plus approfondis que s'ils sont discutés uniquement entre le client et son fournisseur.

Les séminaires doivent porter sur les informations commerciales et techniques importantes ne faisant pas partie des contrats et des dessins industriels présentés aux fournisseurs. L'ordre du jour peut ainsi comporter toute une liste de points : modifications des conditions du marché ou de la planification du produit, nouvelles spécifications, progrès des techniques de mesure, changements concernant le contrôle, nouvelles méthodes à utiliser pour les entrées et la gestion des stocks, nouveaux concepts de maîtrise des processus, succès remportés par d'autres fournisseurs en matière de qualité. Chacun de ces points (ou d'autres du même ordre) est extrêmement important dans le cadre d'un partenariat client-fournisseur ; et pourtant, ils ne font pas partie de la documentation commerciale et technique qui définit les responsabilités du client et de son fournisseur.

La fréquence des séminaires dépend de la complexité et du dynamisme des technologies utilisées. L'endroit où doivent se tenir les séminaires peut varier. Si les fournisseurs viennent chez le client, ils ont la possibilité de voir la chaîne de fabrication telle qu'elle est et de se renseigner sur l'environnement dans lequel leurs pièces sont utilisées. Ils seront en mesure de mieux apprécier les exigences du client et leurs motifs. D'autre part, c'est une façon pour les fournisseurs de faire aussi la connaissance du personnel de leur client.

Par contre, les fournisseurs dont les installations sont éloignées de celles de leur client ont tendance à n'envoyer au séminaire qu'un nombre restreint de membres de leur personnel et rarement les personnes clés. Pour éviter cela, il est préférable de tenir les séminaires là où sont regroupés plusieurs fournisseurs. Le client peut ainsi visiter leurs usines et se faire une meilleure idée de leurs conditions de travail. L'idéal est évidemment d'alterner les séminaires chez le fournisseur et chez le client.

LES MÉTHODES DE CONTRÔLE DU PROCESSUS

Il faut bien faire la distinction entre le terme générique « maîtrise du processus » et le « contrôle statistique du processus » qui a un sens plus restreint. Les deux méthodes sont de plus en plus utilisées aujourd'hui dans les entreprises et il doit être bien clair que le contrôle statistique du processus, bien qu'extrêmement important, n'est qu'un des aspects du système de maîtrise du processus.

La maîtrise du processus englobe les disciplines, les méthodes de contrôle, les procédures opérationnelles, la dotation en personnel et autres moyens qui permettront d'assurer le rendement sans erreur des processus, sans se fier uniquement à l'inspection. Assurer la maîtrise du processus, c'est, par exemple, engager du personnel compétent et expérimenté pour le programme de fabrication. C'est créer des programmes de formation, d'accréditation, et un système de renouvellements périodiques pour la certification des opérateurs et des inspecteurs de production. La maîtrise du processus inclut aussi toutes les procédures opérationnelles relatives à la production et à l'inspection du processus, une planification pour évaluer régulièrement la capacité des méthodes de production, la précision et l'aptitude à la répétition de la procédure d'inspection. Elle permet de corréler les mesures obtenues par le fournisseur et son client et d'adapter les normes de vérification de la mesure aux normes internationales. La maîtrise du processus comprend également toute la documentation sur le processus, des dessins d'outils et des spécifications du processus jusqu'aux procédures de fabrication et d'inspection. Enfin, elle englobe la collecte et l'analyse des données, les vérifications à faire pour s'assurer que tout le système fonctionne bien comme on l'avait planifié. Il est fréquent que le client demande à ses fournisseurs de lui transmettre les données relatives à la maîtrise de leurs processus les plus importants et en fasse lui-même la vérification.

Les systèmes Qualité qui se fondent sur la maîtrise du processus sont fondamentalement différents des systèmes qui s'appuient sur le contrôle final. Comme nous l'avons vu, celui-ci est trop coûteux et trop inefficace pour assurer la qualité. De plus, quand on découvre un défaut pendant la phase finale du processus de fabrication, en particulier lorsqu'il s'agit d'un processus à haut rendement et dont le temps de préparation et de mise en route est long, cela signifie qu'il doit y avoir des centaines de milliers de défauts du même genre tout au long du processus.

L'abandon du contrôle final, même rigoureux, ne peut se faire que si on le remplace par des contrôles stricts à toutes les étapes du processus. Ces contrôles doivent fournir les mesures en temps réel pour les pièces et le processus ainsi que pour les mises au point qui sont effectuées aussitôt que les limites de contrôle sont dépassées.

L'un des éléments important de la maîtrise du processus est le **contrôle statistique du processus (CSP)**. Il s'agit d'une technique qui permet de détecter et de corriger toute dérive par rapport au processus normal de fabrication, avant même qu'il n'en sorte un seul produit défectueux. Il s'agit d'une méthode fiable permettant de distinguer les facteurs de variations qui altèrent la variabilité normale du processus et leurs causes.

Le contrôle par échantillonnage d'un processus à haut rendement s'applique à des variables ne pouvant prendre que deux valeurs du type conforme/non conforme, passe/ne passe pas. Il permet de définir rapidement et économiquement si la pièce correspond bien aux spécifications (échantillonnage par attribut). Malheureusement, cette évaluation ne donne aucun renseignement sur les variations du processus ; on constate le problème seulement lorsque les pièces commencent à être rejetées. Avec les données quantitatives ou « variables » cependant, les méthodes de contrôle statistique permettent de détecter les problèmes bien avant que des pièces défectueuses ne soient produites. Il est donc conseillé, chaque fois que c'est possible, d'obtenir des données quantitatives.

Le client et son fournisseur doivent se mettre d'accord sur les paramètres à contrôler. Le client connaît beaucoup mieux la fonction qu'aura la pièce ou l'assemblage ; il est donc plus à même de choisir les paramètres déterminants pour le produit fini. D'autre part, le fournisseur en sait davantage sur le processus de fabrication et il est mieux disposé à choisir les caractéristiques du procédé qui réclament le plus d'attention.

Comme on l'a souligné dans le chapitre précédent, les aspects techniques du CSP sont à présent bien au point. Le secteur qui est en retard est plutôt celui de la formation. Or, les ingénieurs qui mettent au point le processus, comme les opérateurs qui le font marcher, doivent bien connaître les principes et les techniques du CSP. Malheureusement, ce personnel n'a bien souvent reçu qu'un entraînement superficiel dans le cadre de sa formation. De plus, la direction, qui va financer et appuyer la conversion au CSP, doit elle aussi en comprendre les principes de base et les avantages. Il lui faudra en effet maintenir son appui au projet quand se présenteront des problèmes ou que les progrès sembleront vraiment très lents.

Habituellement, les entreprises de fabrication ne disposent pas des ressources humaines qui lui permettraient de former son personnel au CSP. Il existe cependant un grand nombre de consultants, de cours, de matériel vidéo ou de documents sur le sujet. Malheureusement, ces ressources ne sont pas toujours de bonne qualité ou difficiles à mettre en pratique. Il est important de se renseigner sur le matériel et de chercher conseil auprès des entreprises qui ont déjà instauré le CSP. Il ne faut toutefois pas se fier aux entreprises qui se sont contentées de louer des vidéocassettes ou d'envoyer à des cours quelques membres de leur personnel. Après avoir beaucoup investi dans la formation ou les services de consultation, il ne faudrait pas qu'un échec au tout début refroidisse l'enthousiasme des cadres pour ces techniques et empêche définitivement l'entreprise de faire un nouvel essai.

Enfin, dans un système de maîtrise du processus, le contrôle du produit final perd de son importance. Néanmoins, les vérificateurs continueront pour toutes sortes de raisons ; il est aussi important d'effectuer des plans d'échantillonnage sérieux dont l'objectif soit le zéro-défaut. Les plans d'échantillonnage les plus couramment utilisés, comme les plans pour déterminer le niveau de qualité acceptable (MIL-STD-105D), ont le défaut de manquer de précision. Par exemple, dans le cas de lots importants et du choix d'un niveau de qualité acceptable (NQA) pourtant élevé, les plans d'échantillonnage laissent passer des lots alors que des défauts ont été trouvés dans l'échantillon. Si l'on fait un contrôle par échantillonnage, les seuls plans d'échantillonnage qui peuvent être acceptés dans la perspective du zéro-défaut sont des plans sans aucun défaut. On n'acceptera un lot que si l'échantillon ne comporte aucun défaut ; s'il comporte un seul défaut, le lot sera rejeté.

LES PROGRAMMES D'INCITATION

Les programmes d'incitation sont de deux sortes : incitatifs, sous la forme de primes, et dissuasifs, sous la forme de pénalités.

Les primes

Pour établir de bonnes relations avec leur fournisseur, certains clients acceptent de payer plein tarif quand la qualité des pièces se rapproche de 100 pour cent sans toutefois atteindre ce pourcentage. Par la suite, ils versent des primes chaque fois que la qualité se rapproche un peu plus du 100 pour cent. Mais c'est une très mauvaise façon de voir les choses. Payer plein tarif pour des pièces qui ne sont pas parfaites bat en brèche tout engagement vis-à-vis du zéro-défaut. Encore pis, cela revient à accepter l'idée que la qualité à 100 pour cent est impossible, ce qui garantit plus ou moins qu'elle ne sera jamais atteinte.

Les pénalités

Les programmes de pénalisation comportent généralement une échelle mobile de rabais du prix unitaire si la qualité de la production reçue par le client est en dessous des normes prévues dans le contrat. Aujourd'hui, la majorité des contrats sont rédigés en fonction du zéro-défaut et stipulent par conséquent que le plein tarif ne sera payé que pour des expéditions exemptes de défauts.

Certains contrats comportent des clauses encore plus sévères, exigeant dans certains cas des dommages et intérêts plutôt que des réductions de prix. Il est fréquent par exemple que le client fasse payer au fournisseur des frais directs tels que les dépenses encourues pour les retouches, les inspections et le transport des pièces défectueuses qu'on a dû renvoyer. De nouvelles clauses ont même été mises au point pour obliger les fournisseurs à payer des centaines de milliers de dollars au cas où leur matériel défectueux causerait des problèmes majeurs chez le client, comme une interruption de la chaîne de fabrication, le démontage ou la réfection de la machinerie, les contre-essais, les retouches à l'usine, les programmes de rappel, et les problèmes de fiabilité du produit. Les petits fournisseurs peuvent s'assurer contre ces risques.

Cette situation a des conséquences très intéressantes. D'abord, bien sûr, les compagnies d'assurance veulent absolument être certaines de n'avoir à prendre qu'un risque raisonnable. Elles font donc une évaluation très sérieuse chez le fournisseur pour savoir s'il est en mesure d'assurer une production de haute qualité et à long terme. Après s'être assurée que le fournisseur a un bon système de contrôle, la compagnie continuera à procéder à des vérifications régulières. Le client pourra ainsi avoir de source extérieure et impartiale, une estimation de la capacité de son fournisseur. De plus, la compagnie d'assurance peut offrir des primes plus intéressantes au fournisseur dont la capacité et l'expérience s'améliorent. Une réduction des primes s'accompagne d'une réduction des coûts globaux et permet des prix plus compétitifs. Ces clauses incitent les fournisseurs à avoir les meilleurs processus de fabrication.

Vaincre les problèmes que posent les contrats incitatifs

Les contrats dont nous venons de parler posent cependant un certain nombre de problèmes. Les dommages et intérêts prévus dans ces contrats peuvent empêcher le fournisseur et son client d'être de vrais partenaires s'ils ne sont pas administrés de façon juste et équitable.

D'autres problèmes peuvent se poser quant au niveau de contrôle et à l'enregistrement des données. D'abord, il est indispensable de bien définir le système de mesures qui doit s'appliquer à la qualité. Le niveau de qualité acceptable utilisé pour les lots manque trop de précision pour mesurer la qualité des pièces. D'autre part, il favorise injustement les fournisseurs de lots petits mais nombreux par rapport aux fournisseurs de lots importants mais peu nombreux. Pour éviter cela, il faut utiliser des mesures fondées sur le nombre ou sur le pourcentage, mais le client doit alors enregistrer davantage de données précises. Les deux méthodes réclament beaucoup de contrôles et des contrôles perpétuels pour que les indices Qualité restent exacts même si les deux parties ont l'intention de réduire les inspections chez le fournisseur.

Cependant il est possible de pallier les inconvénients que présentent les contrats incitatifs. Dans le cadre d'une stratégie Qualité, les clients demandent à leurs fournisseurs de leur soumettre des documents détaillés sur leur processus de production et leur système de contrôle. Ces documents indiquent la formation des opérateurs, la certification initiale, le système de renouvellement des certifications, les outils et le système de vérification des mesures pour les inspections ; le système de collecte et d'enregistrement des données de fabrication, le système de contrôle statistique du processus, etc., pour résumer, tout le système de contrôle du processus décrit plus haut. Ces documents sont assez détaillés pour servir de base à la rédaction d'une liste de contrôle. Le client pourra s'en servir pour déterminer dans quelle mesure le fournisseur se conforme aux différents processus décrits dans les documents. Il est possible que le fournisseur ne les suive pas à la lettre sans pourtant produire des produits défectueux. Par exemple, un opérateur peut être recertifié au bout de sept mois au lieu de six, comme c'était prévu dans la liste de contrôle, mais ce n'est pas très important. Dans ce cas, le client peut alors payer plein tarif pour un objectif qui est légèrement inférieur à 100 pour cent, ce qui ne veut pas dire qu'il tolère des pièces imparfaites. Et le contrat peut alors offrir des possibilités de primes au fur et à mesure que le fournisseur se rapproche du 100 pour cent lors des vérifications périodiques.

Enfin, le client peut prendre toute une série de mesures dissuasives, comme par exemple, avoir une attitude
très ferme s'il reçoit du matériel défectueux. Dès la découverte d'un défaut, il arrêtera ses inspections, fera appel à
l'inspecteur du fournisseur pour faire un tri dans le reste
du lot. Il n'acquittera plus ses paiements tant que les
nouveaux arrivages ne seront pas acceptables. D'autre part,
il facturera au fournisseur tous les frais de transport pour
retourner les pièces imparfaites ainsi que les coûts pour les
retouches. Il refusera d'accepter les pièces hors spécifications et ne récupérera que les pièces défectueuses pour
lesquelles il en coûterait trop cher au fournisseur de faire
des retouches ou de les mettre au rebut. Enfin, le client
peut carrément annuler ses commandes auprès des fournisseurs incapables. Toutes ces mesures dissuasives
permettront d'inciter les fournisseurs à n'offrir que des
expéditions exemptes d'erreurs.

LES AUDITS FOURNISSEURS

Toute entreprise qui a déjà travaillé dans le domaine de la
défense est familiarisée avec les audits fournisseurs. Ces
contrôles sont effectués par des vérificateurs qui représentent le client et qui sont chargés de l'inspection des
pièces et du contrôle du processus dans les installations du
fournisseur. Le client peut ainsi réduire ou même éliminer
les contrôles à la réception des pièces. Ces vérificateurs
jouent un rôle de plus en plus important même dans le
domaine commercial.

Détecter un problème sur les installations du fournisseur permet d'empêcher que des pièces imparfaites ne
parviennent jusqu'au client et de signaler le problème au
fournisseur quelques heures ou quelques jours à l'avance.
Les mesures correctives sont donc plus rapides et plus
efficaces, étant donné que les responsables de la production et des mesures correctives peuvent examiner immédiatement les pièces défectueuses. Les vérificateurs
peuvent aussi aider le personnel du fournisseur à mieux

comprendre les différentes spécifications imposées par le client en matière de propreté, de texture de surface, de couleurs pour la peinture et d'exécution du travail.

Pour que les vérificateurs soient pleinement efficaces, ils doivent effectuer des vérifications sur tous les systèmes de contrôle du processus et effectuer un certain nombre d'inspections du produit afin de s'assurer que ces systèmes sont réellement efficaces. Les documents relatifs au système de contrôle doivent être très complets. Le vérificateur doit avoir à sa disposition une liste de contrôle très concise comparable, quant aux détails fournis et à l'objectivité, aux plans d'inspection du produit que l'on fournit habituellement aux vérificateurs. Les contrôles de processus doivent aussi indiquer les mesures à prendre par le vérificateur au cas où se poseraient différents problèmes. Il peut s'agir d'un simple avis écrit à remettre à la direction en cas d'imperfections mineures comme d'une interdiction de procéder aux expéditions dans le cas d'erreurs graves dans le contrôle du processus qui empêcheraient la détection de produits défectueux.

La plupart des vérificateurs qui se chargent des audits fournisseurs connaissent mieux l'inspection des pièces que le système de contrôle du processus et manquent souvent de la compétence requise. Comme leur rôle devient de plus en plus important, il faudra les former. Ils doivent par exemple être assez familiers avec le C.S.P. pour juger si les techniques sont bien ou mal utilisées. Le vérificateur doit aussi savoir interpréter toutes les données figurant sur les cartes de contrôle et leurs constantes afin de pouvoir distinguer ce qui est normal de ce qui ne l'est pas. Pour être en mesure de juger du bien-fondé des mesures correctives, le vérificateur doit également connaître les causes les plus probables en cas de graves anomalies dans les cartes de contrôles.

De nombreux services d'audits externes sont à présent disponibles pour effectuer des vérifications chez les fournisseurs. Il est souvent plus économique d'y faire appel, particulièrement si les installations du fournisseur sont éloignées de celles du client ou si l'on a besoin d'un vérificateur à plein temps. Le contrôleur externe pourra aussi se livrer à une vérification informelle des spécifications et des procédures du client, indiquant par exemple celles qui sont vagues et imprécises ou celles qui ne sont pas d'un usage courant dans l'industrie.

Si le client choisit de faire appel à un service d'audit externe, il faut veiller à ce que le fournisseur ne se sente pas dispensé du contrôle qu'il doit exercer dans ses installations. En effet, le système de contrôle du fournisseur doit lui permettre de détecter tous les défauts soit dans son processus soit dans les pièces. Si le vérificateur trouve des défauts assez régulièrement, il faut en conclure que le fournisseur assimile la vérification à son propre système de contrôle et que par conséquent, sans celui-ci, le client recevrait sans cesse des pièces défectueuses.

LES ENQUÊTES CHEZ LES FOURNISSEURS

Ces enquêtes permettent au client de passer en revue la situation économique et les capacités techniques de l'entreprise du fournisseur. Normalement, elles doivent être effectuées par l'acheteur, l'ingénieur de fabrication et l'ingénieur qualiticien du client. Une seule personne peut s'en charger, mais il est indispensable que l'enquête couvre ces trois domaines. Habituellement, il existe des listes de contrôle pour chacun de ces secteurs. La plupart de ces listes prennent la forme d'un questionnaire qui permet au contrôleur d'évaluer rapidement les opérations du fournisseur sous différents aspects, en général une douzaine. Dans les fiches audit fournisseur actuelles, chaque question est notée et se voit appliquer un coefficient ; le total des points obtenus est alors comparé à une appréciation globale codifiée comme « satisfaisante », « satisfaisante sous certaines conditions » ou « inacceptable ».

Ces enquêtes ont cependant certains inconvénients. Le questionnaire est souvent trop détaillé et la visite des installations du fournisseur trop brève, elle ne dure généralement que quelques heures. D'autre part, les réponses à donner aux différentes questions sont évidentes et la plupart des fournisseurs ont appris à ne dire à leurs visiteurs que ce qu'ils ont envie d'entendre. De plus, ces enquêtes prennent énormément de temps et ne donnent que peu de résultats.

Amélioration des enquêtes chez les fournisseurs

On peut améliorer ces enquêtes chez les fournisseurs de plusieurs manières. D'abord, il faut dresser une liste de fournisseurs potentiels. On le fera en consultant les registres industriels de références, les listes de membres d'associations professionnelles, les agences d'évaluation du crédit, etc. L'entreprise peut ainsi réduire le nombre des candidats possibles et se limiter aux entreprises qui répondent à certains critères prédéterminés tels que la taille, la puissance financière, l'emplacement, la gamme de services offerts ou autres. On envoie ensuite par la poste des questionnaires aux candidats les plus prometteurs. Ce questionnaire doit comporter toutes les questions posées habituellement lors des audits fournisseurs. Mais on y ajoutera des questions supplémentaires pour savoir si le fournisseur est prêt à traiter de nouvelles commandes et à les exécuter dans certains délais.

L'équipe de contrôle ne se rendra alors que chez les fournisseurs vraiment prometteurs. Étant donné qu'elle a déjà les résultats de la fiche de contrôle, elle passera moins de temps à les vérifier. Elle pourra ainsi se consacrer sur place à un examen plus approfondi des points essentiels à l'enquête. Elle peut par exemple avoir des entretiens en tête à tête avec l'équipe de soutien technique du fournisseur, examiner les cartes de contrôle du processus dans les ateliers et voir si les opérateurs du secteur de fabrication savent les construire et les interpréter. Il lui faudra également vérifier si le fournisseur est vraiment prêt à s'engager dans une stratégie Qualité et dans un vrai partenariat commercial et technique avec son client.

Les enquêtes chez les fournisseurs actuels

Il est indispensable de se renseigner sur les antécédents des fournisseurs actuels. L'équipe chargée de l'enquête doit avoir des données sur la performance du fournisseur pendant au moins toute l'année précédente, y compris sur les mesures correctives adoptées lorsque du matériel a été rejeté. Si les antécédents du fournisseur semblent bons, est-ce dû à un faible nombre de relevés, à un contrôle de réception trop relâché ou à un système de contrôle sérieux ? Même si le système de contrôle est bon, il faut néanmoins l'examiner en détail et d'un point de vue critique. Il se peut, en effet, que ces bons résultats ne soient attribuables qu'à un bon équipement de base qui commence à montrer des signes d'usure ; ou encore, que l'entreprise amorce une rapide expansion ce qui signifie que des employés moins expérimentés vont s'ajouter à la main-d'oeuvre.

Si le fournisseur a de mauvais antécédents, persistent-ils depuis plusieurs années ? Est-ce que les mesures correctives requises ont bien été prises, est-ce qu'elles sont efficaces ? Est-ce un problème d'attitude du genre « Tout le monde peut faire des erreurs » ? Y-a-t-il un manque chronique de personnel de soutien expérimenté ou de formation chez les opérateurs ? Un manque d'équipement de base ? L'étude de tous ces facteurs peut être encore plus approfondie si l'on a des données précises sur les résultats des années précédentes.

Il est fréquent que les entreprises ne tiennent pas à jour leurs enquêtes sur les fournisseurs. Quand il y a des rapports fréquents avec le fournisseur, on en arrive à oublier qu'il n'a pas fait l'objet d'une enquête officielle depuis longtemps. Il faut refaire une enquête auprès de ses fournisseurs actuels au moins une fois par an.

QUALIFICATION DU FOURNISSEUR

Une fois que le fournisseur a été choisi, il faut s'assurer que toute une liste de critères soient remplis en terme de qualification du produit avant de lui permettre d'envoyer régulièrement de grandes quantités de pièces ou de matières. Ces critères peuvent varier et la complexité du processus de qualification dépend de la complexité du produit, de la nouveauté de sa technologie, de son importance pour les projets du client et de bien d'autres facteurs.

On commence par prélever quelques échantillons. Ils font l'objet d'essais physiques, fonctionnels, d'environnement et de durée et on les mesure avec soin pour s'assurer de leur conformité aux exigences. Il s'agit de vérifier si le fournisseur est en mesure de fabriquer un produit satisfaisant. À cette étape, on ne s'occupe pas de « l'outillage de base » comme les moules, l'outillage de frappe ou les dispositifs des machines. Les prélèvements peuvent même s'effectuer en travail direct pour permettre une meilleure évaluation de la capacité de production du fournisseur.

Une fois les échantillons approuvés, on donne alors l'autorisation au fournisseur de commencer à produire l'outillage de base. Quand il a terminé, il lui faut faire plusieurs courts essais de production (parfois il s'agit uniquement de fabriquer une partie de la pièce si celle-ci est très complexe et très onéreuse) pour vérifier le produit après chaque essai, et modifier en conséquence l'outillage et le processus jusqu'à ce qu'ils permettent de fabriquer un produit satisfaisant.

Le fournisseur est alors prêt à soumettre un « échantillon d'outillage » à l'approbation du client. C'est une étape déterminante, car le manque de contrôle à ce niveau a déjà causé de nombreux problèmes. Les échantillons doivent être assez nombreux et ils doivent être choisis au hasard lors d'un essai de production qui reproduit les conditions exactes d'un processus de production à plein rendement. Pour pouvoir déterminer la variabilité du processus, il faut que l'évaluation porte sur au moins cinq pièces et de préférence sur une vingtaine. Il est souvent très difficile de reproduire exactement les conditions de fonctionnement du processus tel qu'il sera, surtout s'il doit fonctionner pendant deux ou trois quarts de travail et avec plusieurs opérateurs différents. Mais le client doit absolument être au courant de ces conditions de fonctionnement et connaître les dérives qui risquent de se produire par rapport aux dispositions préétablies pour le processus. L'ingénieur d'exploitation du client doit être présent pour observer le fonctionnement du processus et le prélèvement aléatoire des échantillons.

Il faut absolument passer par toutes ces étapes, sinon le client, en raison d'une mauvaise évaluation des échantillons, risque de recevoir une grande quantité de pièces ou de produits défectueux. Il arrive parfois que des échantillons d'outillage soient constitués de pièces détachées très petites. Or, l'examen d'une seule pièce ne donne guère de renseignements, encore moins sur la variabilité du processus. D'autre part, cette pièce peut aussi bien être la seule bonne pièce obtenue après des semaines d'essais. Il faut aussi se méfier quand le contrôle s'effectue sur un nombre plus important d'échantillons, même s'ils ont été prélevés pendant une durée de fonctionnement plus longue. En effet, ils peuvent très bien être non représentatifs si c'est le constructeur du modèle qui fait fonctionner le processus au lieu d'un opérateur de fabrication ordinaire. Il faut aussi que les prélèvements se fassent au hasard, sinon les échantillons ne permettront pas d'avoir des renseignements sur les variations du processus.

Une fois que l'échantillon est prélevé, il est envoyé au client qui le soumettra à de nombreux contrôles. L'échantillon doit être accompagné des résultats du contrôle effectué par le fournisseur, car, au cas où ceux-ci ne correspondraient pas à ceux du client, on pourra régler le problème tout de suite. Même si le client trouve que tous les paramètres respectent les spécifications, il se peut que des modifications soient requises. Par exemple, si les paramètres correspondent bien aux spécifications mais qu'ils soient trop proches des limites de tolérance ou s'ils se distribuent à plusieurs reprises d'un côté ou de l'autre de la ligne moyenne tout en restant dans les limites de contrôle.

Même si, d'après l'analyse des données, des modifications semblent souhaitables, elles peuvent être trop coûteuses ou trop risquées. Dans ce cas, les ingénieurs envisageront des modifications mineures si cela n'altère pas la fonction du produit fini. Mais dans tous les cas, avant d'accepter un échantillon, il ne faut pas se contenter de vérifier si les paramètres correspondent bien aux spécifications. Il faut faire une analyse extrêmement détaillée de toutes les données pour voir si le fournisseur est vraiment prêt à commencer à produire en grande quantité.

Si le produit du client ou le processus de fabrication est complexe, on peut fabriquer une avant-série sur la chaîne de fabrication du client avec les pièces du fournisseur. On utilisera alors pour la fabrication du produit un certain nombre de pièces (cela peut aller de douze à plusieurs centaines) en effectuant toute une série de contrôles. Les produits finis seront aussi soumis à des essais finals pour s'assurer que le produit n'a pas perdu en qualité. Les avant-séries sont traitées tout au long du processus afin de déterminer si les pièces sont bien adaptées aux outils d'assemblage, en particulier si ceux-ci sont très automatisés et sensibles à la moindre variation dans les composantes des pièces.

Certaines entreprises appliquent un dernier critère de qualification après le début des expéditions. Elles ne reconnaissent la qualification du fournisseur pour une pièce donnée, qu'après avoir reçu un certain nombre d'expéditions exemptes de défauts ou après un certain nombre de mois préétablis. Mais ce dernier contrôle peut être dangereux. En effet, il donne l'impression d'être final et que, par conséquent, le client et son fournisseur peuvent passer à des problèmes plus urgents. Or, il ne faut surtout pas relâcher les contrôles quand le client a accepté les pièces, mais seulement quand le processus a atteint une certaine stabilité pendant une assez longue période de temps. Le maintien permanent des contrôles cités plus haut est absolument indispensable. La qualification du fournisseur ne marque que le commencement de l'amélioration constante du processus et non pas la fin des besoins d'amélioration.

LES RAPPORTS QUALITÉ DESTINÉS AU FOURNISSEUR

Il est indispensable que le client fasse tous les efforts nécessaires pour s'assurer que le fournisseur reçoive constamment des informations sur sa performance. Ces informations doivent être claires, conséquentes, être communiquées rapidement et s'adresser aux personnes concernées.

Quand on dit que ces informations doivent être communiquées rapidement, cela dépend du type d'informations. Il faut, par exemple, prévenir immédiatement de la découverte d'un défaut, quelques minutes ou au maximum quelques heures après. On peut toujours appeler le fournisseur pour lui signaler un problème, en le prévenant qu'on est en train d'en rechercher les causes. Cela permet à ce dernier de faire des contrôles sur son processus et d'arrêter la production s'il découvre un problème. D'autre part, le fournisseur peut être d'un précieux conseil pour trouver les causes les plus probables et donc permettre de prendre plus rapidement les mesures correctives.

Il faut également que les rapports de routine sur la performance Qualité parviennent rapidement au fournisseur, même quand il n'y a pas de problème. Les fournisseurs qui envoient régulièrement des pièces dont la qualité atteint 100 pour cent doivent voir leur bonne performance reconnue par le client et leurs résultats doivent être publiés au moins une fois par mois.

Les rapports, accompagnés de pièces justificatives, doivent être très clairs, surtout quand des défauts sont signalés. Ils doivent indiquer le nombre d'expéditions concernées, les quantités exactes en jeu, les dates, et faire une description minutieuse des défauts afin de permettre au fournisseur d'agir en toute connaissance de cause. Le client doit s'assurer d'avoir toujours un double de ces rapports dans ses propres dossiers pour pouvoir retrouver facilement tous les renseignements disponibles : nom du contrôleur qui a découvert le problème ou pris les mesures, l'équipement dont il s'agit, les méthodes de contrôle utilisées et enfin ce qu'on a fait des pièces défectueuses. Ces renseignements peuvent permettre de régler les problèmes qui se reproduisent souvent, de contrôler à long terme la performance du fournisseur et d'enquêter sur le terrain en ce qui concerne les problèmes de performance du produit fini.

Obtenir des données cohérentes sur la performance du fournisseur est plus difficile qu'il n'y paraît. En effet, les représentants du client, acheteurs, ingénieurs d'exploitation, ingénieurs qualiticiens, concepteurs de produit et gestionnaires sont fréquemment en contact avec le fournisseur. Or, rien ne peut être plus perturbant pour un fournisseur que de recevoir des informations incohérentes ou qui se contredisent. Le problème est d'autant plus critique quand il se pose au moment où on a le plus besoin de renseignements exacts, c'est-à-dire quand on essaye de prendre des mesures correctives. C'est l'acheteur qui doit être responsable de l'exactitude de ces données. Cela ne veut pas dire que le personnel technique engagé dans des activités de soutien chez le fournisseur, doive obligatoirement passer par l'acheteur ou lui demander une autorisation pour communiquer avec le fournisseur. Cela signifie simplement qu'ils doivent tenir l'acheteur au courant de toutes les données. Le fournisseur n'aura ainsi qu'à téléphoner à l'acheteur s'il y a un problème à régler.

Il faut également veiller à ce que la consignation des données sur la performance se fasse de la même façon chez le client et le fournisseur. Au fur et à mesure que le client s'efforce d'améliorer ses systèmes de contrôle des pièces à l'entrée, des changements se produisent dans les méthodes d'échantillonnage et de contrôle, dans la mise au rebut des lots rejetés, etc. L'évaluation de la qualité chez le fournisseur ne se fait alors plus de la même façon, alors que rien n'a changé dans son processus de fabrication.

Le client se trompe souvent d'interlocuteur quand il veut faire son rapport sur la performance du fournisseur. En principe, ces rapports doivent être adressés aux qualiticiens du fournisseur. Ce sont évidemment les plus qualifiés pour recevoir ce genre de données, mais ils ne sont pas les seuls. Les employés des ventes et de la fabrication sont souvent les plus touchés par les courbes de performance. La haute direction ne les reçoit presque jamais alors que c'est elle qui donne le ton pour toute l'entreprise en matière de normes de qualité. Il arrive que des clients, dans un ultime effort pour régler une problème chronique de qualité, s'adressent à la haute direction, pour s'apercevoir que c'est la première fois qu'elle entend parler du problème. Il faut en blâmer autant le client que le fournisseur.

COTATION DES FOURNISSEURS

La qualité n'est que l'un des critères de la performance du fournisseur, les deux autres portent sur les livraisons et le coût. Un système d'évaluation exhaustif du fournisseur doit comprendre les trois critères.

Il existe plusieurs méthodes pour calculer l'indice global de performance du fournisseur. Différents coefficients sont attribués aux trois critères de performance après des calculs plus ou moins complexes. Il faut veiller cependant à ce que les calculs ne soient pas trop complexes pour que le client et le fournisseur ne perdent pas trop de temps là-dessus et en consacrent davantage à la discussion des problèmes que l'indice est censé révéler. Il est préférable d'utiliser une méthode de pondération classique permettant d'obtenir une note globale pour l'ensemble de la performance (si le client y tient absolument) ou une note pour chacun des indices concernant la qualité, les délais de livraison et les coûts pour que le fournisseur puisse déterminer leur importance relative.

Chacun des indices présente une certaine complexité. Auparavant, on se fondait sur le niveau de Qualité acceptable pour évaluer la qualité. Aujourd'hui, dans le cadre de l'objectif zéro-défaut, on a adopté une nouvelle unité de mesure, le P.P.M. soit une partie par million. Mais le contrôle effectué par P.P.M. doit se faire de manière extensive et il coûte cher. Aussi vaut-il peut-être mieux calculer l'indice Qualité d'après les résultats obtenus lors des contrôles périodiques sur le système de maîtrise du processus du fournisseur (voir le passage sur les programmes incitatifs dans ce même chapitre). Il est également très important que l'indice Qualité du fournisseur indique tous les problèmes qui se posent après l'acceptation des pièces, que ce soit sur la chaîne de fabrication ou dans la pratique.

Pour évaluer la qualité, on attribue différentes valeurs à chaque type de défauts. Ils peuvent être « graves », « majeurs », « mineurs » ou « insignifiants ». Mais même des défauts insignifiants dans l'emballage ou des variations mineures dans les mesures peuvent gripper un robot, mettre à mal un système de manipulation des matières ou encore provoquer énormément de relances de commandes, de retouches ou de retraitement des données. Il est donc de moins en moins réaliste de parler de types de défauts. *Tous* les défauts peuvent empêcher le fonctionnement des processus de fabrication à grand débit. De plus, dans l'optique du zéro-défaut, il n'existe pas de petit défaut.

L'indice Qualité le plus facile à calculer est celui qui concerne les délais de livraison. Il faut établir clairement les limites de tolérance afin de pouvoir obtenir une définition claire du « juste-à-temps ». Le système le plus simple consiste à distinguer les livraisons qui sont faites à temps et celles qui ne le sont pas. Un système plus complexe prévoit différentes pénalités selon que les expéditions arrivent plus ou moins en avance ou plus ou moins en retard (Il faut souligner qu'une expédition qui arrive en avance ne respecte pas le « juste-à-temps ». Si elle est en avance, c'est souvent en raison d'un surplus de stocks et parce qu'on n'avait plus de place pour l'entreposer). Il est aussi important de noter que la demande de changements constants dans la livraison, de la part du client, peut désorganiser complètement le fournisseur, qui n'arrive plus à respecter ses délais de livraison sans que cela soit de sa faute.

L'indice qui concerne les coûts du fournisseur est très difficile à calculer et il est souvent arbitraire. Il peut sembler intéressant de faire une comparaison entre les prix des fournisseurs les plus chers et les prix des fournisseurs les moins chers, mais on risque d'avoir à dévoiler des données du fournisseur qui sont confidentielles. De plus, comme on a tendance aujourd'hui à réduire le nombre des fournisseurs, cet indice devient moins important. On peut également calculer l'indice en évaluant la performance du fournisseur en fonction d'un échéancier de planification de réduction des coûts, dans l'éventualité d'un contrat à long terme. Pour certaines entreprises qui ont l'expérience de l'évaluation, la meilleure solution consiste à comparer les prix réels aux prix estimés. Elles obtiendront ainsi l'indice de performance des coûts du fournisseur.

Pour créer un système d'évaluation du fournisseur exhaustif, il faut collecter des données qui portent sur l'ensemble de l'entreprise et dans les faits, cela se révèle souvent difficile. Même s'il existe un système informatique, il est parfois malaisé de le programmer pour arriver à obtenir toutes les données nécessaires. En résumé, il faut retenir que le système d'évaluation doit être simple, surtout si on a un grand nombre de fournisseurs.

10

L'assurance Systèmes

INTRODUCTION

Depuis 1940, la fonction assurance Qualité a eu de plus en plus de responsabilités : contrôle du processus, analyse des défaillances, études sur la capacité du processus, homologation de l'équipement, normes d'exécution, revue de conception, mesures correctives et bien d'autres encore. Or, il est possible de confier une bonne part de ces tâches à d'autres fonctions ou services de l'entreprise où elles seront effectuées de façon plus efficace, tout en réduisant les coûts de qualité et en améliorant la qualité (voir chapitre 8).

En fait, l'assurance Qualité est surtout habilitée à évaluer, mesurer, puis faire des rapports. Son rôle est d'évaluer l'adéquation des plans et des systèmes de l'entreprise aux objectifs Qualité. Elle doit voir s'ils sont conformes, faire des prélèvements en différents points du processus pour s'assurer de la qualité de la production, enquêter auprès des clients, puis faire des rapports qui seront soumis à la direction ou aux fonctions. Les fonctions pourront alors prendre des mesures pour corriger les problèmes dont elles assureront la planification. Elles devront également en rapporter les résultats. L'assurance Qualité vérifiera alors si les plans sont conformes.

Dans nombre de grandes entreprises américaines, la fonction assurance Qualité subit une évolution. Par exemple, chez Hewlett-Packard dont le président, John Young, déclarait :

> Aujourd'hui, les critères d'évaluation sont beaucoup plus larges, ils concernent non seulement toutes les fonctions et tous les services de l'entreprise mais aussi les relations entre divisions. Les responsables de l'assurance Qualité créent des équipes Qualité avec d'autres services et font participer de plus en plus d'employés à leurs efforts. C'est ainsi qu'ils deviennent davantage des facilitateurs et des guides que des contrôleurs et des administrateurs.

En déléguant une bonne part de ses activités aux différents secteurs concernés, l'assurance Qualité dispose de plus de ressources et elle peut ainsi s'occuper de fonctions qui, jusqu'à présent, avaient été négligées, comme les ventes, le service, l'organisation industrielle, la comptabilité, le personnel et autres. Elle est en mesure de faire des vérifications et des modifications à travers toute la structure organisationnelle de l'entreprise. Ces activités feront partie de l'assurance Systèmes, nouveau secteur de l'assurance Qualité.

NOUVELLE STRUCTURE DE L'ASSURANCE QUALITÉ

Le transfert des activités de l'assurance Qualité à d'autres fonctions lui permet d'avoir une nouvelle structure organisationnelle qui comporte quatre éléments principaux :

- Analyse de fiabilité et de maintenabilité
- Assurance Produit
- Centres d'essai
- Assurance Systèmes

L'assurance Qualité ne transfère aux fonctions que les activités qui sont du domaine de leurs responsabilités. L'économie ainsi réalisée permet de créer la nouvelle structure que constitue l'assurance Systèmes.

Analyse de fiabilité et de maintenabilité

Ce groupe sert d'intermédiaire entre le client et l'entreprise. Sa mission est de mettre au point un système de prévisions quant à la performance du produit et du service et de mesurer le degré de satisfaction du client.

Ce groupe doit :

1. Faire la prévision des caractéristiques de fiabilité.

2. Faire la prévision des caractéristiques de maintenabilité et de fourniture des pièces de rechange.

3. Faire des suggestions au niveau de la conception du produit pour améliorer la fiabilité et la maintenabilité du produit.

4. Faire des enquêtes auprès des clients.

5. Répondre aux plaintes des clients.

6. Faire des rapports sur la satisfaction des clients et la performance du produit et les adresser à la direction.

Assurance Produit

Ce groupe est formé d'ingénieurs qualiticiens et d'agents de contrôle. Sa mission est de s'assurer que le produit est conforme aux besoins du client et qu'il existe un système Qualité efficace et efficient pour garantir cette conformité.

Le groupe doit :

1. Qualifier de façon tout à fait indépendante la conception du produit en vérifiant par des essais et évaluations appropriées que le produit est conforme aux besoins.

2. Qualifier le processus en vérifiant l'adéquation de l'équipement, de l'enregistrement des données du

processus, du circuit de production et de la formation des opérateurs.

3. Servir d'intermédiaire entre les fournisseurs et l'entreprise pour tout ce qui touche à la qualité.

4. Exécuter des vérifications, vérifier que le système de mesures permet à la direction d'apprécier les tendances en cours de fabrication et de repérer les secteurs où il faut prendre des mesures correctives.

Centres d'essai

L'assurance Qualité dispose d'un certain nombre de centres où l'on peut effectuer les essais suivants: essais sur les normes, analyse du matériel, analyse des défaillances, calibrage des appareils de mesure, essais sur les constituants du produit.

STRUCTURE DE L'ASSURANCE SYSTÈMES

Jusqu'à présent, l'assurance Qualité reste à peu près la même, si ce n'est qu'elle délègue certaines de ses tâches de contrôle aux secteurs concernés. Mais avec l'assurance Systèmes, l'assurance Qualité va assumer un nouveau rôle. En effet, abandonnant les contrôles qui se font dans les ateliers, elle va s'occuper des systèmes de contrôle qui régissent toute l'entreprise.

Mission de l'assurance Systèmes

L'assurance Systèmes a pour mission de consolider le système de contrôles de gestion à travers toute l'entreprise, en se basant sur des prévisions, et d'assurer leur efficacité. Ce système doit permettre de repérer et de régler rapidement les problèmes de non-conformité. L'assurance Système doit :

1. déterminer s'il existe des contrôles de qualité adéquats ;

2. exécuter des vérifications pour vérifier si les contrôles sont bien effectués ;

3. faire des prévisions en matière de contrôles internes ;

4. surveiller la planification des mesures correctives et des solutions quand des faiblesses ont été constatées en matière de contrôles ;

5. repérer les systèmes qui sont trop lourds et trop bureaucratiques ;

6. coordonner les programmes de préparation à l'autocontrôle et aux vérifications que devront appliquer les contremaîtres et les chefs d'équipe ;

7. coordonner les programmes d'analyse des activités dans les services (voir chapitre 5) ;

8. mettre au point et coordonner les programmes de formation à l'utilisation des systèmes ;

9. déterminer si les systèmes et les contrôles permettent à l'entreprise de respecter les lois et les réglements.

Caractéristiques d'un bon système de contrôle de gestion

Ce sont les cadres qui doivent assumer la responsabilité des systèmes qui régissent leur travail et celui de leurs employés. Ils sont en effet les mieux placés pour mesurer l'efficacité de ces systèmes et d'en voir les faiblesses. C'est pourquoi ils doivent en être tenus responsables. Quand l'assurance Systèmes exécute des vérifications dans un secteur, elle doit tenir compte de toute une série de facteurs :

1. La mission du secteur, ses objectifs commerciaux et ses actifs doivent être clairs.

2. Il doit exister des systèmes de mesures pour détecter toute fluctuation de la conformité. Les systèmes doivent s'appuyer sur des prévisions pour repérer immédiatement tout changement

risquant de provoquer des erreurs très coûteuses.

3. Il doit exister des procédures écrites pour toutes les activités principales, y compris des programmes de formation aux systèmes.

4. Il doit exister des systèmes de contrôle efficaces. Il existe des points de contrôle pour toutes les activités principales ; les contrôles sont effectués sur les lieux de travail pour que tout le monde soit au courant. Les contrôles sont rationnels, ils concernent tous les secteurs clés, y compris le système informatique, la sécurité, la formation et ils portent sur toutes les procédures interfonctionnelles (les contrôles ayant tendance à être moins rigoureux quand il s'agit de systèmes interfonctionnels). La direction doit bien connaître, bien comprendre les systèmes et se sentir responsables d'eux.

5. Il doit exister des systèmes pour comparer les données enregistrées afin qu'elles correspondent. Les différences qui existent sont souvent l'indication d'un problème.

6. Les systèmes doivent permettre de faire respecter les calendriers d'exécution prévus ; si ceux-ci ne sont pas respectés, la direction doit être prévenue et on préparera un plan d'action correctif. Les engagements pris doivent être respectés, sinon de sérieux problèmes peuvent survenir dans d'autres secteurs.

7. Il doit exister des systèmes pour diminuer les risques de fraudes ou de vols et pour assurer la confidentialité des informations.

8. Il doit exister un système de vérification interne avec référentiel pour détecter les problèmes concernant l'assurance Systèmes ou les contrôles, en particulier quand ils présentent des erreurs.

Les activités de l'assurance Systèmes

Le groupe de l'assurance Systèmes est modeste puisqu'il ne s'occupe pas des activités du système de l'entreprise. Il ne fait qu'évaluer l'efficacité de ce système pour la direction. D'autre part, les modifications dans les systèmes sont assez rares ; il n'est donc pas nécessaire de les évaluer chaque année. Les activités de l'assurance Systèmes sont les suivantes :

1. Exécuter des vérifications sur les systèmes dans un certain nombre de fonctions.
2. Exécuter des vérifications dans les services.
3. Coordonner les programmes d'autocontrôle destinés au personnel cadre.
4. Organiser les systèmes de formation.
5. Prévenir les cadres des problèmes de contrôles dans le système.

Les vérifications conduites par l'assurance Systèmes.

Ces vérifications ont pour but d'évaluer l'efficacité du système et la conformité d'une activité spécifique aux objectifs. Il peut s'agir de l'exactitude des données, du contrôle dans les ateliers, des contrôles des matières rejetées, du processus d'engagement du personnel, de la sécurité, du contrôle des actifs, etc. Les vérifications sont exécutées sur place et portent sur l'ensemble de l'entreprise ; elles concernent donc de nombreuses fonctions. Ces vérifications sont très coûteuses et très longues mais leurs résultats ont un effet majeur sur la santé de l'entreprise.

Il n'est pas nécessaire de faire ces études détaillées et approfondies très souvent, puisqu'elles sont surtout destinées à évaluer l'adéquation des systèmes mais ne portent que peu sur l'efficacité de leur application. Ces vérifications sont très importantes parce qu'elles permettent d'évaluer l'efficacité des fondements opérationnels sur lesquels repose toute l'entreprise. Elles servent également de modèle pour les vérifications au sein des services. S'il n'existe pas de bons principes de gestion pour faire marcher l'entreprise, il est inutile de demander aux employés d'y adhérer.

Pour commencer le programme de vérification, il faut dresser une liste de tous les systèmes clés de l'entreprise, ainsi qu'une liste de priorités pour chacune des activités jugées essentielles ou sujettes à modifications. On peut alors faire un calendrier pour les vérifications de chacun des systèmes clés de l'entreprise.

Le succès des vérifications dépend de la façon dont ses résultats sont utilisés par la haute direction. La non-conformité aux systèmes établis ne peut être tolérée. La haute direction doit considérer comme grave tout manquement à ces systèmes. En effet, même mineures, certaines erreurs peuvent être le symptôme d'une maladie plus grave qui risque de se répandre comme une traînée de poudre à travers toute l'entreprise, si l'on n'y prend garde. C'est en contrôlant les petites choses qu'on arrivera à prévenir les problèmes sérieux.

Vérification dans les services. Dans la plupart des entreprises, il est impossible d'exécuter des vérifications dans tous les services, chaque année. L'assurance Systèmes vérifie donc le système de contrôle de la fonction dans un seul service. Pour choisir dans quel service elle fera la vérification, elle accorde la priorité aux services dont la direction a changé, ou qui ont enregistré une rotation du personnel importante et qui peuvent présenter des problèmes.

Dans les services, les vérifications portent sur toute l'activité du service. Ils servent à déterminer si le service suit bien toutes les procédures et les contrôles internes prévus pour éviter les erreurs dans sa production. On examine d'abord la mission du service, les données consignées lors de l'analyse de ses activités et la liste d'autocontrôle du directeur. Puis, la vérification se porte sur tout le système de contrôle du service pour voir s'il correspond bien aux normes de l'entreprise. Les vérificateurs passent en revue le rendement effectif, ils discutent des procédures et des contrôles avec les employés et vérifient personnellement si le service les applique bien. Les vérificateurs doivent aussi vérifier si les systèmes ont besoin d'être changés ou interrompus. Les vérificateurs rencontrent également les clients internes du service pour savoir s'ils sont satisfaits.

Les vérificateurs rédigent alors un rapport d'après leur évaluation, en soulignant les résultats positifs et négatifs. Le rapport est remis au directeur du service, avant publication, afin que celui-ci puisse s'expliquer s'il pense que les vérificateurs ont eu de fausses impressions.

Le rapport est soumis ensuite au directeur de la fonction qui l'analyse, en applique les résultats dans tous les services de la fonction, et met au point un plan d'action correctif, qu'il présentera au vice-président concerné et au groupe d'assurance Systèmes.

Les programmes d'autocontrôle de la direction

L'assurance Systèmes coordonne les programmes d'auto-contrôle (voir chapitre 5). Le groupe revoit et approuve toutes les listes d'autocontrôle afin qu'elles permettent de repérer facilement les erreurs et qu'elles puissent servir de critères de jugement objectifs. Il conserve des dossiers sur les problèmes qui se sont posés et sur les mesures correctives afin de déterminer les problèmes chroniques et d'y trouver des solutions.

La formation aux systèmes

L'assurance Systèmes travaille avec les directeurs de fonction pour mettre au point des programmes de formation aux systèmes de contrôle. Ces programmes doivent permettre aux cadres et aux employés de mieux comprendre les systèmes et de mieux les respecter. Il faudra souligner que les systèmes ont tendance à vieillir et à s'alourdir. Dans ce cas, il est du devoir de chaque employé de voir à ce que le système soit changé.

Petits conseils à la direction au sujet des problèmes de contrôle des systèmes

Les membres de l'assurance Systèmes deviennent des experts des systèmes opérationnels de l'entreprise. Il leur arrive souvent d'estimer qu'il faut changer un système quand ces changements peuvent améliorer de beaucoup l'efficacité globale et la qualité de rendement. Mais il arrive que ces changements dans la structure organisationnelle perturbent un système qui était efficace depuis des années. Dans ce cas, c'est à l'assurance Systèmes de découvrir les problèmes qui peuvent survenir dès que le changement organisationnel a été annoncé et d'obtenir l'engagement de la direction pour les corriger.

11

Planification à court et à long terme

INTRODUCTION

Il nous arrive parfois de nous retrouver dans une situation difficile parce que nous ne savons pas toujours dans quelle direction nous nous dirigeons, ni même où nous en sommes. Quand cela se produit, c'est souvent parce que, en envisageant notre avenir ou celui de l'entreprise, nous n'avons pas fait de planification à long terme, ni considéré toutes les options.

Les entreprises ne peuvent plus se permettre de réagir au dernier moment. Elles doivent adopter une stratégie à long terme et tout le personnel cadre doit le connaître, le comprendre et y adhérer. Ce plan doit indiquer les grandes orientations de l'entreprise et la guider vers ses objectifs. Certains jalons seront posés tout au long du processus pour évaluer les progrès réalisés. Ce plan à long terme peut changer quand le besoin s'en fait sentir et non par suite d'un changement dans la direction. Il doit être mis à jour régulièrement et refléter les besoins de l'entreprise. L'entreprise doit élaborer un cycle de planification systématique comportant des plans à court et à long terme. Lors de l'un de ses récents voyages aux États-Unis, Kazuhiko Nishizawa, administrateur chez Sumitomo Metal Industries, soulignait que les chefs d'entreprises américains avaient tendance à manquer de vision d'ensemble alors que les entreprises japonaises planifiaient pour 10 ans. Il déclarait : « J'ai remarqué que de nombreuses entreprises utilisaient encore les installations que j'avais vues il y a 30 ans, quand j'étais étudiant. Elles ont besoin de nouvelles usines, de nouvelles chaînes de fabrication. Du point de vue de la sécurité nationale, il n'est pas bon que l'industrie sidérurgique fasse faillite. »

LE CYCLE DE PLANIFICATION

La qualité n'arrive pas du jour au lendemain. Comme tout ce qui vaut la peine d'être réalisé, elle demande des efforts. Il ne suffit pas de l'attendre pour qu'elle arrive. Elle exige un plan très élaboré et probablement des investissements au départ. Mais ces investissements rapporteront de gros dividendes, dans une proportion de vingt pour un ou même davantage.

La stratégie Qualité doit faire partie intégrante du style de gestion de l'entreprise, de sa mission, de ses objectifs. Le cycle de planification comporte six niveaux qui sont interdépendants (voir Figure 11.1) :

1. *Mission.* Il s'agit de la raison d'être de l'entreprise. Cette mission change rarement. Elle ne change que si l'entreprise décide de se lancer dans un marché complètement différent.

2. *Les principes de fonctionnement.* Il s'agit des principes qui sont à la base de la culture de l'entreprise. Ils ne changent que rarement.

3. *Les objectifs économiques.* Ces objectifs vont fixer l'orientation à long terme de l'entreprise pour les 10 ou 20 ans à venir (par exemple, augmenter la part de marché de l'entreprise dans les câbles souples).

4. *Les niveaux de performance à atteindre.* Ce sont normalement des données quantifiées. L'entreprise veut les atteindre dans une période donnée et fixée à l'avance. Il s'agit d'objectifs qui recoupent les objectifs économiques (par exemple, augmenter les ventes d'au moins 12 pour cent par an de 1992 à 2002, avec en moyenne, un taux annuel de croissance de 13,0 pour cent).

5. *La stratégie.* La stratégie définit comment les niveaux de performance seront atteints (par exemple, l'entreprise cherchera de nouveaux clients aux États-Unis et concentrera ses exportations sur les pays de la ceinture du Pacifique).

6. *Les tactiques.* Ce plan définit comment appliquer les différentes stratégies. Normalement, les

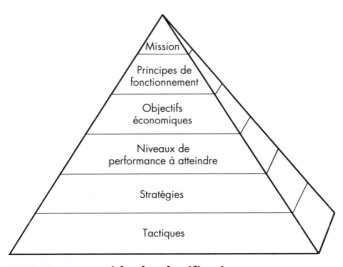

Figure 11.1 La pyramide de planification

tactiques sont des tâches spécifiques à entreprendre à court terme (de 1 à 3 ans) pour permettre à l'entreprise d'atteindre les niveaux de performance (par exemple, ouvrir des bureaux de vente à Tokyo, Beijing, Hong Kong et Singapour dans les 12 mois à venir et mener une enquête sur les besoins des clients dans les zones voisines pour déterminer les nouveaux besoins en matière de produits).

Pour mieux comprendre le cycle de planification, examinons-le, en prenant comme exemple celui d'une grande entreprise de matériel électronique.

Mission

Les propriétaires de l'entreprise doivent définir la mission de l'entreprise avant même de se lancer dans les affaires. Au fur et à mesure du développement de l'entreprise, la définition de la mission peut varier légèrement selon les fluctuations des demandes du marché ; mais normalement cette définition ne change que rarement. Admettons que la mission de notre entreprise type soit de « Répondre à tous les besoins en matière de traitement de l'information sur le plan mondial ». Cette définition est assez large pour englober une vaste gamme de produits et services, néanmoins elle vise un ensemble de clients spécifiques.

Principes de fonctionnement

Les principes de fonctionnement sont à la base de la culture de l'entreprise. Pour mieux comprendre de quoi il s'agit, voyons ceux de la Société IBM. Ils sont extraits du *Manager's Manuel* ou manuel des cadres :

C'est à partir de principes raisonnables et crédibles qu'une entreprise, tout comme une personne, peut se construire, survivre et réussir. Ce sont ces principes qui vont guider la bonne marche de l'entreprise. Tous les cadres doivent s'en inspirer au moment de prendre des décisions ou d'entreprendre des actions.

Les principes de fonctionnement qui guident les activités chez IBM sont appelés Principes IBM.

Respect de l'individu – Notre principe de base est le respect de l'individu, des droits et de la dignité de chacun. D'après ce principe, IBM doit :

- aider les employés à développer leur potentiel et à faire le meilleur usage de leurs capacités ;
- rétribuer et promouvoir selon les mérites;
- maintenir la communication entre ses cadres et ses employés en donnant la possibilité à ces derniers de se faire entendre et en réglant équitablement tout différend qui peut survenir.

Le service à la clientèle – Nous devons offrir à nos clients le meilleur des services. Nos produits et services ne généreront des profits que dans la mesure où ils satisferont les besoins de nos clients. C'est pourquoi il faut :

- connaître les besoins de nos clients et les aider à prévoir leurs besoins à venir ;
- permettre à nos clients d'utiliser au mieux nos produits et services ;
- fournir des services d'entretien de l'équipement et d'assistance a la clientèle irréprochables.

L'excellence doit être notre manière de vivre – Nous voulons que IBM soit renommée pour son excellence. Par conséquent, chacune des tâches industrielles ou commerciales doit être effectuée au mieux et au meilleur de nos possibilités. Rien ne doit être laissé au hasard dans notre poursuite de l'excellence. Les cadres doivent :

- montrer l'exemple en matière d'innovation ;
- connaître les progrès technologiques réalisés par d'autres entreprises, les améliorer encore quand c'est possible, ou être prêts à les adopter s'ils conviennent à nos besoins ;
- fabriquer des produits de qualité à la conception la plus avancée et au meilleur coût.

Les cadres doivent diriger efficacement – Notre succès dépend des cadres qui doivent être intelligents et dynamiques et savoir mobiliser tous les employés de l'entreprise pour en faire des partenaires enthousiastes. Les cadres doivent :

- diriger en sachant motiver les employés à faire leur travail de façon parfaite ;
- rencontrer fréquemment tous leurs employés ;
- avoir le courage de remettre en question certaines décisions ou certaines orientations ; avoir une vision d'ensemble des besoins de l'entreprise, comme des besoins des unités de fabrication et des services ;
- planifier l'avenir en se tenant au courant de toute innovation quelle qu'en soit la source.

Devoirs à l'égard des actionnaires – IBM a des devoirs à l'égard de ses actionnaires dont le capital a permis de créer nos postes. Nous devons :

- prendre soin des biens que les actionnaires nous ont confiés ;
- fournir un bon taux de rendement du capital investi ;
- profiter de toutes les occasions pour augmenter constamment les profits de l'entreprise.

Des contrats équitables avec les fournisseurs – Nous voulons négocier avec nos fournisseurs de biens et services de manière équitable et juste. Nous devons :

- choisir nos fournisseurs d'après la qualité de leurs produits et services, leur fiabilité générale et leur compétitivité en matière de prix ;
- négocier les contrats en conciliant les intérêts d'IBM et ceux de ses fournisseurs ; s'occuper des contrats en toute bonne foi ;
- éviter que des fournisseurs deviennent trop dépendants d'IBM.

La société IBM se doit d'avoir un esprit de civisme – Nous devons accepter nos responsabilités dans la communauté, sur le plan national et international. C'est en servant les intérêts du public que nous servirons le mieux nos intérêts. Nous estimons que c'est la libre concurrence qui permet de servir le mieux l'intérêt du public.

Comme on peut le constater, il s'agit bien de principes raisonnables et crédibles tous reliés au thème de l'excellence.

Les objectifs économiques

Les objectifs économiques permettent à l'entreprise de prévoir ses orientations pour les 10 à 20 années à venir. Ils représentent la stratégie à long terme de l'entreprise. À la fin des années 70, IBM avait par exemple préparé les objectifs suivants pour les années 1980 :

- Se développer au même rythme que l'industrie.

- Être la première par l'excellence de sa technologie, de sa valeur et de la qualité du produit tout au long de la chaîne de production.

- Faire preuve de son efficacité dans tout ce qu'elle entreprend : produire au moindre coût, vendre au plus bas prix et administrer à moindres frais.

- Maintenir la rentabilité de l'entreprise pour qu'elle puisse croître.

Le thème de l'amelioration de la productivité et de la qualité est constamment présent dans ces objectifs. Il ne s'agit pas seulement d'améliorer les produits et les services mais également toutes les activités et tous les employés d'IBM.

En 1979, John Young, président de Hewlett-Packard, fixait les objectifs économiques de l'entreprise pour les années 1980. Il déclarait :

En 1979, j'ai lancé une nouvelle campagne Qualité en annonçant un objectif que l'on peut qualifier « d'envergure ». Il s'agissait de réduire les taux de défaillance de nos produits en les faisant passer à un dixième de ce qu'ils sont actuellement d'ici la fin de 1980.

Pourquoi demander dix fois moins d'erreurs ? Parce que si j'avais demandé deux fois moins d'erreurs, nos employés n'auraient rien fait jusqu'en 1988. Cela les obligeait à changer radicalement leurs procédures opérationnelles.

295

Les objectifs de Motorola étaient encore plus ambitieux. William J. Weisz, directeur d'exploitation chez Motorola, explique : « En 1981, nous avons élaboré un programme d'amélioration de cinq ans destiné à multiplier par dix la qualité. Il s'agissait de l'un des dix objectifs principaux de l'entreprise. Nous avons déclaré à notre personnel : Peu importe l'activité que vous faites, peu importe votre niveau de performance actuel en matière de qualité, que vous soyez dans les services ou les secteurs de fabrication, notre but est de vous motiver à multiplier par dix la qualité de l'entreprise, en cinq ans. »

Il semble bien aujourd'hui que les deux entreprises aient une bonne chance de parvenir à ces objectifs, et même de les dépasser.

Les niveaux de performance à atteindre

Pour soutenir les objectifs généraux, l'entreprise a besoin de données quantitatives pour fixer les niveaux de performance à atteindre. Chacune des unités de l'entreprise s'en charge. Il peut s'agir de :

1. réduire de 10 pour cent par année entre 1992 et l'an 2006 les coûts de la qualité par rapport au pourcentage de ventes ;
2. avoir trois indicateurs Qualité dans chaque service en 1994 ;
3. faire passer le taux des coûts de non-qualité internes et externes qui sont actuellement de 1 à 4, à 1 à 2 en l'an 2006 ;
4. faire passer l'indice de satisfaction du client de 92 à 98 pour cent d'ici l'an 2006.

Chacun de ces objectifs se traduit en données quantitatives, il est donc facile de les mesurer et de les poursuivre. Ils n'ont pas pour but de dire comment faire, ils servent à définir les résultats que l'on veut obtenir. Normalement, ce sont les cadres intermédiaires qui élaborent ces objectifs, et ils doivent être approuvés par la haute direction.

La stratégie Qualité

Les cadres intermédiaires doivent élaborer la stratégie à utiliser pour atteindre les objectifs prévus. Les différentes stratégies peuvent varier selon que la situation, l'environnement ou les exigences des clients changent. La meilleure définition d'une stratégie Qualité pourrait être la suivante : « Intégrer des systèmes Qualité dans toutes les unités de l'entreprise ». Autrement dit, il faut que chacune des unités de l'entreprise se sente responsable de la qualité. Ce n'est qu'ainsi que l'on peut réduire les nombreuses structures de l'assurance Qualité au lieu de les renforcer, comme on a tendance à le faire actuellement.

James Preston parlait en ces termes de la nouvelle stratégie Qualité chez Avon :

> Dans notre milieu de travail, dont l'organisation est fonctionnelle, l'intégration du processus de qualité est un concept révolutionnaire. En effet, chacune des unités a toujours défendu ses droits acquis et fonctionné à même son propre budget. Les récompenses étaient attribuées en fonction du niveau de rendement (y compris les pièces manquées), en fonction de la capacité à régler les problèmes les plus urgents et à respecter les calendriers d'exécution, plutôt que pour la résolution de problèmes ou la recherche de leurs causes afin d'empêcher qu'ils ne se reproduisent. Jusqu'à présent, c'était aux services de la qualité que revenait la responsabilité de s'assurer de la qualité des produits et de mettre en place des programmes dans ce domaine.

Tactiques

Les tactiques sont des activités spécifiques qu'il faut élaborer et mettre à jour au moins une fois par an. Elles sont destinées à permettre de se rapprocher toujours davantage des niveaux de performance fixés par l'entreprise. Ce sont les contremaîtres et leurs employés qui se chargent de les mettre au point et de les appliquer. Les cadres intermédiaires et la haute direction doivent les approuver. Elles permettent au personnel de savoir mieux répartir ses activités.

Comment planifier

Il faut remarquer que le cycle de planification suit un flux descendant, partant des échelons les plus élevés de la hiérarchie, c'est-à-dire la haute direction qui fixe la mission, les principes de fonctionnement et les objectifs économiques de l'entreprise ; par contre, ce sont les services et les cadres intermédiaires qui établissent les tactiques, les stratégies et les niveaux de performance, selon un flux ascendant à partir de la base. C'est au moment où le flux ascendant et le flux descendant se rejoindront que le plan à long terme de l'entreprise sera établi, après consensus de toutes les parties concernées. Ce cycle a pour objet de faire participer tous les employés de l'entreprise à l'élaboration du plan. Chacun d'entre eux doit le connaître et en comprendre les résultats. L'adhésion de tous les employés est absolument essentielle. En effet, il arrive souvent qu'un plan adopté au niveau de la haute direction descende toute la structure hiérarchique sans qu'il ne se passe grand-chose ; les cadres comme les employés qui effectuent le travail ne s'en sentent pas responsables, puisqu'ils n'y ont pas participé.

PLAN D'AMÉLIORATION DE LA QUALITÉ À COURT TERME

Chaque année, toute entreprise sérieuse prépare un plan opérationnel pour l'année suivante. Normalement, ce plan comporte un calendrier de production, un plan d'investissement, une stratégie de marketing, des objectifs en matière de coûts, des prévisions concernant les effectifs, et de nouveaux plans de production. Ce plan d'ensemble est examiné, repensé, puis approuvé par tous les secteurs de l'entreprise. Chacun des secteurs fournit des suggestions, puis (quelquefois après plusieurs cycles à travers l'entreprise), le plan est entériné par tous les secteurs et il devient ainsi le plan opérationnel de l'année suivante. Il servira de référence pour évaluer le succès ou l'échec de l'entreprise, ou vérifier si les secteurs ont bien atteint leurs objectifs.

Mais il y manque un élément essentiel, un plan d'amélioration de la qualité. En effet, auparavant, les plans opérationnels et stratégiques n'en comportaient pas. Aujourd'hui, dans le contexte économique actuel, il est absolument indispensable que les entreprises élaborent un plan d'amélioration de la qualité. Il doit faire partie de la stratégie annuelle de l'entreprise, car la qualité de la production est étroitement liée aux coûts, aux ressources humaines, aux besoins en équipement, aux profits. Par exemple, il est ridicule d'investir 10 pour cent plus d'argent dans les biens d'équipement pour répondre à une augmentation de 10 pour cent des demandes de production, alors que le programme d'amélioration de la qualité permet d'obtenir une amélioration du rendement de 15 pour cent. Sans programme d'amélioration de la qualité, la planification de la capacité de production de l'entreprise n'a pas beaucoup de signification.

Chacun des secteurs de l'entreprise doit mettre au point un plan d'amélioration de la qualité pour l'année à venir, dont il sera responsable. Ces plans doivent être spécifiques, ils doivent indiquer clairement ce qu'on doit rechercher et quels seront les taux de rendement du capital. Le conseil Qualité et l'assurance Qualité se chargeront de coordonner tous les plans d'amélioration des différentes unités de l'entreprise et de les intégrer dans la stratégie globale de celle-ci. Ils doivent s'assurer qu'ils sont exhaustifs, qu'ils se complètent bien sans sous-optimisation. La procédure est un peu la même que celle du contrôle de la production qui rassemble les données des calendriers d'exécution et les compare aux prévisions relatives aux demandes d'expéditions. L'élaboration du plan annuel d'amélioration de la qualité permet ainsi de faire participer tous les employés de l'entreprise et de les responsabiliser. Le plan Qualité est alors entre les mains de chacun des employés. Ce sont en effet les employés qui savent le mieux ce qui convient à leur travail. Le rôle de l'assurance Qualité est alors de vérifier la conformité du plan aux objectifs fixés, d'en mesurer les résultats puis d'en faire le rapport à la haute direction pendant toute l'année.

Oliver C. Boileau, président de General Dynamics, déclarait :

Des recherches ont montré que si l'on veut parvenir à une amélioration importante de la qualité, il faut que les facteurs clés du succès (les objectifs économiques) fassent partie intégrante de la politique générale de l'entreprise et de ses stratégies. Chacun de ces objectifs clés doit s'accompagner de toute une série d'autres objectifs qui seront réalisés par chacune des unités de l'entreprise au fur et à mesure qu'elles renforceront leurs programmes et stratégies Qualité. On ne réussira à faire des progrès dans la qualité et la fiabilité de nos produits que si toute l'entreprise a une vision d'ensemble des objectifs à atteindre. Sans stratégie d'ensemble, il est impossible de faire des progrès, peu importe les résolutions adoptées ou les ressources investies.

12

Reconnaissance des mérites

INTRODUCTION

Les gens ont besoin d'être acceptés par leurs semblables et de voir leurs efforts reconnus. L'amour est une forme de reconnaissance, une façon d'indiquer qu'un être est différent, spécial. Le salaire en est une autre ; c'est la façon pour l'entreprise de récompenser la valeur de chacun. Les bébés pleurent pour attirer l'attention, pour être reconnus. Toute notre société repose sur le principe de la concurrence, chacun luttant pour se faire reconnaître. Mais la reconnaissance, ce peut être un simple mot de félicitation de la part de quelqu'un de votre entourage. Les gens ont besoin que l'on souligne leurs mérites et s'évertuent à les faire reconnaître. Des études ont montré que la reconnaissance est une des choses auxquelles ils tiennent le plus.

LE PROCESSUS DE RECONNAISSANCE DANS L'ENTREPRISE

Un bon processus de reconnaissance des mérites doit viser six objectifs principaux :

1. Souligner la valeur des employés dont la contribution a été exceptionnelle de façon à les inciter à faire toujours mieux.

2. Leur exprimer à quel point l'entreprise leur est redevable.

3. Établir un système de communication efficace qui assure la « visibilité » des personnes reconnues, de façon à être le plus performant possible.

4. Fournir toutes sortes de moyens de montrer sa reconnaissance et encourager les cadres à faire preuve d'imagination, en leur faisant comprendre que plus les marques de gratitude seront variées plus elles auront de poids.

5. Améliorer l'ambiance de travail grâce à des récompenses appropriées.

6. Renforcer les modèles de comportement que les cadres jugent profitables.

Pourquoi la reconnaissance est-elle si importante? George Blomgren, président de l'association des psychologues d'entreprises, nous l'explique : « La reconnaissance permet de s'identifier comme "gagnant". Le besoin de valorisation est universel et la plupart des gens en sont privés. »

Une enquête menée par la National Science Foundation en arrive aux mêmes conclusions : « Pour que les travailleurs soient à la fois satisfaits et productifs, il faut les motiver, c'est-à-dire les stimuler à travailler de façon efficace sur une base constante – non pas parce qu'ils y sont obligés mais parce qu'ils le veulent vraiment. » Et plus loin : « De tous les facteurs les plus susceptibles de motiver et de contenter les travailleurs, c'est la reconnaissance des performances qui semble la plus importante – le fait de les récompenser que ce soit par des avantages pécuniaires, des marques d'estime ou les deux. »

On distingue cinq principales formes de reconnaissance des mérites :

1. Rémunération financière
2. Récompenses en argent
3. Reconnaissance publique individuelle
4. Reconnaissance publique du groupe
5. Reconnaissance personnelle

RÉMUNÉRATION FINANCIÈRE

Une étude de la Public Agenda Foundation révèle que :

- Les employés ne sont pas récompensés pour leurs efforts supplémentaires.
- Environ deux tiers d'entre eux aimeraient que les salaires reflètent plus les performances.
- Plus de 70 pour cent des employés estiment que si la qualité du travail s'est détériorée, c'est justement parce que les salaires ne tiennent pas compte des performances.

Bell Atlantic met au point actuellement un système de rémunération basée sur le rendement. Une retenue est effectuée sur les salaires des 23 000 cadres et à la fin de l'année, cette somme leur est distribuée en fonction des performances réalisées.

La question du salaire est importante et nous avons vu, au chapitre 3, comment lier la qualité et la productivité au salaire. Cependant, il existe d'autres types de rémunération financière susceptibles d'inciter les employés à améliorer la productivité et la qualité, en particulier :

1. Les commissions
2. La rémunération à la pièce

3. Les régimes d'actionnariat des employés

4. Les primes et la participation aux bénéfices

Dans son édition de janvier 1979, la revue *Training HRD* signale qu'une étude portant sur 400 usines américaines a révélé que la productivité était de 63,8 pour cent supérieure dans celles qui possédaient un système de salaire au rendement que dans celles ne possédant aucun système de mesure du travail.

Les commissions

Avez-vous déjà remarqué l'enthousiasme des représentants Avon ou Fuller Brush qui viennent sonner à votre porte ? La personne préposée aux commandes dans votre entreprise s'est-elle montrée aussi chaleureuse la dernière fois que vous avez été vous réapprovisionner en trombones ? La différence, c'est que la personne du service des commandes est salariée tandis que les vendeurs à domicile touchent une commission proportionnelle au volume des ventes ; ils ont donc tout intérêt à offrir un bon service. Un bon représentant est toujours heureux de se faire un nouveau client parce qu'il considère cette nouvelle vente comme un moyen d'augmenter son revenu ; mais l'employé du service des commandes, au contraire, considère que vous ne faites qu'ajouter à sa charge de travail sans qu'il en retire de compensation financière.

Ce qui rebute les clients des entreprises de service aujourd'hui, ce ne sont pas les prix mais bien la négligence, l'indifférence, et le manque de courtoisie qui caractérisent les employés. Les clients aiment qu'on les accueille par un mot gentil et qu'on s'intéresse à eux. Ils veulent que les employés, au même titre que l'entreprise, les traitent comme des personnes d'importance et ils achètent plus et reviennent plus volontiers si on leur montre ce genre de considération. Les commissions sont un moyen de motiver certains employés à se surpasser et à mieux remplir leur tâche. Les commissions les aident à améliorer leur productivité. Ce principe est aussi applicable dans les bureaux.

Ainsi, un ingénieur d'études pourra recevoir un pourcentage des bénéfices réalisés sur un produit qu'il aura conçu.

La rémunération à la pièce

La rémunération à la pièce était un moyen d'augmenter la productivité très en faveur dans la première partie du vingtième siècle et il est encore beaucoup utilisé dans certaines régions du monde. Elle consiste à verser aux employés une partie de la valeur ajoutée pour chaque article produit, cette valeur étant calculée en fonction des efforts investis, des aptitudes et du temps consacré à l'activité. Aux États-Unis, le travail à la pièce a disparu en même temps que le travail à l'abattage, quand on s'est rendu compte que ce système augmentait la productivité mais pas la qualité, et donnait lieu à de nombreuses sous-optimisations.

Le régime d'actionnariat des employés

Les régimes d'actionnariat des employés sont de plus en plus populaires parce qu'ils constituent un moyen très efficace d'intéresser les employés à la gestion de l'entreprise tout en les faisant participer aux bénéfices. Ils contribuent aussi à mettre fin à l'attitude de nombreux employés qui se sentent complètement détachés de leur entreprise, sous prétexte que leurs efforts ne profitent qu'aux actionnaires.

John Young, président de Hewlett-Packard, explique comment fonctionne leur programme de souscription à des actions : « Chaque fois qu'un employé investit 3 $ dans l'entreprise, nous ajoutons 1 $. Plus des trois quarts de nos employés participent à ce régime. Comme ils possèdent une part de l'entreprise, ils se sentent concernés aussi bien par les problèmes que par les succès. »

Plus de dix millions de travailleurs américains participent déjà à des régimes d'achat d'actions. D'ici quinze ans, ils seront 25 pour cent à s'en prévaloir. Ces régimes, qu'encourage une mesure fiscale de 1984, augmentent au rythme de 10 pour cent par année.

Une étude récente du Centre national pour l'actionnariat des salariés portant sur 360 entreprises de pointe a permis de conclure que les entreprises qui donnaient la possibilité à leurs employés d'acquérir des actions, progressaient 2 à 4 fois plus vite que les entreprises n'offrant pas cette option.

En fait, les régimes d'achat d'actions ont pour but de faire de tous les employés des capitalistes. La plupart ont été créés pour que les employés se sentent directement concernés par les résultats de l'entreprise. L'un des programmes les plus populaires à l'heure actuelle, du nom de ESOP (actionnariat des employés), est le résultat d'une théorie mise au point par Lewis O. Kelso, un juriste de San Francisco.

Les primes et la participation aux bénéfices

La revue *HRD Training* rapporte que 75 pour cent des entreprises industrielles des États-Unis possèdent un système de gratification à l'intention de leurs cadres. D'autre part, une étude portant sur 1 100 de ces entreprises révèle que celles qui possèdent un tel programme ont un bénéfice avant impôt 40 pour cent supérieur.

Les primes et la participation aux bénéfices n'ont rien de nouveau. En fait, elles existaient déjà sous les Romains. Depuis l'époque moderne, elles se sont révélées pour les entreprises un moyen efficace de partager les profits avec leurs employés (précisons que les primes de suggestions constituent une catégorie à part et sont versées directement aux employés concernés).

Les primes sont largement utilisées au Japon, où de nombreuses sociétés accordent des gratifications à leurs employés deux fois par an, avant les vacances estivales et dans la première quinzaine de décembre. Les bonnes années, les primes ont permis aux employés de pratiquement doubler leur salaire. Les mauvaises années, ils trouvent naturel de ne pas avoir de primes et ne sont pas déçus.

Aux États-Unis, les programmes de primes de rendement sont de plus en plus acceptés. Un sondage national effectué par Sibson a révélé que le nombre d'entreprises prêtes à utiliser ce système était passé de 23 à 32 pour cent en l'espace d'un an.

Comme l'explique John Young, son entreprise possède « un système de participation aux bénéfices, où tout le monde reçoit une prime correspondant au même pourcentage du salaire de base. Ce montant est fonction de la rentabilité, ce qui pousse l'ensemble de l'organisation à travailler dans le même sens. » Les entreprises qui optent pour un programme de partage des bénéfices s'aperçoivent que la mentalité et le vocabulaire de leurs employés changent, qu'ils commencent à s'exprimer en termes de « profits », de « ventes brutes » et de « coûts de production » à mesure qu'ils découvrent à quel point leur bien-être dépend des résultats de leur entreprise.

Chez General Motors, les cadres tiennent les employés de l'usine au courant du coût de la main-d'œuvre, des dépenses imputables aux rebuts et aux retouches et des résultats obtenus par rapport aux objectifs que s'était fixé l'entreprise, données auxquelles seule la haute direction avait accès dans les années 70. General Motors pense qu'en fournissant ces renseignements aux employés, le fossé qui sépare la direction du personnel se comblera. Ce système s'est révélé un moyen efficace pour créer un esprit de corps, chacun travaillant à un objectif commun, ce qui paraissait encore impensable il n'y a pas si longtemps.

Dans un sondage sur la productivité entrepris par Louis Harris et Amitai Etzioni au niveau mondial, environ les deux tiers des employés interrogés ont dit qu'ils aimeraient que leur salaire soit proportionnel au niveau de productivité. Pour intéresser les employés, toutes sortes de systèmes de primes et de partage des bénéfices ont été mis sur pied. Pour la plupart, il s'agit de répartir entre les employés une certaine somme d'argent reliée à leur salaire de base. Parmi ces systèmes, les plus connus sont :

- le Scanlon ;
- le Rucker ;
- l'Improshare.

Une étude gouvernementale portant sur trente-six sociétés utilisant des systèmes de partage des bénéfices (dix-sept, le Scanlon, onze, l'Improshare et huit, le Rucker) a révélé que l'économie de personnel était de 17,3 pour cent pour les entreprises dont le chiffre d'affaires annuel était inférieur à 10 millions de dollars et de 16,4 pour cent pour celles où il dépassait les 100 millions.

Le système Scanlon. C'est un système de salaire au rendement qui est directement lié à l'amélioration de la productivité. Il est le résultat des travaux de Joseph Scanlon au milieu des années 30 pour la société Empire Steel and Tin Plating. Cette aciérie était alors menacée de faillite. Pour tenter de la renflouer, Scanlon mit sur pied une formule de participation des employés aux bénéfices. Un programme spécial fut aussi créé pour améliorer la coopération entre la direction et le syndicat, ceci dans le but de réduire les coûts et d'accroître la productivité. Le travail d'équipe et la coopération qui s'ensuivirent, contribuèrent à assainir les finances de l'entreprise et à la sauver de la faillite.

Le système Scanlon est une stratégie de productivité à l'échelle de l'entreprise qui comporte trois éléments clés :

1. Coopération et travail d'équipe de la part des employés, du syndicat et de la direction.

2. Mobilisation des employés grâce à un programme de suggestions.

3. Répartition des bénéfices entre les employés.

Dans la plupart des systèmes d'intéressement, la répartition des bénéfices entre les employés se fait une fois par an, quelquefois deux. Avec le système Scanlon, cette répartition a lieu une fois par mois et les employés sont tenus au courant des hauts et des bas de l'entreprise.

Les primes mensuelles sont calculées en comparant les progrès réalisés à la productivité de la main-d'œuvre. On établit un ratio de productivité pour un an d'après les données existantes et l'amélioration prévue en matière de productivité. On applique généralement la formule :

$$\text{Ratio de base} = \frac{\text{Coût total de la main-d'œuvre}}{\text{Valeur de vente de la production}}$$

Cette formule montre le lien qui existe entre le coût de main-d'œuvre (y compris la masse salariale et les prestations sociales) et la valeur de production (après les ajustements des inventaires). Cette formule est conçue pour concentrer l'attention des employés et de la direction sur les variables qui ont un impact sur la productivité de l'entreprise.

Toute variation positive ou négative par rapport au ratio établi est alors partagée entre l'entreprise et les employés. Dans la plupart des cas, les employés reçoivent de 50 à 75 pour cent de la variation et la société de 25 à 50 pour cent.

Le programme de suggestions de Scanlon. L'autre élément important du système Scanlon concerne le programme de suggestions par lequel les employés sont encouragés à soumettre par écrit leurs idées pour améliorer la productivité et la qualité et réduire les coûts. Chaque service crée un comité de production composé du directeur du service et d'au moins un employé élu par ses pairs. Les employés rédigent des suggestions et les soumettent au directeur ou à leur représentant à ce comité. Les suggestions sont évaluées en fonction de leur impact sur la productivité et de leur rendement potentiel. Chaque employé dont la suggestion est refusée reçoit une lettre expliquant la raison de ce refus. Les suggestions retenues qui ne concernent que ce service n'excèdent pas un montant prédéterminé, sont susceptibles d'améliorer la productivité ou la qualité, ou encore de réduire les coûts, et sont appliquées par le comité de production. Les suggestions que le comité ne peut accepter d'office à cause de leur coût d'exécution, ou parce qu'elles concernent aussi d'autres secteurs de l'entreprise, sont soumises à l'examen d'un comité supérieur composé d'employés et de cadres dirigeants dont en principe le directeur de l'usine. Ce comité est chargé d'évaluer les suggestions et de fixer les primes mensuelles (ou de signaler les pertes).

Chez Midland-Ross au Tennessee, l'application du système Scanlon a permis d'augmenter l'efficacité de la main-d'œuvre directe de 8 à 10 pour cent, tandis que la productivité a augmenté de 16 pour cent avec le même équipement. Les réclamations ont diminué de 50 pour cent et le taux d'absentéisme est tombé à un niveau encore jamais atteint dans l'histoire de l'usine et bien en dessous de la moyenne nationale. Le taux de rotation du personnel qui avait été de 30 pour cent est tombé à 5 pour cent. Quant aux employés, les gratifications mensuelles de 12 à 20 pour cent ont beaucoup contribué à augmenter leur satisfaction.

Dana Corporation, un fabricant d'équipement industriel et de pièces de véhicules à moteur, a lui aussi implanté le système Scanlon et les primes ont permis à certains employés d'augmenter leur salaire annuel de 10 à 25 pour cent. Dana a découvert que les primes n'étaient pas l'élément moteur du système. Certaines usines, touchées par le ralentissement du marché, n'ont pas versé de primes à leurs employés depuis plusieurs années mais ces derniers continuent néanmoins à voter chaque année en faveur du système, assistent aux réunions mensuelles, soumettent des suggestions et se sentent partie intégrante de l'entreprise.

Autres systèmes de gratification et de participation aux bénéfices. Les systèmes Rucker et Improshare proposent aussi des formules visant à partager les bénéfices, réduire les coûts et accroître la qualité et la productivité avec la participation de l'ensemble des employés. Le premier a été mis au point par Alan W. Rucker à la fin des années 40.

Il avait remarqué que le ratio entre la liste de paie et la valeur ajoutée était relativement constant. Dans la formule Rucker, les coûts de matériel sont déduits des ventes. Il s'agit d'un programme collectif où chacun à l'exception de la haute direction reçoit un pourcentage des bénéfices. Il n'y a pas de récompenses individuelles. Ce système ressemble à celui de Scanlon mais les comités employés-direction sont moins structurés. Il n'a pas non plus de programme de suggestions comme tel. Robert C. Scott, vice-président de la Eddy-Rucker-Nickels Company, explique qu'avec le système Rucker, « la capacité de production augmente de l'ordre de 20 pour cent ».

Le système Improshare abréviation de « IMproved PROductivity through SHARing », soit amélioration de la productivité grâce à la participation, se donne pour objectif de fabriquer plus de produits finis en réduisant le nombre d'heures de travail. Ce système a été créé par Mitchell Fein dans les années 70 pour éliminer certaines des difficultés qu'éprouvaient les autres systèmes à rassembler les données dont ils avaient besoin pour leur formule. Le système Improshare calcule les primes des employés en fonction des heures travaillées plutôt que de la valeur de vente. C'est un système collectif qui englobe aussi bien la main-d'œuvre directe qu'indirecte et exclut le personnel cadre. Il ne comprend pas non plus de programme de suggestions. D'autre part, les primes de rendement ne peuvent pas dépasser un certain montant. Si les primes restent bloquées pendant trop longtemps, la direction peut décider de verser une rémunération forfaitaire aux employés ce qui leur permet d'ajuster les normes de rendement de façon à ce que les primes demeurent inférieures au montant fixé. La meilleure formule est celle qui combine toutes les précédentes, y compris les ratios de productivité, de rebut et de garantie, et fournit un juste équilibre entre la productivité et la qualité. Si la productivité est élevée mais la qualité médiocre, la prime sera minime ou inexistante. Ce type de formule combine toutes les activités susceptibles d'être améliorées par l'employé. Elle a aussi l'avantage de faire concentrer l'attention des cadres et des employés sur les activités qui ont le plus besoin d'amélioration. L'évaluation des coûts de non-qualité fournissent une raison de plus à l'entreprise d'adopter un tel système de « répartition des bénéfices d'amélioration ».

Systèmes de primes au rendement individuels ou collectifs

Dans les grandes sociétés, bien que réalisables, les systèmes de salaire au rendement individuel sont difficiles à gérer en ce qui concerne les activités non commerciales. Dans les petites entreprises, par contre, ils sont très avantageux. Ils exigent beaucoup d'attention de la part des cadres mais l'amélioration qui en découle vaut la peine. Delta Business Systems Incorporated, une société dont l'actif s'élève à 32 millions et dont le siège social est à Orlando en Floride, possède treize systèmes de salaire au rendement différent pour ses 2000 postes sans compter les postes qui ne sont pas liés à la vente. Par exemple :

- Les employés de l'entrepôt se partagent 400 $ tous les deux mois pour avoir rempli les commandes dans les délais, traité les formulaires de façon à faire profiter l'entreprise de l'escompte de caisse et bien fait leur travail en général.

- Les techniciens des services clients peuvent accroître leur salaire de 3 à 25 pour cent en conservant leurs clients, en fournissant des « tuyaux » aux responsables du service des ventes et en faisant renouveler les contrats de service.

- Les employés des comptes fournisseurs se voient offrir jusqu'à 200 $ par trimestre s'ils arrivent à réduire le nombre de factures impayées. De cette façon, on a pu réduire les comptes fournisseurs de 50 pour cent.

Bryan King, président de la société explique : « Une fois que nous connaissons le rythme de chacun, nous lui fournissons l'encouragement pour l'inciter à faire mieux. »

RÉCOMPENSES EN ARGENT

Les récompenses en argent sont un autre moyen de reconnaître les mérites. Il s'agit d'une récompense spécifique accordée à une personne ou à un groupe restreint pour sa contribution exceptionnelle aux objectifs de l'entreprise. Les récompenses en argent sont des gratifications ponctuelles que l'on accorde à un employé qui vient de se distinguer par une action exceptionnelle. On peut aussi en accorder aux employés dont le rendement a été exceptionnel sur plusieurs années ou qui ont démontré des qualités de direction hors de l'ordinaire. La récompense doit être spéciale et la personne (ou le groupe) à qui elle est décernée doit être perçue, aussi bien par les cadres que par ses pairs, comme quelqu'un de « spécial ». Le montant de la récompense est fonction de l'importance de la contribution.

Contributions exceptionnelles

Les contributions exceptionnelles donnant droit à une récompense en argent se répartissent en dix catégories :

1. *Valeur économique.* Une activité qui permet de réaliser des économies importantes ou d'accroître substantiellement les recettes de l'entreprise peut donner lieu à une récompense si elle a exigé des performances exceptionnelles ou a été réalisée dans un secteur ne relevant pas directement de l'employé.

2. *Excellence de la gestion.* Cette récompense s'adresse aux personnes ayant démontré des qualités de gestionnaire exceptionnelles, par exemple les directeurs qui utilisent des méthodes de gestion participative de façon à rendre leurs employés plus aptes à contribuer au succès de l'entreprise. Ce sont des personnes qui savent comment attirer, conserver et en tirer le meilleur des bons éléments.

3. *Contributions techniques ou scientifiques.* Les employés dont les idées ou les activités contribuent

à améliorer de façon significative certaines caractéristiques du produit ou du processus qui ne dépendent pas directement d'eux, ou dont les activités constituent une innovation par rapport aux connaissances actuelles, doivent être récompensés.

4. *Nouveaux concepts.* Ce prix récompense les personnes ou les groupes qui élaborent de nouveaux concepts, les appliquent et parviennent à les faire accepter par la direction.

5. *Succès commerciaux et industriels.* Ce prix s'adresse aux personnes qui ont permis de mieux vendre un produit ou un service, de relever l'image de marque de l'entreprise, de trouver de nouveaux débouchés, ou encore ont mis au point de nouveaux produits pour les clients internes ou externes. Il s'applique aussi aux activités qui contribuent à augmenter la performance d'un produit, à diminuer les pertes ou à améliorer la satisfaction du client.

6. *Initiative et ingéniosité.* Il s'agit de récompenser une réalisation exceptionnelle attribuable à l'initiative d'un individu sans intervention de la direction, une réalisation ayant exigé de l'ingéniosité et comportant quelques risques mais qui constitue une contribution majeure pour l'entreprise.

7. *Efforts exceptionnels.* Il arrive que l'on demande aux employés et aux cadres de consentir un effort exceptionnel en période de difficultés économiques ou pour répondre à un besoin urgent. Ces personnes qui sont prêtes à donner de leur temps pour aider l'entreprise à se sortir d'un mauvais pas méritent une récompense.

8. *Brevets d'invention.* Les employés qui proposent de nouvelles idées constituent l'élément moteur de toute entreprise. Il arrive que ces idées se

314

concrétisent pour devenir des brevets d'invention. Étant donné l'importance que peuvent avoir ces innovations sur les affaires, il est primordial de créer un prix pour récompenser leurs auteurs et inciter les autres employés à faire preuve de créativité.

9. *Amélioration exceptionnelle.* Ce prix récompense les personnes ou les groupes dont les activités ont eu des conséquences importantes sur la qualité des produits ou services, ou ont contribué à améliorer de façon sensible la productivité.

10. *Mesures de prévention.* Il est préférable et moins onéreux de prévenir les problèmes que de les corriger. C'est pourquoi il est juste de récompenser les personnes qui savent les prévenir et font le nécessaire pour les empêcher. Identifier ces personnes est probablement l'un des plus gros défis auxquels ait à faire face le personnel cadre aujourd'hui. S'il est facile d'identifier une personne qui lutte contre l'incendie, il est plus difficile de savoir qui a ramassé l'allumette qui traînait par terre et ainsi empêché la catastrophe de se produire. Ce n'est pas un simple hasard si certaines personnes ne semblent jamais rencontrer de problèmes. En général, c'est parce qu'elles ont mis toutes les chances de leur côté en prenant les précautions qui s'imposaient pour les éviter.

Principales récompenses en argent

Plusieurs types de prix existent suivant le degré de contribution. Voici les trois principales contributions qui valent une récompense :

1. les suggestions (voir chapitre 7) ;
2. les brevets ;
3. les contributions exceptionnelles.

Les brevets. Ce type de récompense peut présenter un problème pour la direction étant donné que, dans la plupart des cas, les gens qui présentent un brevet sont payés pour mettre leur invention au point. Néanmoins, nous croyons qu'il est crucial d'encourager les personnes dont les innovations généreront des centaines d'emplois supplémentaires et des recettes substantielles pour l'entreprise. La solution adoptée par certaines entreprises est la suivante : l'employé accumule des points pour chaque nouvelle invention en fonction de sa valeur commerciale. Plus il a de points, plus le montant du prix est élevé.

Les contributions exceptionnelles. Pour être efficace, un système récompensant les contributions exceptionnelles doit être souple, équitable et s'appliquer à tous les employés. Il doit se fonder sur la véritable contribution de la personne et sur les mêmes principes dans tous les secteurs. Nous en proposons ici un exemple concret.

Nom du prix	*Montant en dollars*
Contribution exceptionnelle	1 000 à 50 000
Reconnaissance des mérites	500 à 1 000
Fin de semaine en ville	400
Soirée pour deux	85

Le montant du prix augmente en fonction de la contribution à l'entreprise et il devient de plus en plus difficile d'obtenir l'approbation de la direction pour décerner le prix. Par exemple, un cadre ou un chef d'équipe devrait pouvoir offrir à ses employés une soirée pour deux quand il le juge à propos. Par contre, le prix pour contribution exceptionnelle demande la constitution d'un solide dossier décrivant la contribution et son impact sur l'entreprise. Il doit être soumis à un comité spécial chargé de veiller à ce que le système soit appliqué de façon équitable dans tous les secteurs de l'entreprise. Le prix sera décerné lors d'une cérémonie officielle et en présence de toute la fonction et sera accompagné d'un bijou (fixe cravate, bague, agrafe, par exemple) et d'un diplôme encadré. Le bijou sert à rappeler à tous que le programme fonctionne et qu'il y ont accès.

Souvenez-vous, le système de récompense est conçu pour reconnaître les mérites de gens dont les réalisations dépassent de beaucoup ce qu'on attend généralement d'eux, et non pour récompenser un travail bien fait. Seules les personnes remarquables devraient recevoir le prix pour contributions exceptionnelles.

RECONNAISSANCE PUBLIQUE INDIVIDUELLE

La liste des marques de reconnaissance sans attribution d'une somme d'argent est pratiquement infinie. En voici quelques exemples auxquels vous pourrez ajouter les vôtres :

1. Promotions
2. Mobilier spécial, bureau plus grand ou avec une vue
3. Tournée des clients
4. Présentation à des personnalités internes
5. Participation à des conférences sur l'amélioration
6. Bijoux
7. Place de stationnement personnalisée
8. Articles dans le journal de l'entreprise
9. Avis sur le tableau d'affichage (une usine de New York déploie un immense panneau lumineux sur lequel sont inscrits les noms et contributions des personnes qui se sont distinguées)
10. Photographie de l'employé sur le tableau d'affichage
11. Félicitations officielles lors d'une réunion du service, de la division ou de l'entreprise
12. Responsabilités spéciales
13. Présentation d'une plaque en présence des collègues

14. Plaque dans le hall d'accueil de la société portant la photo et le nom de l'employé

Chez Stacoswitch Corporation à Costa Mesa, en Californie, tous les contremaîtres portent un badge sur lequel il est écrit : « Nous le faisons bien ou pas du tout. » Ceux dont le taux de rebut est le plus bas ont droit en plus à des étoiles d'or. Harry E. Williams, vice-président des opérations, explique : « Pour nos contremaîtres, c'est devenu un défi d'avoir le taux de rebuts le plus bas et les demandes de remise à neuf des outils, de modification des dessins et de biens d'équipement ont augmenté de façon notable. »

National Car Rental a placé des plaques commémoratives portant les noms de chaque employé dans tous ses bureaux des États-Unis. L'une d'entre elles se lisait ainsi : « Carrie Harrington mérite notre reconnaissance à tous pour sa contribution exceptionnelle, second trimestre 1986. »

RECONNAISSANCE DU GROUPE

Reconnaître les mérites d'un groupe permet à ce groupe de se percevoir comme un gagnant et confère à ceux qui le composent un sentiment d'appartenance qui les pousse à être toujours plus loyaux envers leur entreprise.

Là encore, la direction dispose d'une multitude de moyens pour reconnaître la contribution d'un groupe. En voici quelques exemples :

1. Articles décrivant les réalisations du groupe dans le journal de l'entreprise, avec photos à l'appui

2. Déjeuners au niveau du service pour souligner les réalisations exceptionnelles

3. Pique-niques rassemblant les familles

4. Présentations à la haute direction

5. Déjeuners avec les cadres dirigeants

6. Participation à des conférences techniques

7. Goûter offert par l'entreprise lors d'une réunion du groupe

8. Plaques commémorant les résultats du service

9. Félicitations par un cadre supérieur dans le cadre d'une des réunions du groupe

10. Cadeaux commémoratifs (ensemble de stylos, calculatrice, maquette, etc.)

RECONNAISSANCE PERSONNELLE

C'est la plus importante de nos cinq catégories parce qu'elle concerne directement la relation cadre-employé. Cette relation joue un rôle capital dans le maintien de l'amélioration et la satisfaction personnelle.

Parmi les tâches qu'il nous faut effectuer, un bon nombre sont déplaisantes. Ce sont des tâches qui ne peuvent être automatisées, n'ont rien de prestigieux, mais qui sont essentielles pour la bonne marche de l'entreprise. Ces tâches ne deviennent supportables pour ceux qui doivent les exécuter que si le personnel cadre leur montre qu'il apprécie leur contribution et reconnaît leurs efforts. Un bon chef n'hésite pas à complimenter abondamment ses employés. Il donne toujours l'impression d'avoir de la chance, de posséder le meilleur personnel. C'est toujours son service qui parvient à faire le travail à temps, apparemment sans effort. Et quand un problème surgit, c'est toujours lui qui se propose pour le régler. Son taux d'absentéisme est à la baisse tandis que sa productivité augmente. Pourquoi ? Parce que ce cadre s'assure toujours que l'employé a fait ce qu'il lui a demandé, non pas en étant continuellement sur son dos mais en lui faisant savoir combien sa tâche était importante et ses efforts appréciés.

De nombreux cadres ont du mal à féliciter un employé et bien souvent l'employé lui-même accepte mal les compliments et les accueille par des remarques du genre

« Ça va, je préférerais de l'argent à des compliments. » Mais cela ne veut pas dire qu'ils n'ont pas besoin de l'appréciation de leur supérieur. Alors que cela ne vous empêche pas de leur faire savoir quand vous êtes content d'eux. Les employés ont besoin d'encouragement et de voir que le personnel cadre appuie leurs réalisations. Une tape amicale dans le dos au bon moment est encore ce qu'il y a de plus efficace.

On peut montrer sa reconnaissance à un employé par :

1. Un simple merci aussitôt la tâche accomplie.

2. Une lettre d'appréciation de son chef ou de la haute direction envoyée à son domicile.

3. Des annotations personnelles sur les lettres ou les rapports quand ils sont bien présentés.

4. Une carte d'anniversaire ou commémorant ses années de service envoyée à son domicile, dans laquelle on soulignera sa contribution pour l'année avec des exemples spécifiques montrant que la direction connaît l'employé et sait ce qu'il fait.

5. L'évaluation qui a lieu chaque trimestre est le moment idéal pour féliciter personnellement chaque employé, mais ce ne doit pas être le seul. Cette rencontre doit servir à renforcer les aspects positifs et à faire le point sur les résultats de l'employé. Avant tout, l'évaluation du rendement doit être « sans surprises ».

Annexe

PROBLÈMES POUVANT NUIRE À LA QUALITÉ

1. Trop de changements
2. Pas assez d'outils
3. Trop grande variabilité des spécifications
4. Échéanciers trop serrés
5. Trop de retouches
6. Trop grand nombre d'approbations nécessaires
7. Ignorance des objectifs d'ensemble
8. Trop de procédés et méthodes
9. Délais d'exécution trop longs
10. Trop de pannes

11. Manque de pièces
12. Travail fait dans la précipitation
13. Impossibilité de faire dactylographier un document
14. Impossibilité de retrouver des procédés et méthodes
15. Bureaucratie tatillonne
16. Isolement du personnel
17. Manque de directives
18. Impossibilité de lire les documents
19. Manque de terminaux
20. Pas de contrôle de la qualité

21. Pas de planification
22. Impossibilité de faire des essais
23. Trop de réunions
24. Documentation inappropriée (mauvaise qualité)
25. Trop d'erreurs
26. Éloignement des réalités du monde extérieur
27. Travail rejeté sans motif valable
28. Conflits personnels
29. Pas de temps consacré à la formation
30. Pas de reconnaissance
31. Engagements non tenus

Liste des figures

Liste des tableaux

Lectures suggérées

Voici une liste de livres qui peuvent être utiles à ceux qui veulent implanter la qualité totale dans leur entreprise. Cette liste n'est pas exhaustive mais elle propose un bon éventail des ouvrages de base.

Archier, Georges et Sérieyx, Hervé : *L'entreprise du troisième type*, Seuil, 1986.

> Un livre de base pour comprendre la nécessité de la qualité totale dans un contexte de concurrence mondiale.

Beaudoin, Pierre : *La gestion du changement*, Libre Expression, collection stratégies d'entreprise, 1990.

> Piloter efficacement le changement dans une entreprise en mutation. Une approche stratégique pour éviter les écueils.

Crosby, Philip B. : *Quality Is Free*, McGraw Hill, 1979.

> Comment gérer la qualité et en faire une source de profit.

Crosby, Philip B : *Quality without Tears*. McGraw Hill, 1984.

> Atteindre la qualité avec la participation de tous et réussir à éliminer les problèmes. Bien écrit et amusant à lire.

Deming, W.E. : *Japanese Methods for Productivity and Quality*, George Washington University, 1981.

> Un bon outil de motivation rempli d'exemples pour comprendre l'importance du contrôle statistique de la qualité.

Feigenbaum, Armand V. : *Total Quality Control*, McGraw Hill, 1983.

> Les plus récents concepts de contrôle de la qualité. Pertinent pour ceux qui ont une formation en génie.

Grant, E. L. : *Statistical Quality Control*, McGraw Hill, 1952.

> Le livre de référence pour comprendre les méthodes de contrôle de la qualité par le suivi statistique.

Harrington, James H. : *Le coût de la non-qualité*, Eyrolles, 1989.

> Un sujet important. Permet d'identifier et d'éliminer les coûts de la non-qualité, donc de maximiser les profits.

Ishikawa, Kaoru : *Guide to Quality Control*, Asian Productivity Organisation, 1984.

Le contrôle de la qualité au Japon. Un livre facile à comprendre.

Juran, J. M. : *Quality Control Handbook*, McGraw Hill, 1979.

Un livre de référence sur le contrôle de la qualité pour les gestionnaires, les chefs d'équipe, les ingénieurs.

Juran, J. M., et Gryna, Frank M. : *Quality Planning and Analyst*, McGraw Hill, 1980.

Un livre d'exercice couvrant une multitude de sujets reliés à l'implantation de la qualité.

Ouchi, William G. : *La théorie Z*, InterÉditions, 1982.

Comment les entreprises peuvent relever le défi japonais pour rester dans la course.

Périgord, Michel : *Réussir la qualité totale*, Éditions d'organisation, 1987.

Le chemin à prendre pour se mettre sans tarder en qualité totale. Un livre de référence.

Peters, Thomas J. et Waterman, Robert H. : *Le prix de l'excellence*, InterÉditions, 1983.

Un tour d'horizon des meilleures entreprises américaines et des valeurs qui ont fait leur succès.

Raveleau, Gilbert : *Les cercles de qualité*, Entreprise moderne d'Éditions, 1985.

Mettre sur pied des cercles de qualité pour atteindre la qualité. Un livre pratique.

Squires, Frank H. : *Successful Quality Management*, Hitchcock Publications, 1980.

Les principaux articles de Squires sur la gestion de la qualité réunis dans un seul volume.